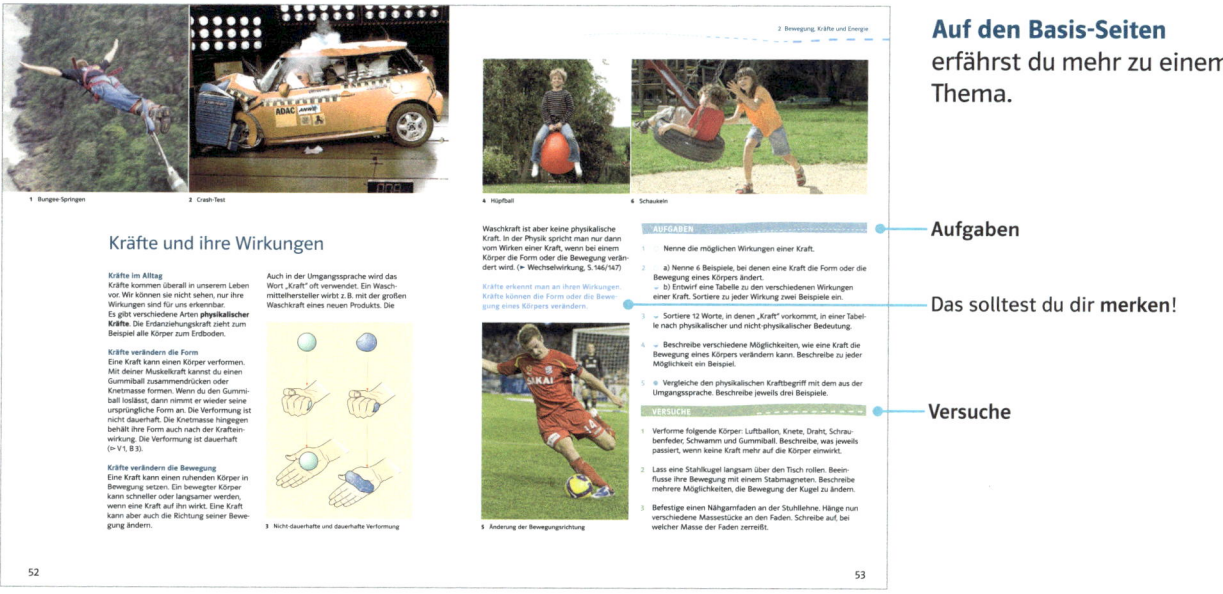

Auf den Basis-Seiten
erfährst du mehr zu einem Thema.

— Aufgaben

— Das solltest du dir **merken**!

— Versuche

Symbole im Buch

1   Schülerversuch: Auch die Schülerversuche darfst du nur auf Anweisung der Lehrkraft durchführen. Die allgemeinen Hinweise zur Vermeidung von Unfällen beim Experimentieren müssen bekannt sein.

1ᴸ   Lehrerversuch

!   Gefahrenhinweis: Hier müssen besondere Vorsichtsmaßnahmen getroffen werden.

 Super!

? Wenn du noch Fragen hast, dann schau auf dieser Seite nach.

▷ B 2 Bildverweis
► Verweis auf ein Basiskonzept oder eine andere Seite

Aufgaben:

○ einfach
◐ mittel
● schwer

Zusatzangebote im Internet:

Auf den Einstiegsseiten im Buch findest du Prisma-Codes.

 mq7s4u

Diese Codes führen dich zu weiteren Informationen, Materialien oder Übungen im Internet. Gib den Code einfach in das Suchfeld auf **www.klett.de** ein.

PRISMA Physik 7|8

Niedersachsen

Marion Barmeier
Klaus Hell
Wolfgang Kugel
Till Stephan
Oliver Wegner

Ernst Klett Verlag
Stuttgart · Leipzig

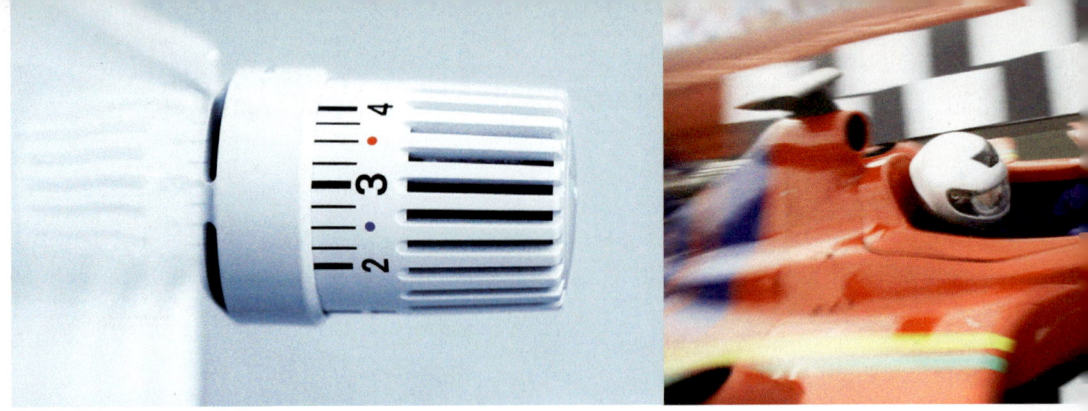

Inhalt

1 Temperatur und Energie

- Warum werden die Handflächen warm, wenn man an einem Seil herunterrutscht?

- Was ist Energie?

- Warum ist es in der Umgebung eines Lagerfeuers warm? Woher kommt die Energie?

- Warum glühen die Bremsen bei einem Auto?

- Welche Aufgabe hat ein Thermometer?

- Wie messe ich Temperaturen?

k2256w

1 Im Freibad

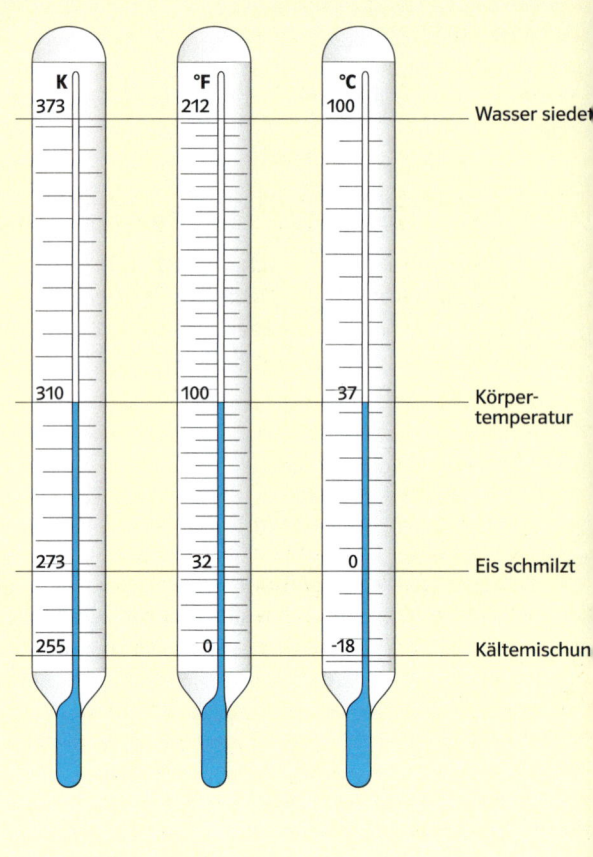

2 Verschiedene Temperatur-Skalen

Temperatursinn und Thermometer

Im Freibad
Jochen und Anke gehen an einem heißen Sommertag in ein Freibad. Sie ziehen sich um, legen ihre Sachen auf die Liegewiese und gehen zum Schwimmbecken.
Jochen duscht sich noch kalt ab, während Anke gleich die Stufen in das Becken hinabsteigt. „Ist das kalt!" ruft Anke und geht langsam Stufe für Stufe tiefer in das Wasser. Jochen springt in das Becken und taucht wieder auf. „Ist doch ganz warm", sagt er. „Komm endlich rein, du Frostbeule." Warum empfinden die beiden die Wassertemperatur so unterschiedlich?

Der Temperatursinn
In der Haut liegen „Sensoren", mit denen wir Wärme oder Kälte fühlen. Anke und

Jochen empfinden die gleiche **Temperatur** des Wassers unterschiedlich, weil sie vorher unterschiedlichen Temperaturen ausgesetzt waren.
Jochen empfindet das Wasser nach dem kalten Duschen als warm. Anke erscheint das Wasser aber kalt im Vergleich zur warmen Luft.

Der **Temperatursinn** ist für uns Menschen überlebenswichtig, damit wir unseren Körper entsprechend schützen.

Das Thermometer
Wenn wir aber genau wissen wollen, wie warm oder kalt es ist, benutzen wir dazu ein Messgerät. Temperaturen werden mit dem **Thermometer** gemessen.

Grad Celsius

Thermometer, die bei uns im täglichen Gebrauch sind, haben eine Celsius-Skala. Diese ist benannt nach dem schwedischen Wissenschaftler ANDERS CELSIUS (1701 – 1744). Auf der Celsius-Skala liegt der Gefrierpunkt von Wasser bei 0 °C (lies: Null Grad Celsius). Der Siedepunkt liegt bei 100 °C.

Kelvin

Eine weitere Temperatur-Skala ist die Kelvin-Skala. Thermometer mit dieser Skala werden meistens im technischen Bereich eingesetzt. Der Engländer LORD KELVIN (1824 – 1907) nahm als Nullpunkt für seine Skala die tiefste mögliche Temperatur. Sie liegt bei – 273 °C. Auf der Kelvin-Skala siedet Wasser also bei 373 K (lies: 373 Kelvin). Temperaturunterschiede werden immer in Kelvin (K) angegeben. Beispiel: Der Temperaturunterschied von + 10 °C bis + 85 °C beträgt 75 K.

Grad Fahrenheit

In den USA werden Thermometer mit der Fahrenheit-Skala verwendet. Der deutsche Forscher GABRIEL FAHRENHEIT (1687 – 1736) entwickelte seine Skala etwa 30 Jahre vor CELSIUS.
Bei der Fahrenheit-Skala spielt die Körpertemperatur des Menschen von 37 °C eine wichtige Rolle. Diese Temperatur wurde als 100 °F festgelegt.

Temperatur und Wärme

Alle Wärmequellen geben Wärme ab. Wärme ist das, was ein warmer Körper abgibt oder ein kalter Körper aufnimmt. Dadurch verändert sich die Temperatur des Körpers. Die Temperatur kann mit einem Thermometer gemessen werden.

Mit dem Temperatursinn empfinden wir unsere Umwelt als warm oder kalt. Genaue Aussagen über die Temperatur können wir mithilfe des Thermometers machen. Temperaturen werden in Grad Celsius (°C), in Kelvin (K) oder Grad Fahrenheit (°F) angegeben.

3 Thermometer und Temperatursinn

AUFGABEN

1 ○ Gib an, in welcher Einheit Temperaturunterschiede angegeben werden.

2 ○ Lies aus Bild 2 für 37 °C die ungefähren Temperaturwerte in °F und K ab. Erstelle eine Tabelle mit weiteren Werten.

3 ◒ Begründe, warum Jochen das Wasser wärmer als Anke empfindet.

4 ◒ Erkläre den Unterschied zwischen Temperatur und Wärme.

5 ◒ Bei einem Besuch in den USA ist Petra erstaunt: „Am nächsten Tag soll die Temperatur 50 °F betragen. Das ist ja furchtbar heiß!" Beurteile Petras Aussage.

6 ● Thomas sagt: „Das Thermometer zeigt eine Wärme von 20 °C an." Beurteile seine Aussage.

VERSUCHE

1 Führe den Versuch wie in Bild 3 durch. Halte eine Hand in kaltes, die andere Hand in heißes Wasser. Tauche anschließend beide Hände in lauwarmes Wasser. Beschreibe und erkläre, was du empfindest.

2 Messt zu zweit an unterschiedlichen Stellen die Temperatur. Kontrolliert euch gegenseitig beim Ablesen der Temperaturen.

Verschiedene Thermometer

Bimetallthermometer (▷ B 1)
Bimetallthermometer findest du bei der Messung von Lufttemperaturen im Außenbereich oder auch in der Tiefkühltruhe. Ein Bimetallthermometer funktioniert so: Eine Spirale aus Bimetall dehnt sich bei einer Temperaturänderung aus oder zieht sich zusammen. Dadurch bewegt sich der Temperaturzeiger.

Digitalthermometer (▷ B 2)
Diese Thermometer kennst du wahrscheinlich als Fieberthermometer.
Digitalthermometer funktionieren so: Man hält einen Fühler an den Körper, dessen Temperatur man messen möchte. Ein elektrischer Strom wird stärker oder schwächer, wenn sich die Temperatur am Fühler ändert. Ein Display zeigt die gemessene Temperatur an. Diese Thermometer kommen oft im Alltag vor.

Flüssigkeitsthermometer (▷ B 3)
Flüssigkeitsthermometer findest du in Haushalten, Schulen und Laboren. Flüssigkeitsthermometer funktionieren folgendermaßen: Eine Flüssigkeit dehnt sich aus, wenn sie erwärmt wird. Im Steigrohr des Thermometers befindet sich eine Flüssigkeit. Diese Flüssigkeit steigt umso höher, je höher die Temperatur ist. An der Skala kann man daher die Temperatur ablesen. Meist ist die Flüssigkeit blau oder rot gefärbt, damit man die Temperatur besser ablesen kann.
Es gibt auch Flüssigkeitsthermometer, die die jeweils höchste und tiefste Temperatur seit der letzten Messung anzeigen. Diese Thermometer heißen Minimum-Maximum-Thermometer oder kurz Mini-Max-Thermometer. Der große Vorteil dieser Thermometer ist, dass man sie nicht dauerhaft beobachten muss.

Funkthermometer (▷ B 4)
Funkthermometer sind häufig Teile von Wetterstationen.
Funkthermometer bestehen aus zwei Geräten: Sender und Empfänger. Beides sind elektronische Bauteile. Den Sender montiert man im Außenbereich. Der Sender überträgt die Außentemperatur zum Empfänger in der Wohnung.

Temperaturmessstreifen (▷ B 5)
Aquarien haben häufig Temperaturmessstreifen. Diese Streifen bestehen aus einzelnen Feldern, in denen sich verschiedene Flüssigkristalle befinden. Je nach Temperatur leuchtet das passende Anzeigefeld auf. Jedes Feld hat eine andere Farbe.

Anders Celsius

1 ANDERS CELSIUS

ANDERS CELSIUS – ein junger Professor
Im Jahr 1701 wurde ANDERS CELSIUS in Uppsala in Schweden geboren. Sein Vater war dort Professor an der Universität. Über die Jugend von CELSIUS ist sehr wenig bekannt. Er muss aber an der Universität studiert haben, denn er wurde schon mit 29 Jahren Professor für Astronomie (Himmelskunde) an der Universität von Uppsala.

Forschungsreisen
Es stellte für den jungen Astronomen ein Problem dar, dass es in Schweden keine Sternwarte gab, an der er hätte forschen können. So begab er sich 1732 auf eine mehrjährige Studienreise, die ihn nach Nürnberg, Rom und schließlich nach Paris führte. Er konnte dort von anderen Astronomen lernen und erste Erfahrungen bei der Beobachtung des Sternenhimmels sammeln.

Von Paris aus nahm er an einer Expedition nach Lappland in den hohen Norden Europas teil. Ihr Ziel war es herauszufinden, welche Form die Erdkugel hat. Die Gelehrten der damaligen Zeit waren sich nicht sicher, ob die Erdkugel rund oder an den Polen etwas abgeflacht ist – etwa wie ein Ball, den man an zwei Seiten leicht eindrückt.

Das Thermometer bekommt eine Skala
Nach seinen Reisen kehrte CELSIUS nach Uppsala zurück, wo er an der Planung und dem Bau einer Sternwarte mitwirkte, die um 1740 fertiggestellt wurde. Weit über die Landesgrenzen hinaus bekannt wurde er aber nicht durch die Erforschung des Sternenhimmels.

CELSIUS beschäftigte sich auch mit dem Thermometer und entwickelte eine Skala dafür. CELSIUS schlug vor, den Schmelz- und den Siedepunkt des Wassers als Bezugspunkte für eine Thermometerskala zu verwenden. Diese beiden Punkte am Thermometer nannte er „beständige Grade", weil das beim Wasser beständig (immer) die gleichen Punkte sind. Er wies dem Siedepunkt die Temperatur 0 °C und dem Gefrierpunkt 100 °C zu. Den Abstand zwischen diesen beiden Punkten unterteilte er in 100 gleiche Abschnitte. Einige Jahre später drehte ein Schüler von ANDERS CELSIUS die Bezeichnungen für die beständigen Grade um: 0 °C war nun dem Gefrierpunkt und 100 °C dem Siedepunkt von Wasser zugeordnet. Diese Celsius-Skala findet sich noch heute auf vielen Thermometern.

AUFGABEN

1 ◖ Erkläre, was CELSIUS mit „beständige Grade" gemeint hat.

2 ◖ Beschreibe, mit welchen unterschiedlichen Bereichen der Wissenschaft sich CELSIUS beschäftigte.

3 ● Fasse den Text zu einem knappen Lebenslauf zusammen.

Eine Skala für das Thermometer

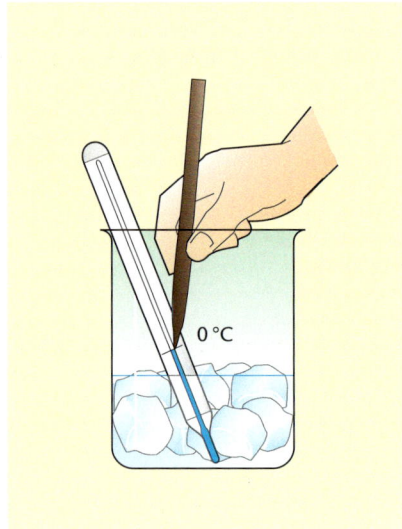

1 Kennzeichnung des Gefrierpunkts

2 Kennzeichnung des Siedepunkts

3 Einteilung der Skala

Material
2 Bechergläser, Wasser, einige Eiswürfel, Thermometer ohne Skala, wasserfester Stift, Zeichenkarton, Schere, Lineal, Heizplatte oder Gasbrenner mit Gestell

Versuchsanleitung
a) Lege die Eiswürfel in ein Becherglas und fülle etwas Wasser ein. Warte, bis das Eis größtenteils geschmolzen ist.
b) Tauche das Thermometer ohne Skala hinein. Der untere Teil muss von der Eis-Wasser-Mischung bedeckt sein. Bewegt sich die Flüssigkeitssäule nicht mehr, kannst du auf dem Thermometer die Stelle markieren, an der sie endet: 0 °C (▷ B 1).
c) Fülle das zweite Becherglas mit Wasser und bringe das Wasser auf der Heizplatte zum Sieden.

d) Halte das Thermometer in das siedende Wasser. (Vorsicht! Spritzgefahr!) Wenn die Flüssigkeitssäule im Thermometer zur Ruhe gekommen ist, markiere auf dem Thermometer die Stelle, an der sie endet: 100 °C (▷ B 2).
e) Übertrage die Markierungen im richtigen Abstand auf den Zeichenkarton. Verbinde sie mit einem Lineal und teile die Strecke in 10 gleiche Teile (▷ B 3).
f) Beschrifte die Skala: 0 °C, 10 °C, 20 °C, … 100 °C. Vielleicht gelingt dir eine noch feinere Unterteilung in 5-°C-Schritte.
Verlängere die Skala nach oben und unten. Temperaturen unter 0 °C bekommen ein Minuszeichen. Schneide die Skala zurecht und befestige sie am Thermometer. Achte dabei auf die korrekte Ausrichtung (▷ B 4).

g) Miss die Temperatur im Klassenraum: einmal mit deinem Thermometer und einmal mit einem bereits vorhandenen Thermometer. Vergleiche die Messwerte.

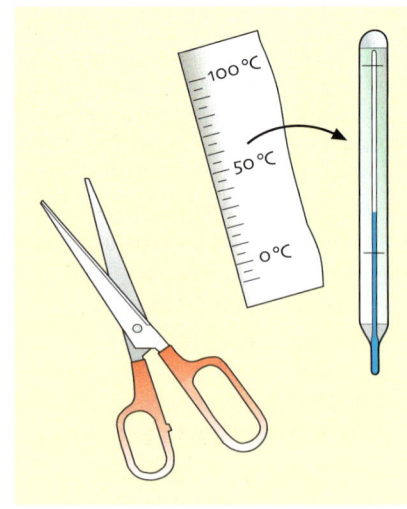

4 Anbringen der Thermometer-Skala

Temperaturen messen und berechnen

Material
Thermometer, Heft, Lineal, Stift

Versuchsanleitung
a) Zeichne in dein Heft eine Tabelle wie in Bild 1 gezeigt. Hänge ein Thermometer im Freien an einem schattigen Platz auf. Lies die Temperatur jeden Tag 3-mal ab. Achte darauf, dass du die Temperatur immer zu den gleichen Zeiten misst (z. B. um 7 Uhr, um 14 Uhr und um 21 Uhr). Trage die Messwerte in die Tabelle ein.

Datum	14. Juli
7 Uhr	18 °C
14 Uhr	24 °C
21 Uhr	19 °C
Tagesmittel-temperatur	20 °C

1 Gemessene Temperaturwerte

b) Tagesmitteltemperatur:
Um die Temperaturen verschiedener Tage vergleichen zu können, musst du die Tagesmitteltemperatur berechnen. Addiere dazu die Temperaturwerte, die du um 7 Uhr, um 14 Uhr und um 21 Uhr gemessen hast. Damit du nachts nicht messen musst, wird der Messwert von 21 Uhr doppelt gezählt. Die Summe der Messwerte durch 4 geteilt ergibt die Tagesmitteltemperatur (▷ B 2). Notiere die Werte in einer Tabelle wie in Bild 3.

Wie hoch ist die Tagesmitteltemperatur am 14. Juli?

Gegeben: $T_1 = 18\,°C$ $T_3 = 19\,°C$
           $T_2 = 24\,°C$

Gesucht: T_{mittel}

Lösung: $T_{mittel} = \dfrac{(T_1 + T_2 + T_3 + T_3)}{4}$

$T_{mittel} = \dfrac{(18\,°C + 24\,°C + 19\,°C + 19\,°C)}{4}$

$T_{mittel} = 20\,°C$

Die Tagesmitteltemperatur vom 14. Juli beträgt 20 °C.

2 Berechnung der Tagesmitteltemperatur

Datum	1.4.	2.4.	3.4.	...
Tagesmittel-temperatur	12 °C	14 °C	17 °C	...

3 Temperaturverlauf eines Monats

c) Erstelle aus den berechneten Werten ein Diagramm (▷ B 4).

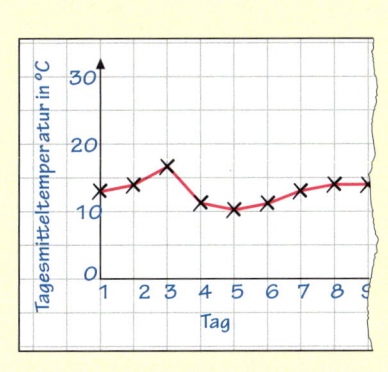

4 Temperaturverlauf eines Monats

Monat	Monatsmittel-temperatur
Januar	7 °C
Februar	8 °C
März	11 °C
April	14 °C
Mai	18 °C
Juni	22 °C
Juli	25 °C
August	24 °C
September	21 °C
Oktober	16 °C
November	12 °C
Dezember	9 °C

5 Monatsmitteltemperaturen von Rom

AUFGABEN

1 ○ Beschreibe, wie man die Tagesmitteltemperatur berechnet.

2 ◐ Es gibt auch die Monatsmitteltemperatur. Überlege und beschreibe, wie man die Monatsmitteltemperatur berechnet und schreibe es in knappen Stichworten auf.

3 ● Erstelle aus den in Bild 5 angegebenen Werten die Temperaturkurve eines Jahres für Rom. Zeichne das Diagramm ähnlich wie in Bild 4, trage aber nur die 12 Monatsmitteltemperaturen ein.

Reibung macht warm

1 „Heiße" Hände
Material
deine Hände

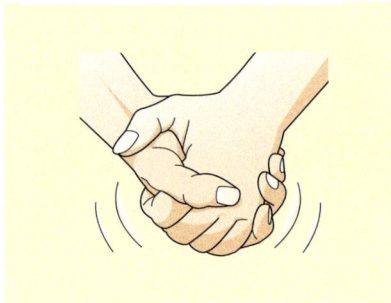

1 Zu Versuch 1

Versuchsanleitung
Reibe deine Hände kräftig aneinander. Beobachte und beschreibe die Temperaturveränderung.

2 Der „Feuerbohrer"
Material
einfacher Holzstab (unten abgerundet), Holzbrett mit Vertiefung (Holzstab und Holzbrett sollten aus möglichst hartem Holz bestehen)

2 Zu Versuch 2

Versuchsanleitung
Baue einen Feuerbohrer wie in Bild 2. Nimm den Stab zwischen deine Handflächen und bewege die Handflächen möglichst schnell gegeneinander, damit sich der Holzstab schnell hin und her dreht. Übe dabei auch einen möglichst starken Druck mit dem Stab auf das Brett aus. Beschreibe deine Beobachtungen. Achte auch auf Gerüche.

3 Wasser kräftig rühren
Material
Wasser (halber Liter), Rührschüssel, Thermometer, elektrisches Rührgerät

3 Zu Versuch 3

Versuchsanleitung
a) Gib etwa einen halben Liter Wasser in eine Rührschüssel. Miss die Temperatur des Wassers.
b) Halte dann ein elektrisches Rührgerät in das Wasser und schlage das Wasser bei höchster Stufe einige Minuten lang durch (▷ B 3).
c) Miss nach dem Rühren die Temperatur des Wassers.
d) Vergleiche die Temperaturen vor und nach dem Rühren. Beschreibe die Veränderung.

4 Löcher bohren
Material
Bohrmaschine oder Holzbohrer, dickes Brett

4 Zu Versuch 4

Versuchsanleitung
Bohre mehrere Löcher in ein dickes Brett (▷ B 4). Befühle anschließend vorsichtig die Spitze des Bohrers. Beschreibe deine Beobachtungen.

AUFGABEN

1 ⊖ Beschreibe, was alle Versuche gemeinsam haben.

2 ● Dein Freund Thomas möchte ohne Handschuhe an einem Seil herunterrutschen. Begründe, warum dies gefährlich sein kann.

Wärme durch Reibung

1 Durch Reibung entsteht Wärme.

2 Beim „Feuerbohrer" nutzt man aus, dass durch Reibung Wärme entsteht.

Feuer durch Reibung

In der Altsteinzeit gelang es den Menschen, Feuer zu machen. Dadurch erhöhte sich ihre Lebensqualität enorm. Die Menschen konnten sich wärmen und mussten die Speisen nicht mehr roh essen. Wie schafften sie es, Feuer zu machen? Sie erfanden den „Feuerbohrer": Sie entzündeten trockenes Gras und feine Holzspäne, indem sie einen Holzstab schnell hin und her bewegten. Dabei entstand Wärme. Einige Naturvölker machen auch heutzutage noch auf diese Weise Feuer (▷ B 2).

Reibung erzeugt Wärme

Am Beispiel des „Feuerbohrers" erkennst du: **Reibung** erzeugt Wärme. Dies machst du dir an kalten Wintertagen zunutze, indem du deine Hände kräftig aneinander reibst.

Es gibt noch weitere Beispiele: Beim Herunterrutschen an einem Seil wird es so warm, dass du dir sogar die Handflächen verbrennen kannst. Bremsscheiben an einem Auto können so warm werden, dass sie zu glühen beginnen (▷ B 1). Auch die Spitze eines Bohrers kann sich beim Bohren sehr stark erwärmen.

Was passiert in all diesen Beispielen? Man sagt: Es wird durch die Reibung Energie auf die Körper übertragen. Dadurch erhöht sich auch die Temperatur der Körper. (► Energie, S. 138 – 141)

Wenn ein Körper einer Reibung ausgesetzt ist, dann wird Energie auf den Körper übertragen. Dabei erhöht sich die Temperatur des Körpers.

AUFGABEN

1 ○ Beschreibe an einem Beispiel aus dem Text, wie Wärme erzeugt werden kann.

2 ◕ Erkläre, wie der „Feuerbohrer" funktioniert. Benutze die Begriffe Wärme, Reibung und Temperatur.

3 ● Bremsscheiben können sich unterschiedlich stark erhitzen. Erkläre, wie es zu diesen Unterschieden kommt.

1 Für das Heizen wird Energie benötigt.
2 Für die Bewegung wird Energie benötigt.

Was ist Energie?

Ohne elektrischen Strom bleibt die Herdplatte in der Küche kalt und der Computer funktioniert auch nicht. Ohne elektrischen Strom strahlt die Lampe kein Licht ab. Ein Auto benötigt Treibstoff im Tank, damit es fahren kann. Im Zusammenhang mit diesen und anderen Beispielen wird oft das Wort Energie benutzt. **Energie** ist das, was das Auto in Bewegung setzt, die Lampe zum Leuchten bringt und die Herdplatte heiß werden lässt.

Energieträger
In einem Stück Kohle ist Energie gespeichert. Das siehst du daran, dass beim Verbrennen Energie frei wird. Kohle, Erdöl und Erdgas werden als **Energieträger** bezeichnet. Sie haben Energie gespeichert.

Wenn Erdgas verbrannt wird und dabei ein Topf mit Wasser erhitzt wird, passiert folgendes: Ein Teil der Energie geht auf das Wasser über. Das Wasser wird heiß. Man sagt: Energie wird übertragen.

Auch Nahrungsmittel sind Energieträger. Nahrungsmittel geben unserem Körper die notwendige Energie, um alle Funktionen des menschlichen Körpers aufrechtzuerhalten. (► Energie, S. 138 – 141)

Energie ist notwendig, um Gegenstände zum Heizen, Leuchten oder zum Bewegen zu bringen.

Stoffe, in denen Energie gespeichert ist, werden als Energieträger bezeichnet.

AUFGABEN

1 ○ Beschreibe an einem Beispiel aus dem Text, was Energie ist.

2 ◐ Begründe, warum Erdöl als Energieträger bezeichnet wird.

3 ◐ Auch Nahrungsmittel sind Energieträger. Begründe dies.

Temperatur und innere Energie

Die Brown'sche Bewegung

Im Jahre 1827 entdeckte der schottische Botaniker ROBERT BROWN (1773–1858) bei Beobachtungen am Mikroskop, dass sich Pollenstaub im Wasser bewegte. Diese Erscheinung, die nach ihrem Entdecker Brown'sche Bewegung heißt, wurde später mit der Teilchenvorstellung der Materie gedeutet. Der leichte Pollenstaub wird von den sich bewegenden Wasserteilchen angestoßen.

Der innere Aufbau von Körpern

Um zu erklären, was in Körpern passiert, wenn sie erwärmt oder abgekühlt werden, müssen wir in ihr Inneres schauen. Alle Körper sind aus kleinsten Teilchen aufgebaut (Atome oder Moleküle). Zwischen diesen Teilchen wirken Anziehungskräfte. Die Teilchen sind ständig in Bewegung (▷ B 1).

Temperatur und Teilchenbewegung

Wenn einem Körper Energie zugeführt wird, dann kann sich die Bewegung der Teilchen verstärken (▷ B 1). Die **innere Energie** des Körpers wird dabei größer. Das macht sich durch eine größere Temperatur bemerkbar.
Wenn man einen Körper immer weiter abkühlt, dann nimmt die Bewegung seiner Teilchen ab. Irgendwann ist es so kalt, dass sich die Teilchen nicht mehr bewegen

können. Dann ist die niedrigste Temperatur erreicht, die überhaupt möglich ist. Diese niedrigste mögliche Temperatur bezeichnet man als **absoluten Nullpunkt**. Der absolute Nullpunkt liegt bei −273,15 °C.

Den absoluten Nullpunkt wählte LORD KELVIN als Nullpunkt für seine Temperatur-Skala, die Kelvin-Skala.
(► Energie, S. 138–141)
(► Struktur der Materie, S. 144/145)

Je stärker sich die Teilchen im Inneren eines Körpers bewegen, desto höher ist die innere Energie des Körpers. Je höher die innere Energie ist, desto höher ist die Temperatur des Körpers.

AUFGABEN

1 ○ Ergänze die folgenden Sätze.
a) Je stärker sich die Teilchen bewegen, …
b) Je höher die innere Energie ist, desto …

2 ○ Beschreibe den Zusammenhang zwischen der inneren Energie eines Körpers und seiner Temperatur.

3 ◕ Erkläre, was mit der Brown'schen Bewegung gemeint ist.

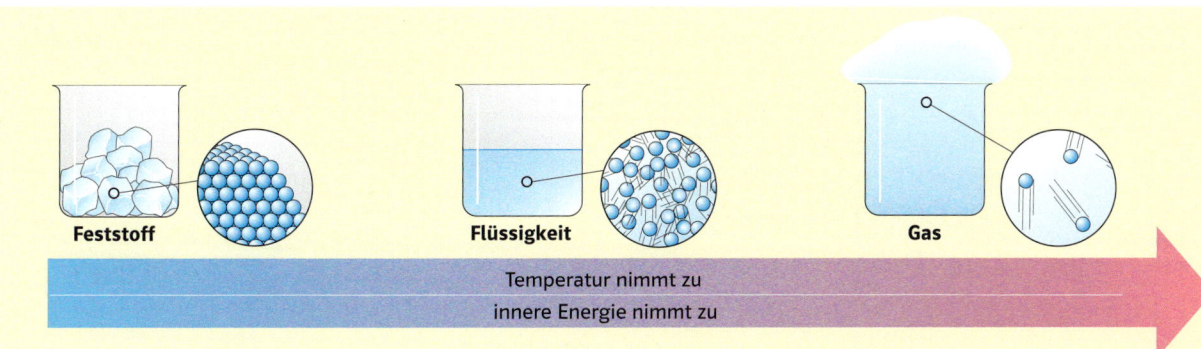

Festoff   **Flüssigkeit**   **Gas**

Temperatur nimmt zu
innere Energie nimmt zu

1 Je höher die innere Energie, desto höher die Temperatur

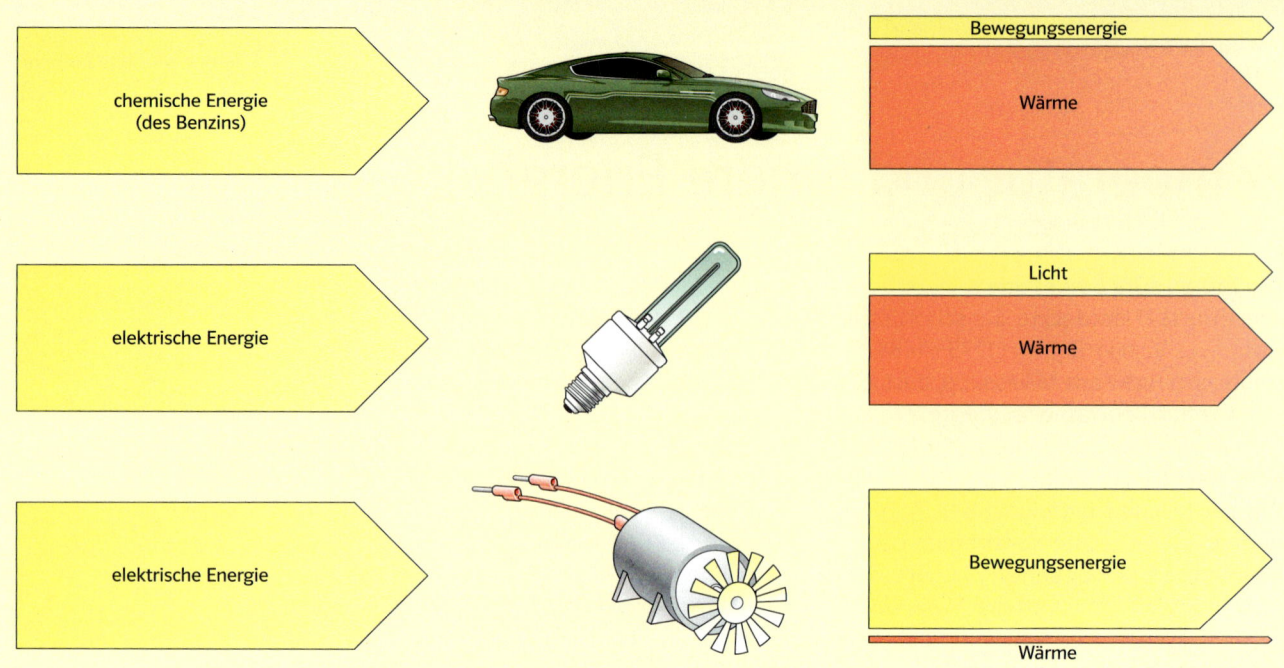

1 Energieflussdiagramm

Energie geht nicht verloren

Ein Fahrzeug wird an der Tankstelle aufgetankt und fährt los. Im Fahrzeug wird dann Kraftstoff verbrannt. Der Kraftstoff enthält chemische Energie. Bei der Verbrennung im Motor wird diese Energie frei und in eine andere Energieform umgewandelt: in Bewegungsenergie. Das Fahrzeug kann sich damit fortbewegen.

Aber es ist noch etwas anderes zu beobachten: Der Motor wird sehr heiß und gibt viel Wärme an die Außenluft ab. Auch die Bremsscheiben können bei langen Bremsvorgängen heiß werden.

Nur ein Teil der eingesetzten chemischen Energie des Kraftstoffs wird in Bewegungsenergie umgesetzt. Die restliche ungenutzte Energie wird in Formen umgewandelt, die wir nicht nutzen können. Ein großer Teil entweicht als Wärme an die Außenluft (▷ B 1).

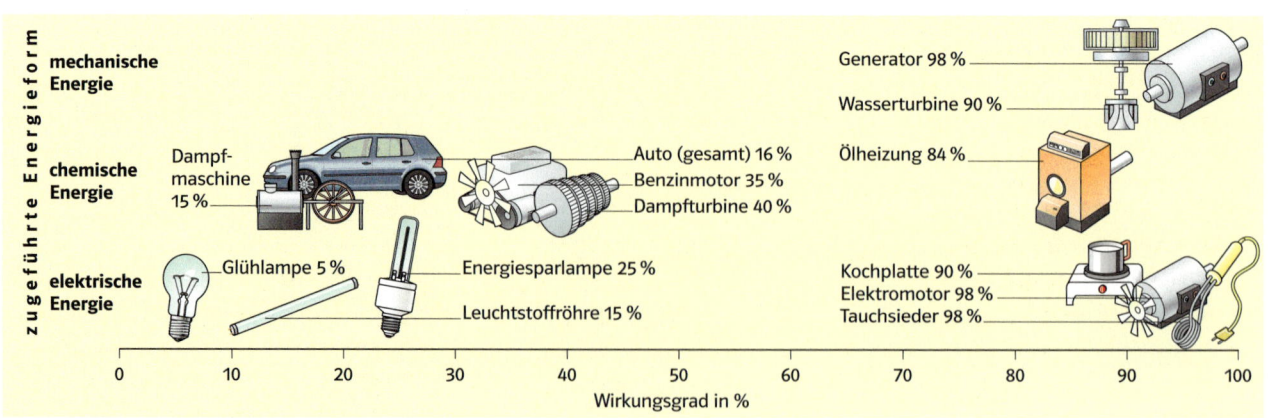

2 Verschiedene Wirkungsgrade

Energieerhaltungssatz

Energie kann in verschiedene Formen umgewandelt oder auf andere Körper übertragen werden. Dabei geht aber keine Energie verloren. Das nennt man den **Energieerhaltungssatz**. Die gesamte Energiemenge ist vor und nach der Umwandlung gleich groß.

Energieentwertung

Die beim Fahren nicht genutzte Energie wird im Winter zum Teil zum Beheizen des Innenraums verwendet, das meiste aber wird über den Kühler an die Außenluft abgegeben. Immer dann, wenn ein Teil der eingesetzten Energie bei einer Energieumwandlung nicht für den beabsichtigten Zweck genutzt werden kann, spricht man von **Energieentwertung**.

Die Energiesparlampe

Energieentwertung gibt es auch bei Lampen. Die früheren Glühlampen wurden sehr heiß. Nur ein kleiner Teil der eingesetzten elektrischen Energie brachte die Lampe zum Leuchten. Bei den heutigen Energiesparlampen ist die Umwandlung von elektrischer Energie in Licht etwa 5-mal so groß wie bei den früheren Glühlampen (▷ B 2). Dennoch wird auch bei den Energiesparlampen ein großer Teil der eingesetzten Energie entwertet.

Wirkungsgrad

Bei allen Maschinen oder Geräten kann die zugeführte Energie nicht voll genutzt werden. Beim Auto z. B. können durchschnittlich nur 16 % der zugeführten Energie für die Bewegung genutzt werden. Was mit der übrigen Energie geschieht, zeigt Bild 3. Diese 16 % werden als **Wirkungsgrad** bezeichnet. Wie hoch der Wirkungsgrad bei anderen Geräten oder Maschinen ist, zeigt Bild 2. (▷ Energie, S.138 – 141)

Energie kann in verschiedene Formen umgewandelt werden. Dabei geht aber keine Energie verloren. Dies ist der Energieerhaltungssatz.

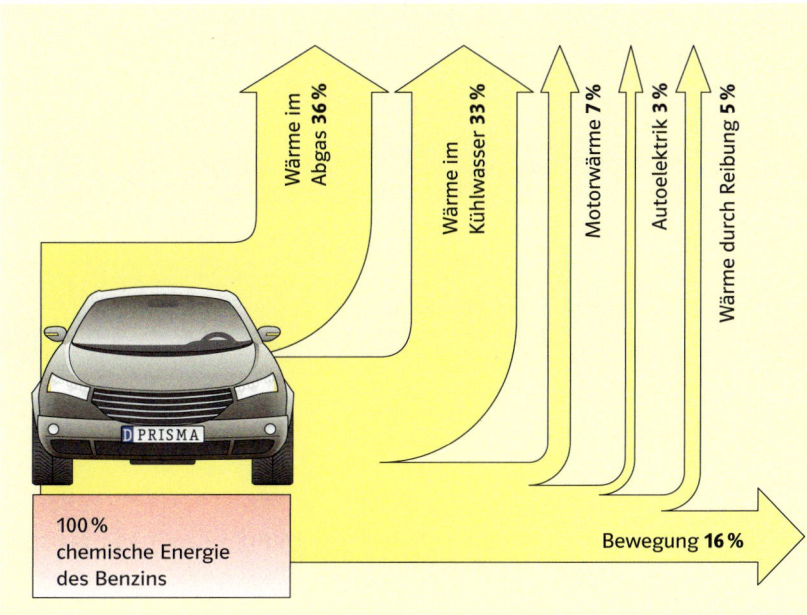

3 Was mit der zugeführten Energie in einem Auto passiert

Bei Umwandlungen kann aber ein Teil der Energie entwertet werden. Diese Energie ist dann für uns nicht mehr nutzbar.

AUFGABEN

1 ○ Beschreibe, was man unter dem Energieerhaltungssatz versteht.

2 ○ Beschreibe, was man unter Energieentwertung versteht.

3 ◐ Erkläre die Aussage: „Der Wirkungsgrad einer Energiesparlampe beträgt im Durchschnitt 25 %."

4 ◐ Fertige wie in Bild 1 Energieflussdiagramme zur Glühlampe und zur Ölheizung an.

5 ◐ a) In Bild 3 wird die chemische Energie des Benzins in verschiedene Energieformen umgewandelt. Beschreibe Bild 3 in eigenen Worten.
● b) Nimm Stellung zu der Tatsache, dass das Auto 16 % der eingesetzten Energie für die Bewegung nutzt.

6 ● Der Wirkungsgrad einer Kochplatte ist gut (▷ B 2). Überlege und begründe, wie du diesen guten Wirkungsgrad optimal nutzen kannst.

1 Lebensmittel haben einen Nährwert.

2 Überprüfen der Heizungsanlage

Nährwert und Heizwert

Der Nährwert der Nahrungsmittel

Ein gesunder Körper hat eine Temperatur von 36 °C bis 37 °C. Diese Temperatur wird durch chemische Vorgänge im Körper erreicht, die mit einer Verbrennung zu vergleichen sind. Dazu muss dem menschlichen Körper Energie in Form von Nahrung zugeführt werden.

Nahrungsmittel haben einen **Nährwert**. Der Nährwert macht eine Aussage darüber, wie viel Energie dem Körper bei der Nahrungsaufnahme zugeführt wird.

Damit man den Nährwert verschiedener Lebensmittel besser miteinander vergleichen kann, wird er in der Einheit Kilojoule (kJ) angegeben.

Das Joule ist eine Einheit für die Energie und 1 Kilojoule sind 1000 Joule (1 kJ = 1000 J).

Der Nährwert muss auf allen Verpackungen angegeben sein.

Lebensmittel	Nährwert pro 100 g in kJ
Feldsalat	58
Apfel	218
Speisequark (mager)	300
Kartoffeln (gekocht)	320
Schinken (geräuchert)	600
Schweinefleich (mager)	750
Vollkornbrot	980
Raffinadezucker	1750
Margarine	3100

3 Energiegehalt verschiedener Lebensmittel

Tätigkeit / Sport	benötigte Energie je Stunde in kJ
Autofahren	480
Staubsaugen	720
Gehen	800
Aufräumen	960
Wandern	1800
Schwimmen	2000
Tennis	2000
Radfahren	2800
Fußball	3200

4 Energieverbrauch bei verschiedenen Tätigkeiten

In der Tabelle in Bild 3 kannst du ablesen, wie groß der Nährwert unterschiedlicher Lebensmittel ist. Die Werte beziehen sich jeweils auf eine Masse von 100 g. Das heißt z. B. für gekochte Kartoffeln: 100 g gekochte Kartoffeln haben einen Nährwert von 320 kJ. Dieser Nährwert steht dann dem menschlichen Körper zur Verfügung. (► Energie, S. 138 – 141)

Wie viel Nahrung braucht der Mensch?
Der Nährwert-Bedarf eines Menschen ist abhängig von seinem Alter, seiner Größe, seiner Masse und auch von seiner Tätigkeit. Wie viel Energie bei verschiedenen körperlichen Tätigkeiten benötigt wird, zeigen die Werte in der Tabelle in Bild 4.

Der Energiebedarf eines Jugendlichen beträgt im Durchschnitt knapp 10 000 kJ pro Tag. Wenn einem Körper mehr Energie zugeführt wird, als er benötigt, wird der Überschuss z. B. in Muskelmasse oder in Fettdepots angelegt.

Wärme aus der Heizungsanlage
In einer Heizungsanlage werden Brennstoffe verbrannt. Dabei ist die Energie, die beim Verbrennen frei wird, je nach Brennstoff sehr unterschiedlich. Darüber gibt der **Heizwert** eines Brennstoffes Auskunft: Der Heizwert gibt an, wie viel Energie bei der

Verbrennung von 1 kg des Brennstoffes frei wird.
Um die Energie verschiedener Brennstoffe vergleichen zu können, verwendet man die Einheit Megajoule (MJ). 1 Megajoule sind 1 000 000 Joule (1 MJ = 1 000 000 J). In der Tabelle in Bild 5 kannst die Heizwerte verschiedener Brennstoffe ablesen.

In Statistiken findet man dagegen häufig eine andere Einheit: die Steinkohleeinheit (SKE). Das ist eine Vergleichseinheit, die aussagt, wie viel Steinkohle verbrannt werden müsste, um die entsprechende Energie freizusetzen. Dabei gilt: 1 kg SKE = 29 MJ.

Der Nährwert auf Nahrungsmittel-Verpackungen gibt an, wie viel Energie dem menschlichen Körper zugeführt wird. Der Heizwert eines Brennstoffes gibt an, wie viel Energie bei der Verbrennung von 1 kg des Brennstoffes frei wird.

AUFGABEN

1 ○ Gib an, wie viel Energie dem menschlichen Körper beim Essen von 100 g Vollkornbrot zugeführt wird.

2 ○ Nenne eine Einheit für die Energie.

3 ○ Lies in der Tabelle in Bild 4 ab, wie viel Energie der menschliche Körper benötigt, wenn man 1 Stunde lang schwimmt.

4 ◖ Erkläre den Begriff Nährwert.

5 ◖ Erkläre den Begriff Heizwert.

6 ◖ Auf der Verpackung einer Tafel Schokolade (100 g) steht ein Nährwert von 2 325 kJ. Eine Mahlzeit aus Kartoffeln, Gemüse und Fleisch mit dem gleichen Nährwert wird von Michael zur Seite geschoben. Er isst lieber die Tafel Schokolade und sagt: „Die hat doch den gleichen Nährwert." Nimm Stellung zu Michaels Aussage.

7 ◖ a) Recherchiere den Nährwert verschiedener Lebensmittel. Schaue dazu auf Verpackungen oder im Internet nach.
   ● b) Vergleiche den Nährwert von Süßigkeiten und Chips mit dem Nährwert anderer Lebensmittel. Nimm Stellung zu deinem Ergebnis.

Brennstoff	Heizwert pro kg in MJ
Benzin	44
Diesel	38
Heizöl	42
Spiritus	22
Steinkohle	29
Braunkohle	20
Holz	15
Erdgas	44
Propangas	46

5 Heizwerte verschiedener Brennstoffe

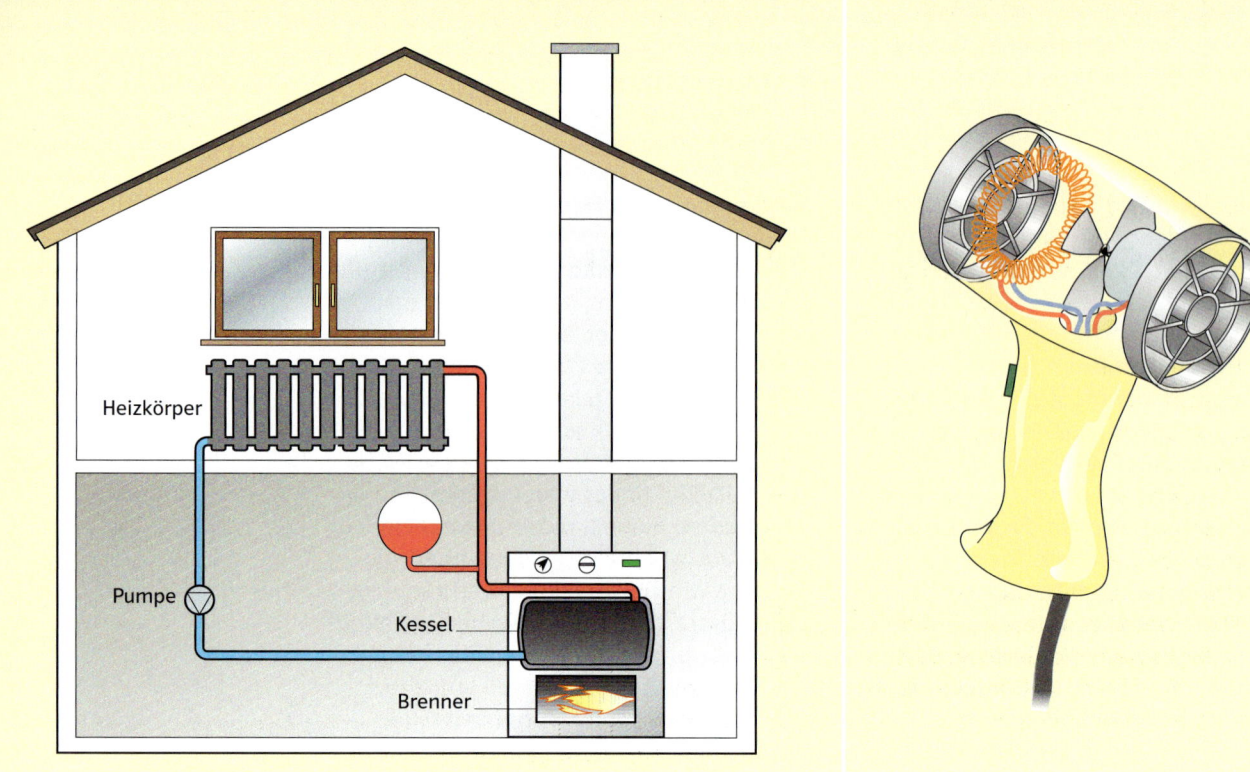

1 Die Warmwasser-Heizung

2 Der Haartrockner

Wärmeströmung

Haare trocknen

Nach dem Haarewaschen hast du sicherlich schon mal einen Haartrockner benutzt. Du findest warme Luft bestimmt auch sehr angenehm.

Im Haartrockner bewegt ein Ventilator kalte Luft an einer Heizspirale vorbei (▷ B 2). Die Heizspirale gibt Energie an die kalte Luft ab. Die Luft erwärmt sich und wird dann zu deinen Haaren transportiert. Diese Form des **Wärmetransports** nennt man **Wärmeströmung**. Dabei wird Wärme zusammen mit einem Stoff transportiert.

Die Warmwasser-Heizung

Wärmeströmung findet auch in der Warmwasser-Heizung (▷ B 1) statt. Ein Brenner erhitzt Wasser in einem Kessel. Dieses Wasser wird durch die Heizungsrohre und Heizkörper gepumpt. In diesem Fall ist Wasser das Transportmittel.

Wenn Wärme zusammen mit einem Stoff transportiert wird, spricht man von Wärmeströmung.

AUFGABEN

1 ○ Gib mit eigenen Worten wieder, was man unter Wärmeströmung versteht.

2 ◔ Formuliere zu jedem der in Bild 1 beschrifteten Teile der Warmwasser-Heizung einen Satz. Die einzelnen Sätze sollen die Aufgaben der Teile beschreiben.

3 ● Ein weiteres Beispiel für Wärmeströmung ist der Durchlauferhitzer. Ein solches Gerät sorgt in vielen Badezimmern für heißes Wasser. Recherchiere, wie ein solches Gerät funktioniert und schreibe einen kurzen Bericht.

Wärmeströmung in der Natur

Warme und kalte Luft

Eine Weihnachtspyramide dreht sich, wenn die Kerzen darunter angezündet werden. Auch die Gardinen über einer warmen Heizung bewegen sich. Die Ursache für die Bewegung ist die Erwärmung der Luft. Luft dehnt sich bei Erwärmung aus. In einer kühleren Umgebung steigt die warme Luft auf. Dabei versetzt sie die Pyramide in Drehung oder bewegt die Gardine. Diese Eigenschaft der warmen Luft nutzen auch Ballonfahrer, um vom Boden abzuheben (▷ B 2).

Luft und Wasser transportieren Wärme

Auf der Erde gibt es große Temperaturunterschiede.
Die Winde, die sich um die Erde herum bewegen, transportieren Wärme von wärmeren Gebieten der Erde zu kälteren Gebieten. Dadurch werden die großen Temperaturunterschiede ein wenig ausgeglichen.

Der Golfstrom, eine warme Meeresströmung, transportiert warmes Wasser aus dem Golf von Mexiko bis zu uns nach Europa (▷ B 1). Der Westen und der Norden Europas werden von ihm aufgewärmt. Der Golfstrom wird deshalb auch als Warmwasser-Heizung für Nordeuropa bezeichnet.

AUFGABEN

1 ◗ Erkläre, was mit folgendem Satz gemeint ist: „Der Golfstrom ist die Warmwasser-Heizung für Nordeuropa."

2 ● Miss nach und berechne, über welche Entfernung vom Golf von Mexiko bis nach Nordeuropa Wärme mithilfe von Wasser transportiert wird. Nimm einen Atlas zu Hilfe.

3 ● Begründe, warum sich eine Weihnachtspyramide dreht. Erstelle dazu eine Skizze.

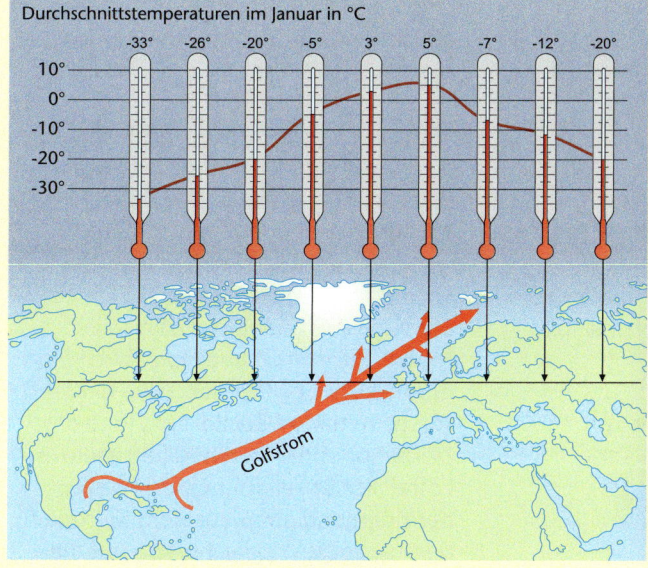

1 Der Golfstrom beeinflusst unser Klima.

2 Heißluftballon

1 Die Suppenkelle ist heiß.

2 Gute und schlechte Wärmeleiter in der Küche

Wärmeleitung

Folgendes hast du vielleicht auch schon erlebt: Der Griff einer Suppenkelle ragt aus dem Topf heraus (▷ B 1). Trotzdem wird der Griff aus Metall heiß, obwohl er sich gar nicht in der heißen Suppe befindet. Die Wärme wird von der heißen Suppe durch den Stiel der Kelle nach oben geleitet. Die Teilchen, aus denen der Griff besteht, geben die Wärme weiter. Die Teilchen machen dies, indem sie hin und her schwingen und dabei ihre Nachbar-Teilchen anstoßen.
Diese Form des Wärmetransports wird als **Wärmeleitung** bezeichnet.

Wärmeleitung in der Küche

Bei den meisten Kochgeräten, wie zum Beispiel Töpfen, Pfannen oder Rührgeräten, sind die Griffe aus Holz oder Kunststoff (▷ B 2). Beide Materialien leiten die Wärme schlecht. Dies kannst du in Versuch 1 selbst ausprobieren.

Wenn Stoffe Wärme weitergeben, ohne dass sie sich selbst mitbewegen, spricht man von Wärmeleitung.

AUFGABEN

1 ○ Gib mit eigenen Worten wieder, was man unter Wärmeleitung versteht.

2 ◔ Erkläre, wie der Griff der Suppenkelle in Bild 1 heiß wird. Benutze dabei die beiden Wörter „Teilchen" und „anstoßen".

3 ● Recherchiere, zu welcher Stoffgruppe alle sehr guten und guten Wärmeleiter in der Tabelle in Bild 3 gehören.

VERSUCH

1 Stecke die Griffe eines Löffels aus Metall, Kunststoff und Holz durch ein dünnes Styropor®-Stück. Fülle heißes Wasser in einen Becher und lege das Stück Styropor® so darauf, dass die Löffel sich unten im heißen Wasser befinden und oben aus dem Styropor® herausragen. Vergleiche, wie gut die Materialien die Wärme leiten.

sehr gut	gut	schlecht	sehr schlecht
Silber	Messing	Eis	Holz
Kupfer	Stahl	Glas	Kunststoff
Aluminium	Blei	Wasser	Luft

3 Verschiedene gute und schlechte Wärmeleiter

Wärme wird geleitet

1 Eis und heiß

Material

Stativmaterial, feuerfestes Reagenzglas, Eiswürfel, Wasser, Draht, Gasbrenner

Versuchsanleitung

Baue den Versuch wie in Bild 1 auf. Erhitze das Wasser am oberen Rand des Reagenzglases. Beobachte und erkläre.

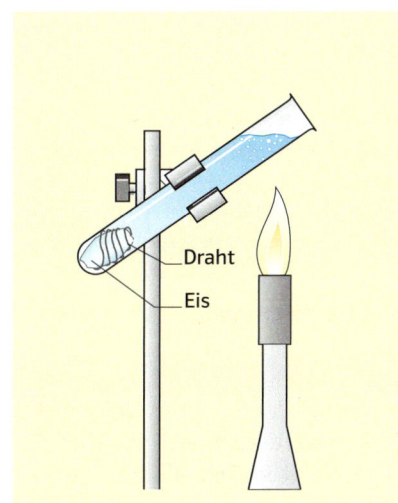

1 Zu Versuch 1

2 Kalte Füße

Material

„Bodenbeläge": Holz, Fliesen, Teppich, Zeitung, Metallplatte

Versuchsanleitung

Stell dich barfuß mit einem Fuß auf Holz und mit dem anderen Fuß auf Fliesen. Probiere verschiedene andere Bodenbeläge aus. Notiere den Bodenbelag, bei dem deine Füße am wärmsten bleiben.

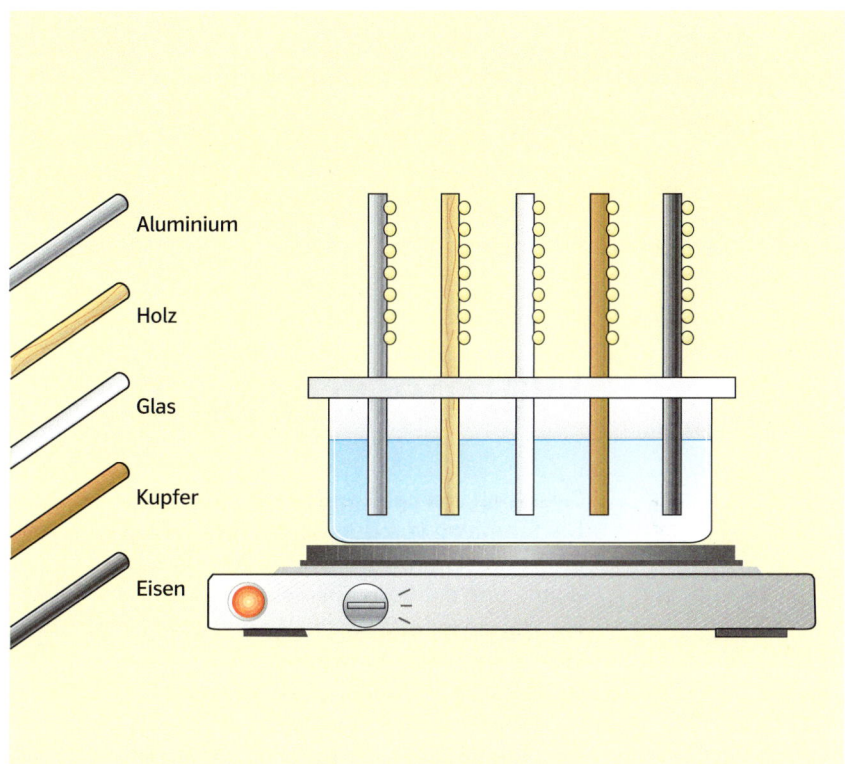

2 Zu Versuch 3

3 Schmelzende Kugeln

Material

mehrere gleich lange und gleich dicke Stäbe aus unterschiedlichen Materialien, Wachskügelchen, Styropor®-Platte, Wasserwanne, Wasser, Heizplatte

Versuchsanleitung

Befestige die Wachskügelchen in gleichen Abständen an den Stäben (▷ B 2). Stecke die Stäbe durch die Styropor®-Platte.
Lege die Styropor®-Platte auf ein Gefäß mit heißem Wasser. Beobachte und erkläre.

Aufgabe

1. Auf einem Streifzug durch die Küche kannst du feststellen, dass Wärmeleitung in manchen Situationen erwünscht ist, in anderen Situationen aber möglichst vermieden wird.
Bei welchen Gegenständen in eurer Küche ist eine gute Wärmeleitung vorhanden, bei welchen möchte man keine Wärmeleitung haben?
Stelle eine Tabelle auf für die Gegenstände mit guter und schlechter Wärmeleitung. Begründe deine Einteilung.

1 Wärmestrahlung von der Sonne   **2** Jungtiere unter Infrarotlampe

Wärmestrahlung

Strahlung von der Sonne

Die Strahlung von der Sonne trifft auf die Erde und erwärmt sie (▷ B 1). Zwischen der Sonne und der Erde aber ist nichts, was die Wärme leitet oder die Wärme durch Wärmeströmung zu uns bringt.
Diese Form des Wärmetransports nennt man **Wärmestrahlung**. Wärmestrahlung liegt immer dann vor, wenn sich Wärme ohne einen Stoff ausbreitet.

Wärmelampen

In der Medizin gibt es Lampen, bei denen man sich die heilende Wirkung der Wärmestrahlung zunutze macht. Diese Wärmestrahlung, auch **Infrarotstrahlung** genannt, hilft z. B. bei Muskelverspannungen.
Auch in der Tierhaltung werden Infrarotlampen eingesetzt. Die Wärme dieser Infrarotlampen schützt in Ställen die empfindlichen Jungtiere vor der Kälte (▷ B 2).

Helle und dunkle Flächen

Wenn Wärmestrahlung auf eine Fläche trifft, wird die Wärmestrahlung aufgenommen oder reflektiert. Das hängt von der Farbe der Fläche ab. Dunkle Flächen nehmen mehr Strahlung auf als helle Flächen. Helle Flächen reflektieren einen großen

Teil der Strahlung. Daher bleiben helle Flächen meist kühler als dunkle Flächen.

Wenn sich Wärme ohne einen Stoff ausbreitet, spricht man von Wärmestrahlung. Helle Flächen erwärmen sich weniger als dunkle Flächen.

AUFGABEN

1 ○ Gib mit eigenen Worten wieder, was man unter Wärmestrahlung versteht.

2 ◉ Begründe, warum im Sommer eher helle als dunkle Kleidung getragen wird.

3 ◉ Nenne die drei Arten des Wärmetransports und stelle ihre Unterschiede heraus.

VERSUCH

1 Beklebe zwei gleich große Pappschachteln mit weißem bzw. schwarzem Papier. Lege sie in die Sonne. Stecke zwei Thermometer so hinein, dass du die Temperaturen im Inneren messen kannst. Vergleiche und begründe.

Sonnenkollektoren

Material

fester Karton (ca. 30 cm × 40 cm), Styropor®-Platte (Dicke ca. 2 cm), Plastikschlauch (ca. 3 m lang), Trichter, großer Bogen schwarzes Tonpapier, Klarsichtfolie, Styropor®-Kleber, Klebstoff, Klebeband, Schere, scharfes Messer, schwarze Plakatfarbe, Gefäß (Platz für 2 bis 3 Liter Wasser), Trichter, Wasser (2 bis 3 Liter), 2 Thermometer

Bauanleitung

a) Kürze den festen Karton auf eine Höhe von etwa 15 cm. Schneide aus der Styropor®-Platte passende Stücke für den Boden und die Seitenwände heraus und klebe sie in den Karton.
b) Schneide aus dem schwarzen Tonpapier ein passendes Stück für den Boden und die Seitenwände heraus und klebe es auf das Styropor®.
c) Bohre an zwei gegenüberliegenden Seiten Löcher von der Dicke des Schlauchs in den Karton. Streiche den Schlauch schwarz an. Wickle ihn zu einer Spirale.
d) Ziehe die Spirale auseinander und schiebe die beiden Schlauchenden durch die Löcher. Klebe den Schlauch fest. Spanne eine Klarsichtfolie über den Karton und befestige sie mit Klebeband.

Versuchsanleitung

a) Bringe den Sonnenkollektor in die Sonne. Lagere ihn so, dass eine Seite etwas höher liegt (▷ B 2).
b) Stell am unteren Ende des Schlauchs ein Gefäß auf, in dem du etwa 2 bis 3 Liter Wasser auffangen kannst.

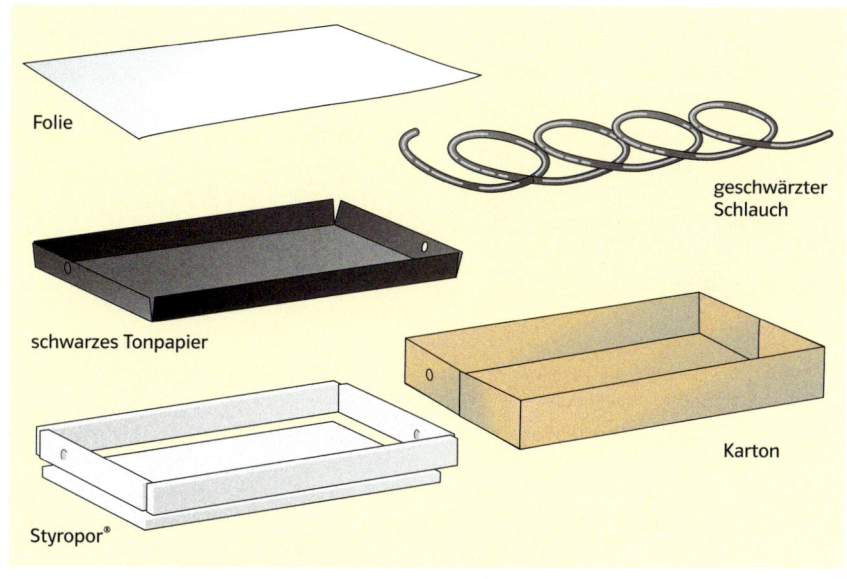

1 So wird der Kollektor zusammengesetzt.

c) Gieße in das obere Ende des Schlauchs durch einen Trichter Wasser ein (je nach Größe des Kollektors 2 bis 3 Liter Wasser).
d) Miss und notiere die Temperatur des eingefüllten Wassers am oberen Ende. Miss und notiere dann die Temperatur des Wassers, das am unteren Schlauchende herausfließt (▷ B 2).
e) Vergleiche deine Messergebnisse.

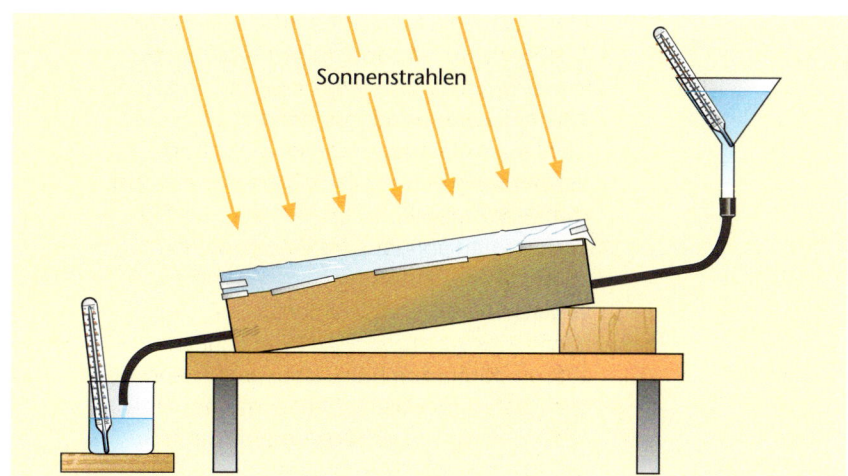

2 Sonnenkollektor in Aktion

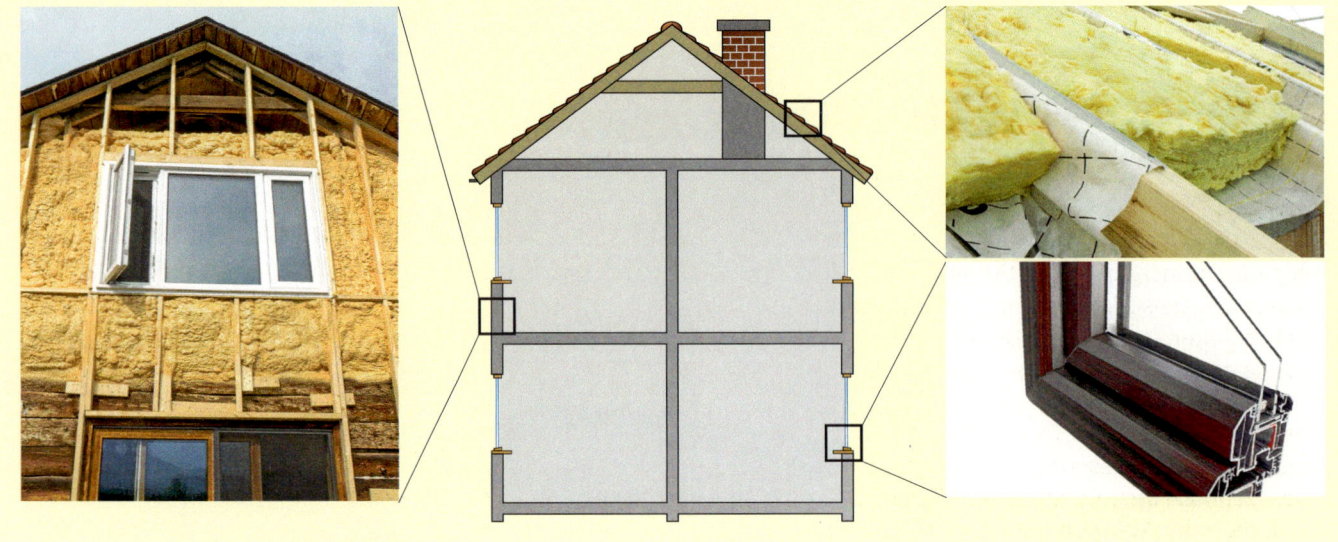

1 Wärmedämmung eines Hauses

Wärmedämmung

Wärmetransport – erwünscht und unerwünscht

Wenn es uns im Sommer zu warm wird, ziehen wir uns z.B. den Pullover aus. Der Wärmetransport zwischen unserem Körper und der Luft kann dadurch vergrößert werden.

Sehr häufig wollen wir keinen oder möglichst wenig Wärmetransport. Aus diesem Grund tragen wir im Winter Kleidung aus mehreren Schichten. Geräte wie z.B. die Thermoskanne sind gut isoliert. Insbesondere beim Hausbau möchte man möglichst wenig Wärmetransport. Wenn man den Wärmetransport verhindern möchte, spricht man von **Wärmedämmung**. Eine gute Wärmedämmung bedeutet einen schlechten Wärmetransport.

Wärmedämmung beim Hausbau

Die Kosten für das Heizen im Winter steigen von Jahr zu Jahr. Daher lohnt es sich, bei Häusern die Wärmedämmung zu verbessern. Verschiedene Maßnahmen sorgen dafür, dass nur wenig Wärme nach außen entweicht (▷ B 1). Aber auch im Sommer ist eine gute Wärmedämmung hilfreich, damit es im Haus nicht zu warm wird.

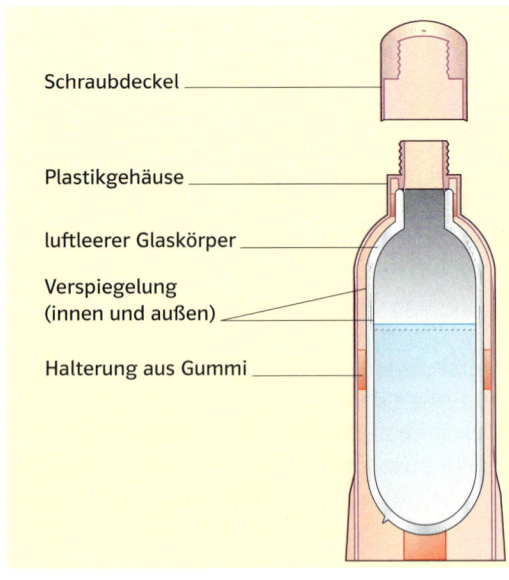

Schraubdeckel

Plastikgehäuse

luftleerer Glaskörper

Verspiegelung
(innen und außen)

Halterung aus Gummi

2 Aufbau einer Thermoskanne

Die Thermoskanne

Die Thermoskanne ist ein Gefäß, in dem man Getränke sehr lange heiß oder kalt aufbewahren kann (▷ B 2, B 3). Die Thermoskanne ist ein gutes Beispiel für eine gute Wärmedämmung.

Die Thermoskanne besteht aus Materialien wie Glas, Kunststoff, Kork, Gummi oder Styropor®. Diese Materialien sind schlechte Wärmeleiter. Deshalb hat die Thermoskanne eine gute Wärmedämmung.

Bei dem Gehäuse der Thermoskanne hat man sich etwas Besonderes ausgedacht: Das Gehäuse besteht aus zwei Wänden. Zwischen den Wänden hat man die Luft herausgesaugt. Dadurch ist die Wärmeleitung unterbrochen.

Außerdem hat man das Gehäuse verspiegelt. Diese Verspiegelung verhindert, dass die Wärmestrahlung nach außen oder nach innen gelangt.

Man spricht von Wärmedämmung, wenn man den Wärmetransport verhindern möchte: Eine gute Wärmedämmung bedeutet einen schlechten Wärmetransport. Eine gute Wärmedämmung ist vor allem bei Gebäuden wichtig.

3 In einer Thermoskanne bleibt der Tee lange heiß.

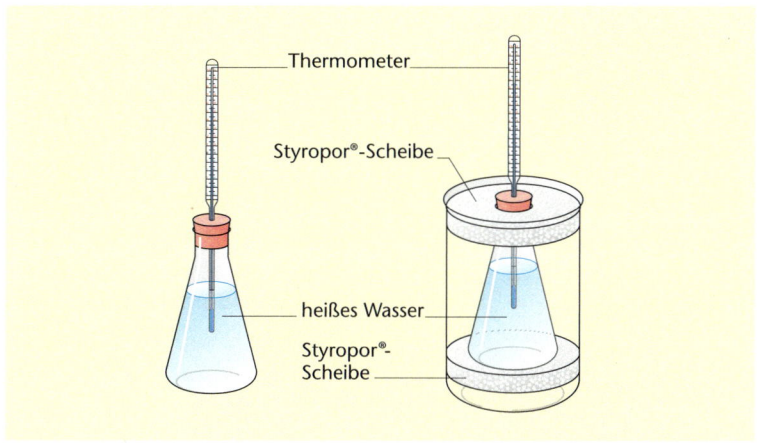

4 Glaskolben – ohne und mit Wärmedämmung

AUFGABEN

1 ○ Beschreibe, was man unter Wärmedämmung versteht.

2 ○ Beschreibe den Aufbau einer Thermoskanne.

3 ◑ Begründe, warum es im Winter sinnvoller ist, mehrere dünne Kleidungsstücke übereinander anzuziehen als ein dickes Kleidungsstück.

4 ◑ Im Winter plustern sich Vögel auf, um sich vor Kälte zu schützen. Erkläre den Zusammenhang.

5 ◑ a) Die Preise für die Energieversorgung steigen. Frau Heinze entscheidet sich daher für eine gute Wärmedämmung in ihrem Haus, obwohl diese recht teuer ist. Beurteile, ob ihr Verhalten grundsätzlich sinnvoll ist.
● b) Außerdem achtet Frau Heinze darauf, dass ihr Energieversorger nur Wasserkraft und Windkraft nutzt, obwohl dies teuer für sie ist. Sie sagt: „Dies ist nachhaltiger als das Verbrennen von Kohle." Bewerte ihr Verhalten.

6 ● Diskutiert in der Gruppe Möglichkeiten zur besseren Energienutzung
a) zu Hause
b) in der Schule.

VERSUCH

1 a) Führe den Versuch wie in Bild 4 durch. Fülle dazu heißes Wasser in die Glaskolben (gleiche Temperatur, gleiche Menge) und vergleiche nach einiger Zeit die Temperaturen.
b) Begründe, warum die Werte unterschiedlich sind.

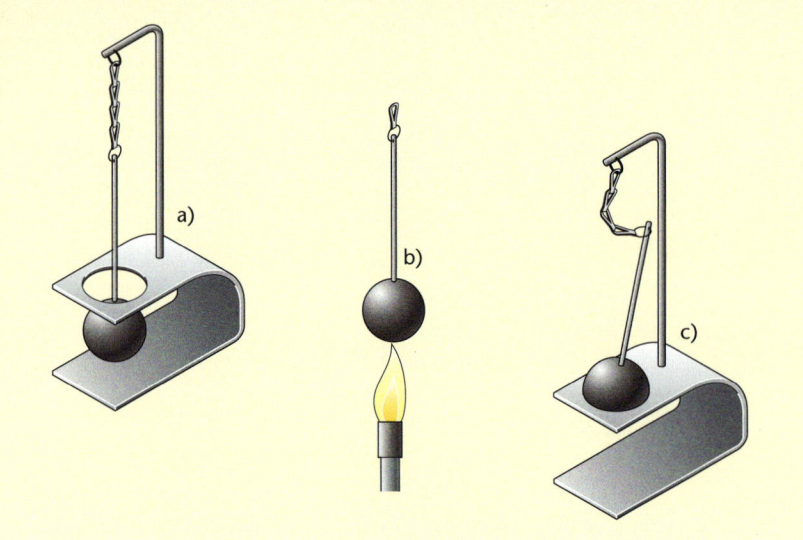

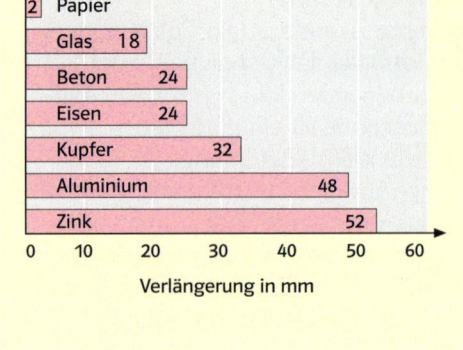

2	Papier						
	Glas	18					
	Beton		24				
	Eisen		24				
	Kupfer			32			
	Aluminium				48		
	Zink					52	

Verlängerung in mm

1 Eine Eisenkugel wird beim Erwärmen dicker.

2 Ausdehnung von 100-Meter-Stäben bei einer Temperaturerhöhung um 20 K

Die Ausdehnung fester Körper

Ein Radweg mit „Hindernissen"
Du bist sicherlich schon einmal mit dem Fahrrad oder dem Skateboard auf einem Weg mit Betonplatten gefahren. Das ist eine „ruckelige" Angelegenheit. Denn die Platten sind durch Spalten unterbrochen. Das hat seinen guten Grund. Denn feste Körper dehnen sich aus, wenn sie erwärmt werden (▷ B 1). Sie ziehen sich zusammen, wenn sie abgekühlt werden.
Beim Bauen von Straßen, Gebäuden oder Brücken muss das beachtet werden.

Dehnungsfugen und Brücken auf Rollen
Bei Straßen und größeren Bauwerken (Brücken, Gebäuden, Mauern usw.) muss man Dehnungsfugen einbauen.

3 Brücke auf Rollen

Sonst entstehen Risse durch die veränderte Länge zwischen Sommer und Winter. Brücken liegen deshalb zusätzlich auf Rollen (▷ B 3).

Feste Körper dehnen sich aus, wenn sie erwärmt werden. Sie ziehen sich zusammen, wenn sie abgekühlt werden.

AUFGABEN

1 ○ Wodurch verhindert man die Bildung von Rissen in großen Gebäuden oder auf Straßen? Beschreibe.

2 ◖ Warum ist es günstig, dass sich Beton und Eisen bei Erwärmung gleich stark ausdehnen? Begründe.

3 ● Eine Brücke aus Eisen ist 300 m lang. Um wie viel Zentimeter verlängert sie sich zwischen Winter und Sommer bei einem Temperaturunterschied von 20 K? Berechne.

VERSUCH

1 Führe den Versuch wie in Bild 1 durch. Erkläre, was du beobachtest.

Feste Körper dehnen sich aus

1 Eine Stricknadel wird gedehnt.

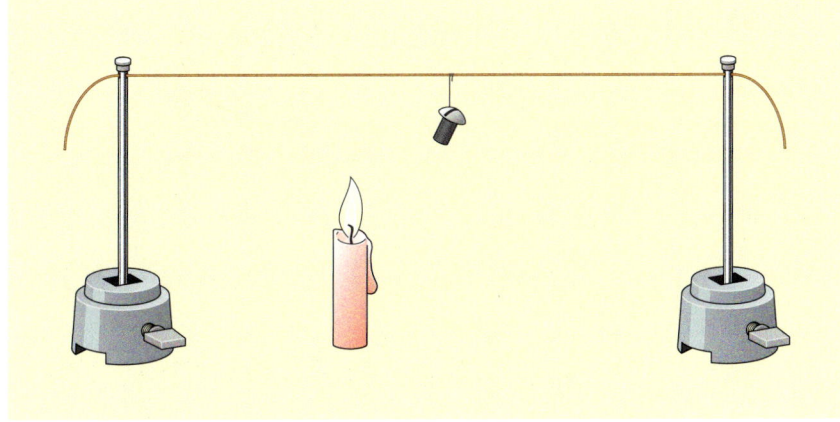

2 Ein Draht wird gedehnt.

1 Eine Stricknadel wird länger
Material
2 leere Flaschen mit Korken,
Stricknadel aus Metall, Stecknadel,
Strohhalm, Kerze

Versuchsanleitung
Baue den Versuch wie in Bild 1
auf. Achte darauf, dass die Stricknadel fest auf der Stecknadel
aufliegt und sie sich trotzdem noch
leicht rollen lässt. Bewege die bren-
nende Kerze unter der Stricknadel
langsam hin und her.

2 Ein Draht wird gedehnt
Material
2 Tonnenfüße, 2 Stativstangen,
50 cm Kupfer-Draht, schwere
Schraube, Faden, Kerze

Versuchsanleitung
Spanne den Kupfer-Draht zwischen
die beiden Stativstangen und
beschwere ihn mit einer Schraube
in der Mitte (▷ B 2). Erwärme den
Draht mit einer brennenden Kerze.

3 Ein einfacher Feuermelder
Material
2 Isolierstützen, Bimetallstreifen,
Glühlampe (mit Fassung),
2 Krokodilklemmen, 3 Kabel,
Batterie, Kerze

Versuchsanleitung
Baue den Versuch wie in Bild 3
auf. Halte eine Kerze unter den
Bimetallstreifen.
Beschreibe und erkläre deine
Beobachtung.

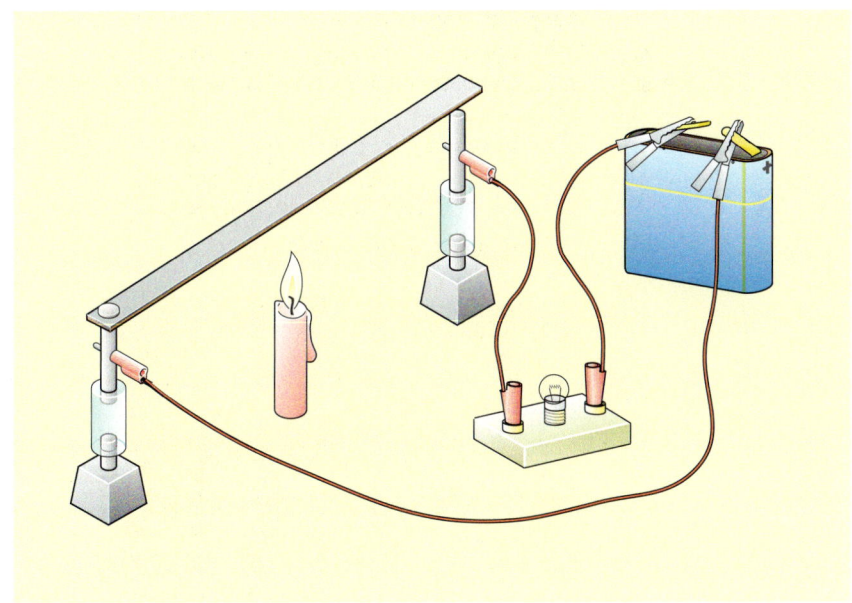

3 Das Modell eines Feuermelders

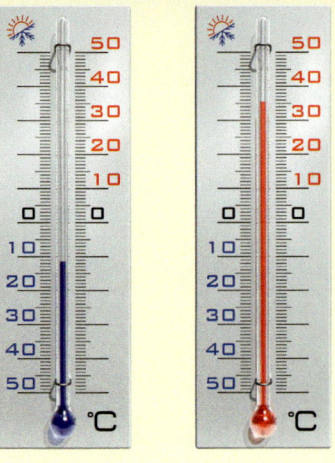

1 Je höher die Temperatur, desto höher der Flüssigkeitsstand

2 Warmwassergerät

Die Ausdehnung von Flüssigkeiten

Wie ein Thermometer funktioniert

In Flüssigkeitsthermometern steht eine Flüssigkeit in einem Glasröhrchen – je nach Temperatur höher oder niedriger (▷ B 1). Denn Flüssigkeiten dehnen sich aus, wenn sie erwärmt werden. Wenn man Flüssigkeiten abkühlt, dann ziehen sie sich wieder zusammen.

Die Ausdehnung verschiedener Flüssigkeiten ist unterschiedlich. Das zeigt Bild 3.

Der tropfende Wasserhahn

In Küchen befinden sich häufig Warmwassergeräte über der Spüle (▷ B 2). Kaltes Leitungswasser läuft ein und wird dann erhitzt. In diesen Geräten dehnt sich das Wasser beim Erhitzen aus. Dadurch kann es passieren, dass der Wasserhahn tropft.

Flüssigkeiten dehnen sich aus, wenn sie erwärmt werden. Flüssigkeiten ziehen sich zusammen, wenn sie abgekühlt werden. Verschiedene Flüssigkeiten dehnen sich unterschiedlich stark aus.

AUFGABEN

1 ○ Beschreibe, wie ein Flüssigkeitsthermometer funktioniert. Benutze den Begriff „Ausdehnung".

2 ◒ Begründe, warum die Flüssigkeit im Thermometer steigt und fällt.

3 ● Begründe, warum Wasser als Thermometerflüssigkeit ungeeignet sein kann.

VERSUCH

1 Fülle einen Rundkolben mit gefärbtem Wasser und verschließe ihn mit einem Stopfen mit Steigrohr. Markiere den Wasserstand. Stelle dann den Glaskolben in kaltes Wasser, markiere ebenfalls den Wasserstand und erwärme anschließend den Glaskolben. Beschreibe deine Beobachtung.

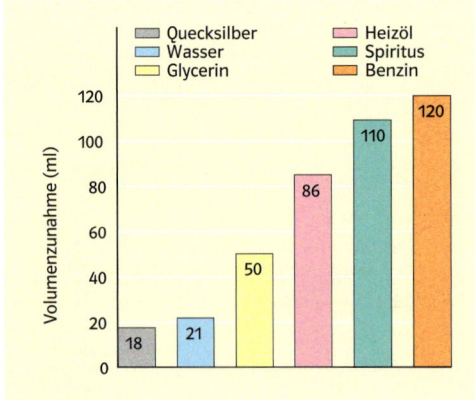

3 Ausdehnung von 10 l Flüssigkeit bei einer Temperaturerhöhung um 10 K

Sprinkleranlagen

1 Sprinkleranlage

Kaufhäuser, Kinos, Theater und Lagerhallen sind sehr häufig mit automatischen Löscheinrichtungen, den Sprinkleranlagen, versehen.

Unter den Decken verlaufen Löschwasserleitungen. Daran angeschlossen sind die Sprüheinrichtungen, die Sprinkler (▷ B 1, links).

Wasser marsch!

Die Sprinkler sind mit Glasröhrchen verschlossen. In ihnen befindet sich eine Flüssigkeit („Sprengflüssigkeit"), die sich beim Erwärmen stark ausdehnt.

Wenn es nun zu einem Brand kommt, werden die Glasröhrchen stark erwärmt, die Flüssigkeit darin dehnt sich aus und sprengt das Glas (▷ B 1, Mitte). Dadurch

wird die Öffnung für das Löschwasser freigegeben (▷ B 1, rechts).

Der Wasserstrahl trifft auf ein sternförmiges Metallplättchen, sodass er wie Regen fein verteilt wird. So kann ein Feuer automatisch gelöscht werden.

AUFGABEN

1 ◖ Erkläre, wie Sprinkleranlagen funktionieren.

2 ◖ Erkläre, welchen entscheidenden Vorteil Sprinkleranlagen haben.

3 ● Erörtere, warum Sprinkleranlagen eher in öffentlichen Gebäuden (z. B. Theatern) als in privaten Häusern eingebaut sind.

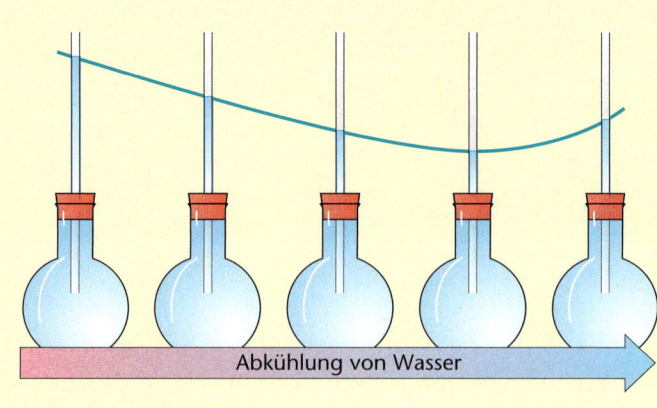

Abkühlung von Wasser

1 Im Gefrierfach vergessen

2 Wasser wird abgekühlt.

Die Anomalie des Wassers

Ärger mit der Wasserflasche

Ein heißer Sommertag. Peter hat großen Durst, aber die Glasflasche mit Wasser ist ihm zu warm. Damit das Wasser schnell kalt wird, legt er die Flasche in die Tiefkühltruhe. Als seine Freunde dann klingeln, um ihn abzuholen, ist die Wasserflasche vergessen.

Am Abend ist der Ärger groß. Seine Mutter hat einen Eisklumpen und Glasscherben in der Tiefkühltruhe gefunden (▷ B 1).

Wasser bildet bei den Flüssigkeiten eine Ausnahme. Es zieht sich zwar zusammen, wenn es abgekühlt wird, aber nur bis + 4 °C. Bei noch stärkerer Abkühlung dehnt es sich wieder aus (▷ B 2). Das nennt man die **Anomalie des Wassers**.

Ein See im Winter

Im Winter kühlt sich das Wasser in einem See ab. Wenn sich Wasser bei + 4 °C am stärksten zusammengezogen hat, ist es am schwersten. Es sinkt auf den Boden des Sees. Wenn Wasser kälter als + 4 °C wird, dehnt es sich wieder aus. Das bedeutet, es wird leichter und bleibt oben.

Fische und Pflanzen können im Winter auch in einem zugefrorenen See überleben, weil der Boden des Sees nicht zugefroren ist (▷ B 3).

Bei + 4 °C hat sich Wasser am stärksten zusammengezogen. Wenn Wasser stärker abgekühlt wird, dehnt es sich wieder aus. Wenn Wasser zu Eis wird, dehnt es sich aus.

AUFGABEN

1 ○ Gib an, bei welcher Temperatur sich Wasser am stärksten zusammengezogen hat.

2 ◔ Was ist mit Peters Wasserflasche in der Tiefkühltruhe passiert? Erkläre den Zusammenhang.

3 ◔ Erkläre, was man unter der „Anomalie des Wassers" versteht.

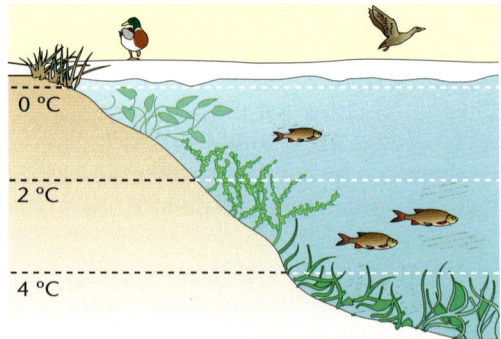

0 °C

2 °C

4 °C

3 Temperaturschichtung im See

Der Garten im Winter

Schäden durch Frost

Aisha fährt mit ihrem Vater im Winter in den kleinen Garten am Stadtrand, um nachzusehen, ob alles in Ordnung ist. „Warum wackeln denn einige Platten hier im Gartenweg?" fragt Aisha. „Die stehen ja hoch an den Seiten. Das war doch im letzten Herbst noch nicht."

„Da hat sich Regenwasser unter den Platten angesammelt und das ist jetzt im Winter gefroren", erklärt der Vater. „Das Eis hat einige Platten hochgehoben. Viel schlimmer aber ist, dass ich im letzten Herbst vergessen habe, das Wasser aus der Leitung abzulassen. Der erste Nachtfrost kam sehr früh und überraschend."

„Aber das taut doch im Frühjahr wieder auf", sagt Aisha.

„Das ist richtig. Aber schau mal hier", sagt der Vater und zeigt auf einen Riss in der Leitung. „Das Wasserrohr ist undicht und muss im Frühjahr erneuert werden."

All diese Frostschäden treten auf, weil sich Wasser beim Gefrieren ausdehnt.

Bodenlockerung durch Frost

Aisha wundert sich auch darüber, dass der Vater im Herbst in einigen Beeten den Boden zwar umgegraben, aber nicht glatt geharkt hat. Das hat er mit Absicht nicht gemacht. Denn wenn das im feuchten Boden enthaltene Wasser im Winter gefriert, dehnt es sich aus und lockert dabei den Boden auf.

AUFGABEN

1 ⊖ Erkläre, wie Platten in einem Gartenweg im Winter angehoben werden können. Verwende den Begriff „Anomalie des Wassers".

2 ⊖ Begründe, warum man aus frei liegenden Wasserleitungen im Herbst das Wasser ablassen muss.

3 ● Aisha beschwert sich: „Die Anomalie des Wassers bringt nur Nachteile, wie man an der geplatzten Wasserleitung sieht." Beurteile ihre Aussage.

1 Frostschaden an einem Gehweg

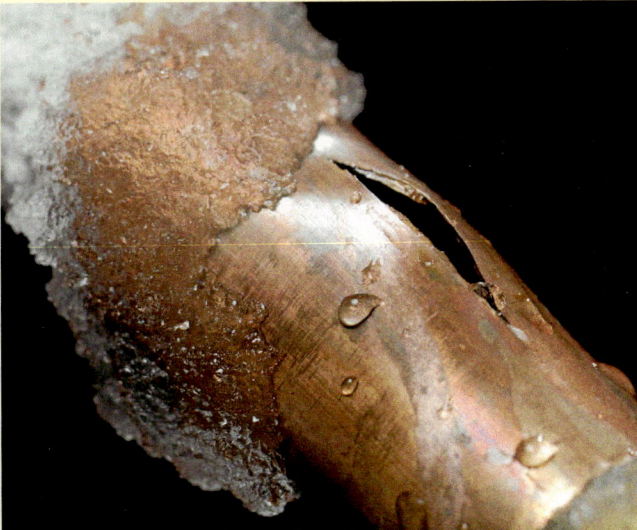

2 Frostschaden an einer Wasserleitung

1 Gase ziehen sich beim Abkühlen zusammen.

Die Ausdehnung von Gasen

Eine Geburtstagsüberraschung

Nina hat im Januar Geburtstag. Damit
alle Gäste der Geburtstagsfeier das Haus
leichter finden, hat Nina in der warmen
Wohnung bunte Luftballons aufgeblasen
und dann draußen in der kalten Luft an der
Haustür befestigt. Als die ersten Gäste ein-
treffen, wundert sich Nina über die Größe
ihrer Luftballons (▷ B 1).
Gase verhalten sich bei Erwärmung und
bei Abkühlung ähnlich wie feste und
flüssige Körper. Sie dehnen sich aus und
ziehen sich zusammen. Aber es besteht ein
wichtiger Unterschied: Gase dehnen sich
alle gleich stark aus und ziehen sich alle
gleich stark zusammen.

**Gase dehnen sich beim Erwärmen aus und
ziehen sich beim Abkühlen zusammen.**

2 „Magische" Hände?

AUFGABEN

1 ○ Nenne die Gemeinsamkeiten und
Unterschiede bei der Erwärmung und
Abkühlung von festen Körpern und
Gasen.

2 ◑ Begründe, warum die „magischen"
Hände in Bild 2 im Wasser kleine Bläs-
chen verursachen.

3 ● Plane einen Versuch, der zeigt, dass
sich Gase (z. B. Luft) zusammenziehen,
wenn man sie abkühlt. Führe den Versuch danach durch und präsentiere ihn
deinen Mitschülern.

VERSUCHE

1 Spanne einen Luftballon über eine
leere, kalte Glasflasche. Erwärme
anschließend die Flasche in einem
warmen Wasserbad. Beschreibe, was du
dabei beobachtest.

2 Befeuchte die Öffnung einer gekühlten
leeren Glasflasche mit etwas Wasser
und lege ein Geldstück darauf. Erwärme
die Flasche mit deinen Händen. Beobachte und erkläre, was passiert.

Wind – sich bewegende Luft

1 Wind an der Küste

2 Vom Wind verformte Bäume

Die Sonne – Ursache für den Wind

Ohne die Sonne könnten wir nicht leben. Die Sonne spendet uns Wärme und Licht – und sie ist die Ursache für den Wind. Die von der Sonne angestrahlten Teile der Erde erwärmen sich unterschiedlich stark. So erwärmt sich das Land schneller als das Meer. Die warme Luft über dem Land dehnt sich aus und die Luftteilchen steigen auf. In der kälteren Luft über dem Meer sind die Luftteilchen näher zusammen. Direkt über dem Meer gibt es also mehr Luftteilchen als direkt über dem Land. In Bodennähe entsteht eine Luftströmung, um diesen Unterschied auszugleichen. Wir können Luftmassen, die sich in eine Richtung bewegen, als Wind spüren.

Die Westwindzone

Wir leben in einer Zone, in der der Wind fast während des ganzen Jahres aus westlicher Richtung weht. Diese Zone wird daher Westwindzone genannt.

Dort, wo der Wind besonders stark weht, wie etwa an der Nordsee, können Bäume in eine Richtung gekrümmt sein. Der ständig aus Westen wehende Wind hat sie so verformt (▷ B 2).

AUFGABEN

1 ◒ Erkläre, wie es zur Entstehung von Wind kommt.

2 ● Wind gibt es überall auf der Erde. Er hat Vorteile und Nachteile für den Menschen und die Natur. Informiere dich und erstelle eine Liste mit Vorteilen und Nachteilen des Winds.

3 ● Wind ist eine Folge von unterschiedlicher Erwärmung auf der Erde. Dadurch entstehen sogenannte Hochdruckgebiete und Tiefdruckgebiete. Recherchiere, wie Hoch- und Tiefdruckgebiete entstehen.

Zusammenfassung

Temperatur und Thermometer

Die Temperatur wird mit dem Thermometer gemessen. Für unseren täglichen Gebrauch benutzen wir Thermometer mit der Celsius-Skala. Außerdem gibt es noch die Fahrenheit-Skala und die Kelvin-Skala.

Wärme durch Reibung

Durch Reibung kann die Energie eines Körpers erhöht werden. Dies sieht man daran, dass sich die Temperatur des Körpers erhöht.

Energie und Energieträger

Energie ist notwendig, um Gegenstände fortzubewegen oder um sie zum Heizen oder Leuchten zu bringen.
Energieträger sind Stoffe, in denen Energie gespeichert ist. Zu den Energieträgern gehören z. B. Kohle, Erdöl und Erdgas.

Temperatur und innere Energie

Alle Körper bestehen aus kleinsten Teilchen. Diese kleinsten Teilchen sind in Bewegung. Je stärker sich die Teilchen bewegen, desto höher ist die innere Energie des Körpers. Je höher die innere Energie des Körpers ist, desto höher ist auch die Temperatur des Körpers. Die Temperatur, bei der die Teilchen eines Körpers in Ruhe sind, heißt absoluter Nullpunkt. Der absolute Nullpunkt liegt bei − 273,15 °C.

Energieerhaltungssatz

Energie tritt in verschiedenen Formen auf und kann in verschiedene Formen umgewandelt werden. Dabei geht aber keine Energie verloren. Die gesamte Energiemenge ist vor und nach der Umwandlung gleich groß. Dies ist der Energieerhaltungssatz.
Bei der Umwandlung von einer Energieform in eine andere kann ein Teil der Energie entwertet werden. Das heißt, dass dieser Teil der Energie für uns nicht mehr nutzbar ist. Man spricht dann von Energieentwertung.

Arten des Wärmetransports

Es gibt drei Arten des Wärmetransports: Wärmeströmung, Wärmeleitung und Wärmestrahlung. Wenn Wärme zusammen mit einem Stoff weitergegeben wird, dann bezeichnet man dies als Wärmeströmung. Wenn Stoffe Wärme transportieren, ohne dass sie selbst mitwandern, dann bezeichnet man dies als Wärmeleitung. Wenn sich Wärme ohne einen Stoff ausbreitet, dann bezeichnet man dies als Wärmestrahlung.

Wärmedämmung

Wenn man den Wärmetransport vermeiden möchte, dann spricht man von Wärmedämmung. Eine gute Wärmedämmung steht dabei für einen schlechten Wärmetransport. Ein Beispiel für eine gute Wärmedämmung ist die Thermoskanne. Insbesondere beim Hausbau sollte auf eine gute Wärmedämmung geachtet werden.

Ausdehnung von Körpern

Feste, flüssige und gasförmige Körper dehnen sich aus, wenn sie erwärmt werden. Sie ziehen sich wieder zusammen, wenn sie abgekühlt werden. Verschiedene Flüssigkeiten dehnen sich unterschiedlich stark aus. Auch verschiedene feste Körper dehnen sich unterschiedlich stark aus. Bei Gasen ist es anders: Alle Gase dehnen sich beim Erwärmen gleich stark aus.

Anomalie des Wassers

Wasser verhält sich beim Ausdehnen und Zusammenziehen anders als andere Flüssigkeiten. Bei + 4 °C hat sich Wasser am stärksten zusammengezogen. Wenn Wasser weiter abgekühlt wird, dehnt es sich wieder aus.

AUFGABEN

1 ○ Gib an, wofür die Buchstaben „C", „F" und „K" auf den Temperatur-Skalen stehen.

👍 Super! ❓ ► S.6/7

2 ○ Reibung erzeugt Wärme. Nenne zwei Beispiele dafür.

👍 Super! ❓ ► S.13

3 ○ Zähle zwei Energieträger auf.

👍 Super! ❓ ► S.14

4 ○ Gib den Energieerhaltungssatz mit eigenen Worten wieder.

👍 Super! ❓ ► S.16/17

5 ○ Nenne zwei Stoffe, die sehr schlechte Wärmeleiter sind.

👍 Super! ❓ ► S.22

6 ○ Beschreibe mit eigenen Worten den Begriff Wärmedämmung.

👍 Super! ❓ ► S.26/27

7 ○ Formuliere in einem Satz, was mit festen, flüssigen und gasförmigen Körpern passiert,
a) wenn sie erwärmt werden
b) wenn sie abgekühlt werden.

👍 Super! ❓ ► S.28, 30, 34

8 ◒ Begründe, warum der Temperatursinn für uns Menschen ein wichtiger Schutz ist.

👍 Super! ❓ ► S.6/7

9 ◒ Erkläre an Beispielen, was Energie ist.

👍 Super! ❓ ► S.14

10 ◒ Erkläre an einem Beispiel, wie die innere Energie und die Temperatur eines Körpers zusammenhängen.

👍 Super! ❓ ► S.15

11 ◒ Erkläre den Begriff Energieentwertung.

👍 Super! ❓ ► S.16/17

12 ◒ Erkläre den Unterschied zwischen Wärmeströmung und Wärmeleitung.

👍 Super! ❓ ► S.20, 22

13 ◒ Begründe, warum Brücken auf Rollen liegen und Dehnungsfugen haben.

👍 Super! ❓ ► S.28

14 ◒ Beschreibe die Anomalie des Wassers mit einem Beispiel.

👍 Super! ❓ ► S.32

15 ● Erkläre mithilfe des Teilchenmodells, was in einem Körper passiert, wenn er starker Reibung ausgesetzt ist.

👍 Super! ❓ ► S.13, 15

16 ● Erkläre den Begriff Wirkungsgrad.

👍 Super! ❓ ► S.16/17

2 Bewegung, Kräfte und Energie

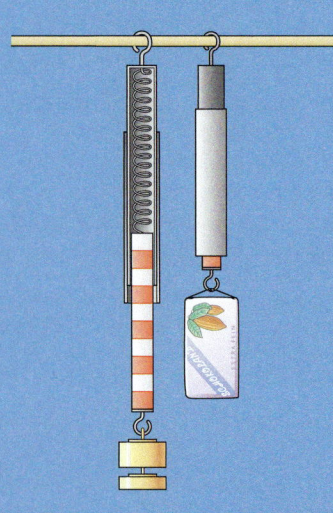

– Woran kann man Kräfte erkennen?

– Welche Bewegungen führt ein Formel-1-Rennwagen aus?

– Wodurch werden wir bei einem Auto-Unfall geschützt?

– Was ist Arbeit?

– Wie werden Kräfte gemessen?

1 Ein Flugzeug beim Start

2 Achterbahn

Was ist Bewegung?

Viele unterschiedliche Bewegungen

Eine Achterbahnfahrt ist ein tolles Er-
lebnis (▷ B 2). Hast du in einem Wagen
Platz genommen, wird er mit einer Kette
gleichmäßig nach oben gezogen. Am
höchsten Punkt der Achterbahn geht es
steil nach unten: Der Wagen wird immer
schneller. In Kurven wirst du nach außen
gedrückt und bei einem Looping in den
Sitz gepresst. Am Ende der Fahrt muss der
Wagen abgebremst werden, damit er zum
Stehen kommt.

Vergleichst du die Achterbahnfahrt mit der
Fahrt eines Rennautos, so kannst du Gemeinsamkeiten der beiden Bewegungen
erkennen: Es verändern sich die **Richtung**
und die **Geschwindigkeit** der **Bewegung**.

Die Richtung der Bewegung

Fährt der Wagen in eine Kurve, ändert
sich seine Fahrtrichtung. Die Richtung der
Bewegung hat sich verändert. Auch bei
einem Looping verändert sich ständig die
Bewegungsrichtung.

Die Geschwindigkeit

Bei einer Achterbahnfahrt ändert sich
aber nicht nur die Fahrtrichtung. Auch die
Geschwindigkeit des Wagens verändert
sich: Nach dem Start wird der Wagen
mit kleiner Geschwindigkeit nach oben
gezogen. Abwärts wird der Wagen jedoch
immer schneller. Die Geschwindigkeit wird
größer. Fährst du mit dem Wagen wieder
nach oben, wird der Wagen langsamer. Die
Geschwindigkeit wird kleiner.

Auf einem ebenen Stück ändert sich die Geschwindigkeit des Wagens nicht. Die Geschwindigkeit bleibt gleich.

Auf der Rennstrecke

In Zweierreihen stehen die Formel-1-Rennwagen am Start. Gespannt sehen die Rennfahrer auf die Startampel. Bei Grün geht es los. Die Rennwagen werden beschleunigt, die Geschwindigkeit wird größer. Dies ist eine **beschleunigte Bewegung**. Aber vor der ersten Kurve müssen die Fahrer den Rennwagen abbremsen. Die Geschwindigkeit wird kleiner. Die Rennwagen führen eine **verzögerte Bewegung** aus. In der Kurve verändert sich die Richtung der Bewegung. Danach folgt oft eine gerade Strecke, auf der die Fahrer den Rennwagen wieder beschleunigen. Höchstgeschwindigkeiten von ungefähr 350 km/h können auf geraden Streckenabschnitten erreicht werden. Wenn auf einem geraden Streckenabschnitt die Geschwindigkeit der Rennwagen gleichbleibt, dann führen sie eine **gleichförmige Bewegung** aus.

Die Rennstrecke zwingt die Fahrer ständig abzubremsen und in die Kurve zu fahren. Beschleunigte Bewegungen, verzögerte Bewegungen, **Kurvenfahrten** und Streckenabschnitte mit gleichförmiger Bewegung wechseln auf einer Rennstrecke ständig ab.

Bei einer gleichförmigen Bewegung hat ein Körper immer die gleiche Geschwindigkeit.
Bei einer Kurvenfahrt ändert sich die Richtung der Bewegung.
Bei einer beschleunigten Bewegung wird ein Körper immer schneller.
Bei einer verzögerten Bewegung wird ein Körper immer langsamer.

AUFGABEN

1 ○ Nenne die Begriffe im Text, mit denen du Bewegungen beschreiben kannst.

2 ○ Beschreibe die Bewegung bei einer Achterbahnfahrt. Benutze die Begriffe Richtung und Geschwindigkeit.

3 ○ a) Nenne fünf Beispiele für Bewegungen aus deinem Alltag.
◖ b) Ordne deine Beispiele nach der Bewegungsart.

4 ◖ In Bild 3 siehst du den Verlauf einer Rennstrecke. Beschreibe die Bewegungsarten eines Rennwagens ab dem Start.

5 ● Ein Flugzeug bringt Urlaubsgäste an ihren Ferienort. Beschreibe, welche Bewegung das Flugzeug vom Start (▷ B 1) bis zur Landung ausführt.

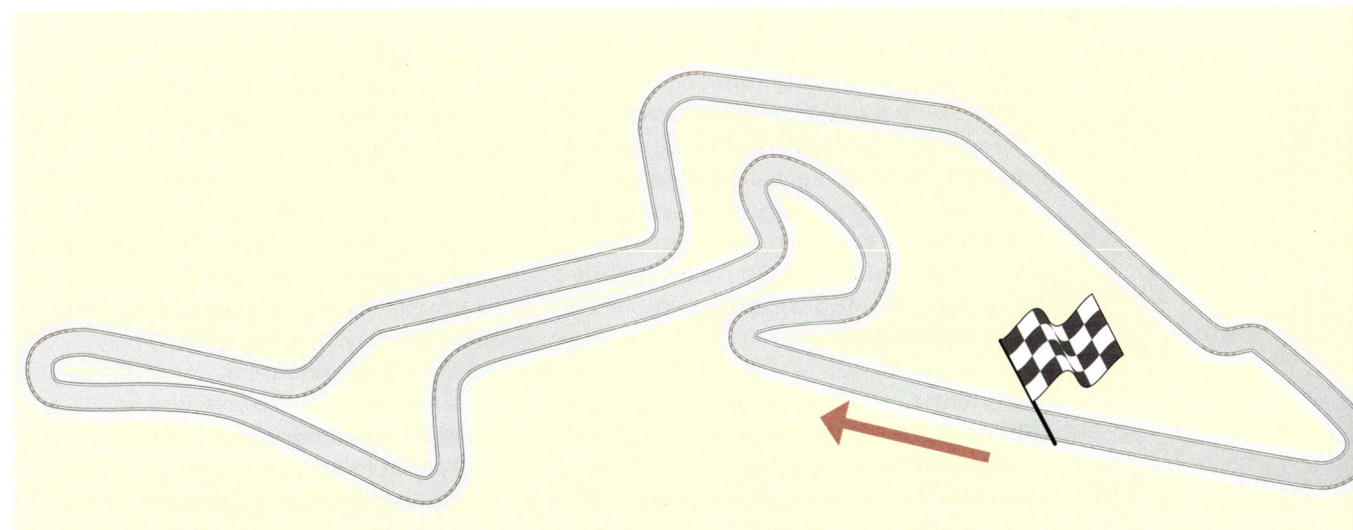

3 Die Formel-1-Rennstrecke auf dem Nürburgring

Die Geschwindigkeit

Strecke pro Zeit

Die **Geschwindigkeit** gibt an, welche Strecke ein Körper in einer bestimmten Zeit zurücklegt.

$$\text{Geschwindigkeit} = \frac{\text{Strecke}}{\text{Zeit}}$$

Die zurückgelegte Strecke nennt man auch Weg.

Formelzeichen und Einheit der Geschwindigkeit

Für die Geschwindigkeit wird das Formelzeichen v verwendet. Die Geschwindigkeit wird in der Einheit m/s (lies: Meter pro Sekunde) angegeben.
Eine andere Einheit für die Geschwindigkeit kennst du von Autos. Dort wird km/h (lies: Kilometer pro Stunde) verwendet.

Die Geschwindigkeit ist Strecke pro Zeit. Die Einheit der Geschwindigkeit ist m/s oder km/h.

Beispiele: Wer hat die größere Geschwindigkeit?

Klara und Jasmine
Klara läuft in 9 Sekunden eine Strecke von 50 Metern.
Jasmine läuft die gleiche Strecke in 8 Sekunden.
Weil Jasmine weniger Zeit benötigt, hat sie eine größere Geschwindigkeit.

Mesut und Thomas
Mesut läuft in 5 Minuten 800 Meter weit. Thomas kommt nur 700 Meter weit. Weil Mesut eine längere Strecke schafft, hat er eine größere Geschwindigkeit.

1 Wer läuft am schnellsten?

Wer ist schneller?

Sonja läuft im Sport-Unterricht 75 Meter in 12 Sekunden. Michael benötigt nur 10,5 Sekunden für die gleiche Strecke. Michael benötigt also für die gleiche Strecke weniger Zeit. Man sagt: Seine Geschwindigkeit ist größer.
Je weniger Zeit ein Läufer für die gleiche Strecke benötigt, desto größer ist seine Geschwindigkeit.

Manchmal ist die Zeit vorgegeben, zum Beispiel 2 Minuten. Dann kommt es darauf an, wer in dieser Zeit am weitesten kommt: Je weiter ein Läufer in einer vorgegebenen Zeit kommt, desto größer ist seine Geschwindigkeit.

AUFGABEN

1. ○ Ergänze folgenden Satz für den 100-Meter-Lauf: „Je …, desto größer ist die Geschwindigkeit."

2. ◑ Denke dir zwei eigene Beispiele wie in Bild 1 aus. Stelle deine Beispiele deinem Sitznachbarn vor. Dein Sitznachbar muss jeweils beantworten, wer schneller ist.

3. ● Sabine kommt mit dem Fahrrad zur Schule. Für die Strecke von 3 Kilometern benötigt sie 15 Minuten. Anja kommt mit dem Bus zur Schule. Der Bus benötigt 20 Minuten für 6 Kilometer. Begründe, wer die größere Geschwindigkeit hat.

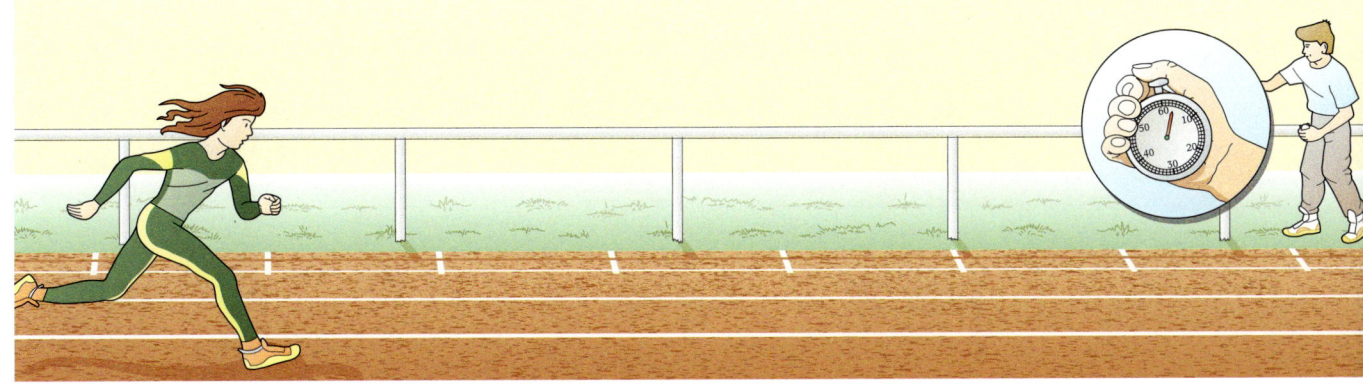

1 Mit einer Stoppuhr kannst du messen, wer am schnellsten ist.

Wir messen Bewegungen

1 Wer benötigt die geringste Zeit?

Mehrere Schülerinnen und Schüler sollen eine Strecke von 50 Metern laufen (▷ B 1). Wer benötigt die kleinste Zeit?

Material
Stoppuhren, Maßband, Heft, Stift, Kreide

Versuchsanleitung
a) Messt auf dem Schulhof oder dem Sportplatz eine gerade Strecke von 50 Metern ab. Markiert den Anfang und das Ende der Strecke mit Kreide.
b) Bestimmt jemanden, der das Startzeichen gibt. Bestimmt mehrere Schülerinnen und Schüler, die die Zeit messen. Außerdem benötigt ihr einen Protokollanten, der die gemessenen Zeiten in einer Tabelle notiert (▷ B 2).
c) Auf ein Kommando starten die Läuferinnen und Läufer. Gleichzeitig beginnen die Zeitnehmer die Zeitmessung. Im Ziel stoppen die Zeitnehmer ihre Stoppuhren. Der Protokollant trägt die gemessenen Zeiten in die Tabelle ein.
d) Begründet mithilfe der Tabelle, welche Läuferin und welcher Läufer die größte Geschwindigkeit hatte.

Name	Zeit
Meriton	
Anja	
Lisa	

2 Tabelle zu Versuch 1

2 Wer läuft am weitesten?

Mehrere Schülerinnen und Schüler sollen 2 Minuten lang laufen. Wer legt in dieser Zeit die längste Strecke zurück?

Material
Stoppuhr, Maßbänder, Heft, Stift, Kreide

Versuchsanleitung
a) Bestimmt einen Zeitnehmer, einen Protokollanten sowie mehrere Schülerinnen und Schüler, die die gelaufenen Strecken abmessen.
b) Die Läuferinnen und Läufer starten auf ein gemeinsames Kommando. Gleichzeitig beginnt der Zeitnehmer mit der Zeitmessung. Nach zwei Minuten stoppt der Zeitnehmer den Lauf und gibt ein Kommando. Alle Läuferinnen und Läufer müssen stehen bleiben. Messt nun die einzelnen Strecken, die in dieser Zeit zurückgelegt wurden.
Der Protokollant trägt die Werte in eine Tabelle ein.
c) Begründet mithilfe der Messtabelle, welche Läuferin und welcher Läufer die größte Geschwindigkeit hatte.

AUFGABEN

1 ◔ Fasst die Ergebnisse beider Versuche zusammen. Es sollen die Wörter „je", „desto" und „Geschwindigkeit" vorkommen.

2 ◔ Zählt verschiedene Ursachen von Messfehlern bei den durchgeführten Versuchen auf.

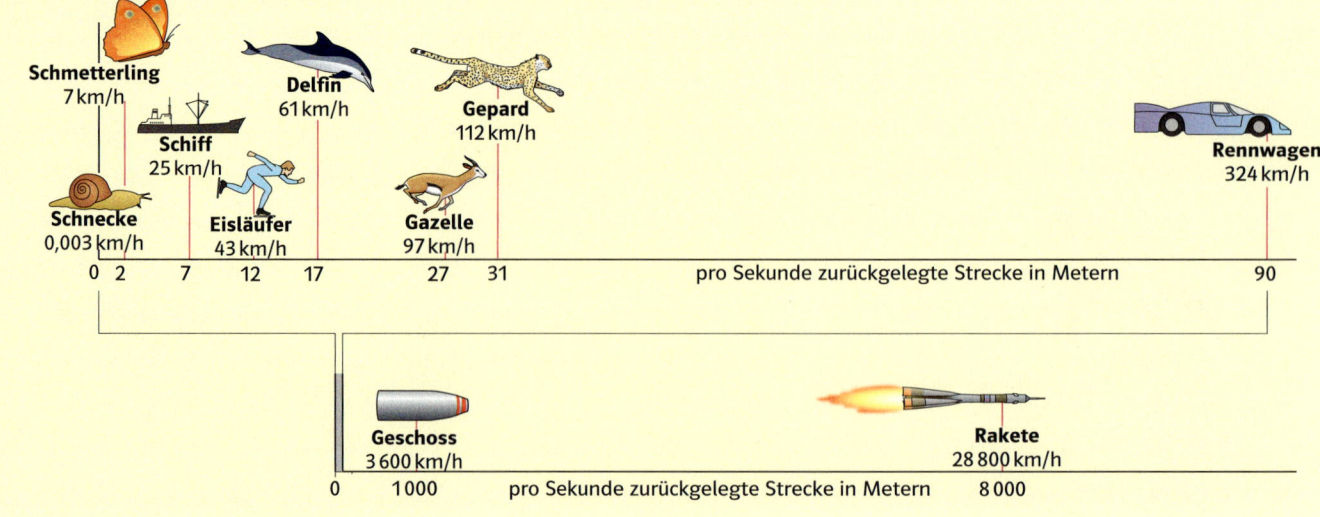

1 Unterschiedliche Geschwindigkeiten

Geschwindigkeiten in der Umwelt

Erstaunliche Geschwindigkeiten

In der Tierwelt hängt das Überleben oft von der Schnelligkeit des einzelnen Tiers ab.

Geparden müssen schnell sein, um erfolgreich jagen zu können. Sie können bis zu 112 km/h schnell laufen. Aber Gazellen sind für Geparden nur schwer einzuholen. Gazellen sind nämlich fast genauso schnell wie Geparden und zudem sehr wendig.

Es gibt Tiere, die ganz unglaubliche Geschwindigkeiten im Verhältnis zu ihrer eigenen Körperlänge erreichen können: Ein Laufkäfer legt in einer Sekunde 20 Zentimeter zurück. Das ist das Zwanzigfache seiner eigenen Körperlänge.

Vogelflug

Im Herbst fliegen viele Vögel nach Afrika, um dort zu überwintern. Sie finden nämlich im Winter nicht genügend Nahrung bei uns.

Die Geschwindigkeit der Zugvögel ist unterschiedlich: Weißstörche fliegen mit einer Geschwindigkeit von rund 50 km/h. Schwalben können sogar 100 km/h erreichen. An einem Tag können Zugvögel mehrere hundert Kilometer zurücklegen.

Immer schneller

Bei vielen Sportarten geht es darum, der Schnellste zu sein (▷ B 3).

Der Amerikaner Thomas Burke siegte im Jahr 1896 im 100-Meter-Lauf mit einer Zeit von 12,0 Sekunden.

Bei der Leichtathletik-Weltmeisterschaft in Berlin im Jahr 2009 gewann Usain Bolt (Jamaika) mit 9,58 Sekunden den 100-Meter-Lauf der Männer. Das ist eine Geschwindigkeit von 37,58 km/h.

Wie schnell ist ein Regentropfen?

Bei Sprühregen bemerkst du nur ganz feine, langsame Regentropfen. Bei einem sommerlichen Wolkenbruch sind die Regentropfen groß und sehr schnell (▷ B 2).

Sprühregen	ca. 0,5 m/s
normaler Regen	ca. 2–3 m/s
Wolkenbruchregen	ca. 8 m/s

2 Geschwindigkeiten von Regentropfen

	Zeit	Geschwin-digkeit
Marathon (Männer)		
1900 (40,260 km)	2:59:45 h	13,4 km/h
2011 (42,195 km)	2:03:02 h	20,6 km/h
800-m-Lauf (Frauen)		
1928	2:16,80 min	21,0 km/h
2003	1:53,28 min	25,4 km/h
3 000-m-Eisschnelllauf (Frauen)		
2006	3:53,34 min	46,3 km/h
Viererbob (1450 m)		
2010	50,86 s	102,6 km/h

3 Sportliche Spitzenleistungen

4 Gepard jagt Gazelle.

In der Umwelt gibt es ganz unterschiedliche Geschwindigkeiten. Wir können Geschwindigkeiten dann vergleichen, wenn sie die gleiche Einheit (km/h oder m/s) haben.

5 Usain Bolt benötigt für die Strecke von 100 Metern weniger als 10 Sekunden.

AUFGABEN

1 ○ Wer ist schneller: Gepard oder Gazelle? Lies die Information aus Bild 1 ab.

2 ○ Ordne die im Text genannten Geschwindigkeiten von Zugvögeln der Größe nach.

3 ○ Lies aus der Tabelle in Bild 3 ab, in welcher der aufgeführten Sportarten die größte Geschwindigkeit erreicht wird.

4 ◖ Vergleiche die Ergebnisse von Usain Bolt und Thomas Burke. Begründe, welcher der beiden Sportler die höhere Geschwindigkeit erreicht hat.

5 ◖ Berechne die Körperlänge eines Laufkäfers. Die benötigten Informationen kannst du dem Text entnehmen.

6 ● Bei Olympischen Spielen werden häufig Rekorde gebrochen. Recherchiere die Siegerzeiten von fünf verschiedenen Sportarten
a) bei den letzten Olympischen Sommerspielen
b) bei den letzten Olympischen Winterspielen.

7 ● Recherchiere im Internet, wie schnell sich die Erde um die Sonne bewegt.

8 ● In der Seefahrt werden die Geschwindigkeiten von Schiffen in Knoten angegeben. Recherchiere im Internet, wie die Bezeichnung „Knoten" für die Geschwindigkeit eingeführt wurde.

Geschwindigkeiten berechnen

Rechenbeispiel: Wer war schneller, Sonja oder Lisa?

Sonja
Gegeben: s = 75 m und t = 12 s
Gesucht: v

$$v = \frac{s}{t}$$

$$v = \frac{75\,m}{12\,s}$$

$$v = 6{,}25\,\frac{m}{s}$$

Sonjas Geschwindigkeit betrug also 6,25 Meter pro Sekunde.

Lisa
Gegeben: s = 100 m und t = 17 s
Gesucht: v

$$v = \frac{s}{t}$$

$$v = \frac{100\,m}{17\,s}$$

$$v = 5{,}88\,\frac{m}{s}$$

Lisas Geschwindigkeit betrug also 5,88 Meter pro Sekunde.
Sonja war somit schneller als ihre Schwester Lisa.

1 Wer hat die größere Geschwindigkeit?

Ein schwieriger Vergleich

Sonja lief im Sport-Unterricht 75 Meter in 12 Sekunden. Nun möchte Sonja ihre Geschwindigkeit mit ihrer Schwester Lisa vergleichen. Lisa hat beim 100-Meter-Lauf eine Zeit von 17 Sekunden benötigt. Ein direkter Vergleich zwischen Sonja und Lisa ist schwierig. Beide sind unterschiedlich lange Strecken gelaufen und haben unterschiedliche Zeiten dafür gebraucht. Um herauszufinden, wer schneller war, musst du ihre Geschwindigkeiten berechnen.

Berechnung der Geschwindigkeit

Die Geschwindigkeit ist der Quotient aus der Strecke und der Zeit:

$$\text{Geschwindigkeit} = \frac{\text{Strecke}}{\text{Zeit}}$$

Das Formelzeichen *v* für die Geschwindigkeit kennst du bereits. Für die Strecke verwendet man das Formelzeichen *s*, für die Zeit das Formelzeichen *t*. Damit lautet die Formel für die Geschwindigkeit:

$$v = \frac{s}{t}$$

Mit dieser Formel kannst du nun berechnen, wer schneller war. Die Rechnung siehst du in Bild 1.

Achtung, Einheiten!

Bei großen Entfernungen ist es häufig günstiger, in der Einheit km/h zu rechnen. Beispiel: Familie Klingen startet mit dem Auto in den Urlaub. Von Hannover aus geht die Urlaubsfahrt in das 510 km entfernte Stuttgart. Dafür benötigen sie eine Zeit von 5 Stunden. In Bild 2 siehst du, wie du die Geschwindigkeit in der Einheit km/h ausrechnen kannst.

Einheiten umrechnen

Häufig muss man Geschwindigkeiten vergleichen, obwohl sie in unterschiedlichen Einheiten angegeben sind. Bild 4 zeigt dir, wie du m/s in km/h umrechnen kannst.

Das Rechendreieck

Im Physik-Unterricht gibt es zum Lösen von Rechenaufgaben ein geeignetes Hilfsmittel: das Rechendreieck. Dazu schreibst du die Formel für die Geschwindigkeit in ein „geteiltes Dreieck" (▷ B 3).

Übertrage in das Dreieck zuerst die rechte Seite der Formel (s/t). Der Trennstrich entspricht dabei dem Bruchstrich. Trage nun die Größe auf der linken Seite vom Gleichheitszeichen in die linke untere Ecke des Dreiecks ein (v).

Vor dem Lösen einer Aufgabe musst du überlegen, welche der drei Größen gesucht ist.
Als Beispiel soll die Zeit gesucht sein. Dann musst du die gesuchte Größe (also die Zeit) mit der Hand zudecken. Wenn du die

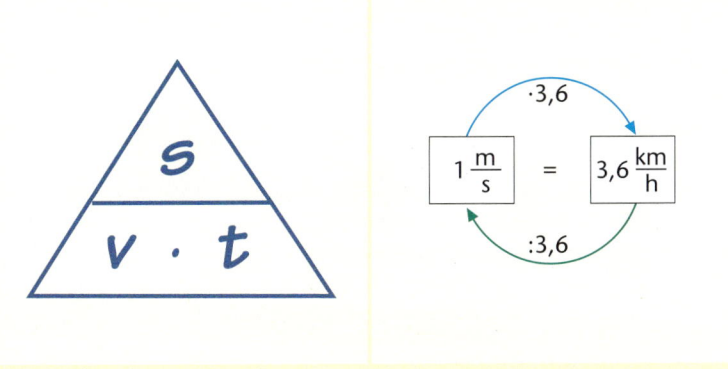

3 Rechendreieck   **4** Umrechnung der Einheiten

Zeit t zudeckst, dann siehst du, wie du rechnen musst:

$$t = \frac{s}{v}$$

$$\text{Zeit} = \frac{\text{Strecke}}{\text{Geschwindigkeit}}$$

Wenn v und t gegeben sind, dann gilt:
$s = v \cdot t$
Strecke = Geschwindigkeit · Zeit

AUFGABEN

1 ◖ Auf der Jagd legt ein Gepard eine Strecke von 120 Metern in 4 Sekunden zurück. Berechne seine Geschwindigkeit.

2 ◖ Usain Bolt erreichte beim 100-Meter-Lauf eine Geschwindigkeit von 37,6 km/h. Thomas Burke erreichte eine Geschwindigkeit von 8,3 m/s. Rechne die Geschwindigkeit von Thomas Burke in die Einheit km/h um und vergleiche.

3 ● Andre kommt zu Fuß zur Schule. Für die Strecke von 1,5 Kilometern benötigt er 17 Minuten. Berechne seine Geschwindigkeit.

4 ● Bei einer Fahrzeit von 9 Stunden beträgt die Geschwindigkeit 115 km/h. Berechne mit dem Rechendreieck die zurückgelegte Strecke.

5 ● Die Entfernung zwischen Hannover und Cuxhaven beträgt 220 Kilometer. Der Zug fährt zwischen beiden Städten mit einer Geschwindigkeit von 80 km/h. Berechne, wie lange der Zug für diese Strecke benötigt.

Mit welcher Geschwindigkeit wurde die Strecke von Hannover bis Stutt-gart (510 km) zurückgelegt?

Gegeben: s = 510 km, t = 5 h

Gesucht: v

Rechnung:

$$v = \frac{s}{t}$$

$$v = \frac{510\,km}{5\,h}$$

$$v = 102\,\frac{km}{h}$$

Die Geschwindigkeit betrug 102 km/h.

2 Berechnung der Geschwindigkeit in km/h

1 ICE

Die gleichförmige Bewegung

Momentangeschwindigkeit

Für die Fahrgäste im ICE (▷ B1) saust die Landschaft am Fenster vorbei. Eine Informationstafel zeigt den Fahrgästen die Geschwindigkeit an, die der Zug im Moment hat. Diese Geschwindigkeit wird **Momentangeschwindigkeit** genannt.

Durchschnittsgeschwindigkeit

Ein ICE kann aber nicht immer mit seiner Höchstgeschwindigkeit von über 300 km/h fahren. Bahnhöfe, Kurven oder Baustellen

Zeit in Sekunden	Weg in Metern
0	0
1	3
2	6
3	9
4	12
5	15

2 Zeit-Weg-Tabelle

darf der ICE aus Sicherheitsgründen nur mit geringeren Geschwindigkeiten durchfahren. Für eine Bewegung mit unterschiedlichen Geschwindigkeiten kannst du eine durchschnittliche Geschwindigkeit berechnen. Dafür musst du die gesamte zurückgelegte Strecke durch die insgesamt benötigte Zeit dividieren. Man bezeichnet diese Geschwindigkeit als **Durchschnittsgeschwindigkeit**.

Messen mit einer Modelleisenbahn

Auf einer geraden Strecke fährt eine Modelleisenbahn mit gleichbleibender Geschwindigkeit. Nach gleichbleibenden Zeitabschnitten wird der insgesamt zurückgelegte Weg gemessen (▷ B2).

Nach der doppelten (3-fachen, 4-fachen, …) Zeit legt die Eisenbahn auch den doppelten (3-fachen, 4-fachen, …) Weg zurück. Man sagt hierzu auch: Die Zeit und der Weg verhalten sich bei einer gleichförmigen Bewegung proportional zueinander.

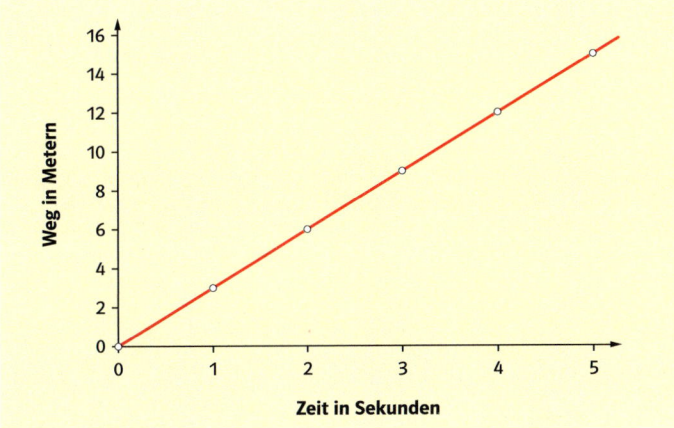

3 Zeit-Weg-Diagramm

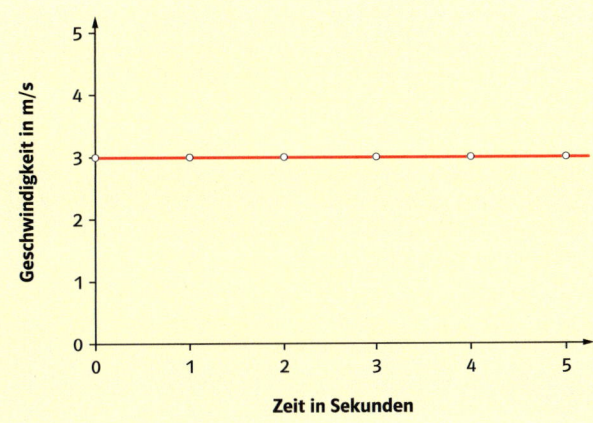

4 Zeit-Geschwindigkeits-Diagramm

Das Zeit-Weg-Diagramm

Die Bewegung der Modelleisenbahn kannst du zeichnerisch darstellen. Dazu werden die Werte der Tabelle (▷ B 2) in ein **Zeit-Weg-Diagramm** übertragen. Auf der x-Achse wird die Zeit und auf der y-Achse wird der Weg eingetragen. Verbindest du die eingetragenen Messpunkte, so erhältst du eine ansteigende Gerade (▷ B 3).

Das Zeit-Geschwindigkeits-Diagramm

Berechnest du für die Wertepaare in der Tabelle (▷ B 2) die jeweilige Geschwindigkeit, so erhältst du einen Wert von 3 m/s.

Den Zusammenhang zwischen Zeit und Geschwindigkeit kann man ebenfalls in einem Diagramm darstellen. Im **Zeit-Geschwindigkeits-Diagramm** wird auf

der x-Achse die Zeit eingetragen. Auf der y-Achse wird die Geschwindigkeit eingetragen (▷ B 4).

Bei einer gleichförmigen Bewegung sind Zeit und Weg proportional zueinander: In der doppelten (3-fachen, 4-fachen, …) Zeit wird der doppelte (3-fache, 4-fache, …) Weg zurückgelegt.

AUFGABEN

1 ○ Vervollständige folgenden Satz zur gleichförmigen Bewegung: „In der doppelten Zeit wird der … Weg zurückgelegt."

2 ○ Im ICE wird die Geschwindigkeit angezeigt, die der Zug im Moment hat. Nenne den Fachbegriff für diese Geschwindigkeit.

3 ◒ Erkläre den Unterschied zwischen der Momentangeschwindigkeit und der Durchschnittsgeschwindigkeit.

4 Eine Modelleisenbahn hat eine gleichbleibende Geschwindigkeit von 0,5 m/s.
◒ a) Fertige eine Tabelle mit mindestens 5 möglichen Messwerten an.
◒ b) Erstelle ein Zeit-Weg-Diagramm für diese Bewegung.

5 ◒ a) Beschreibe Bild 5 in eigenen Worten.
◒ b) Überlege und begründe, welche Lok in Bild 5 schneller ist.

6 ● Ein ICE ändert immer wieder die Geschwindigkeit. Fertige ein mögliches Zeit-Geschwindigkeits-Diagramm für eine Fahrzeit von 2 Stunden an.

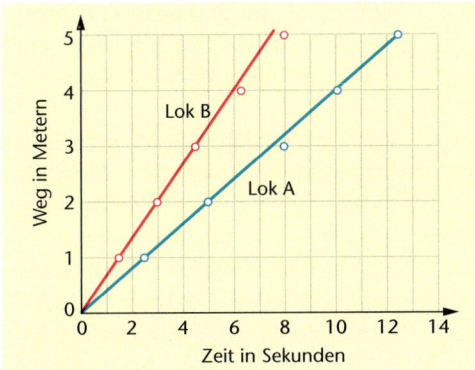

5 Zu Aufgabe 5

Arbeit mit Diagrammen

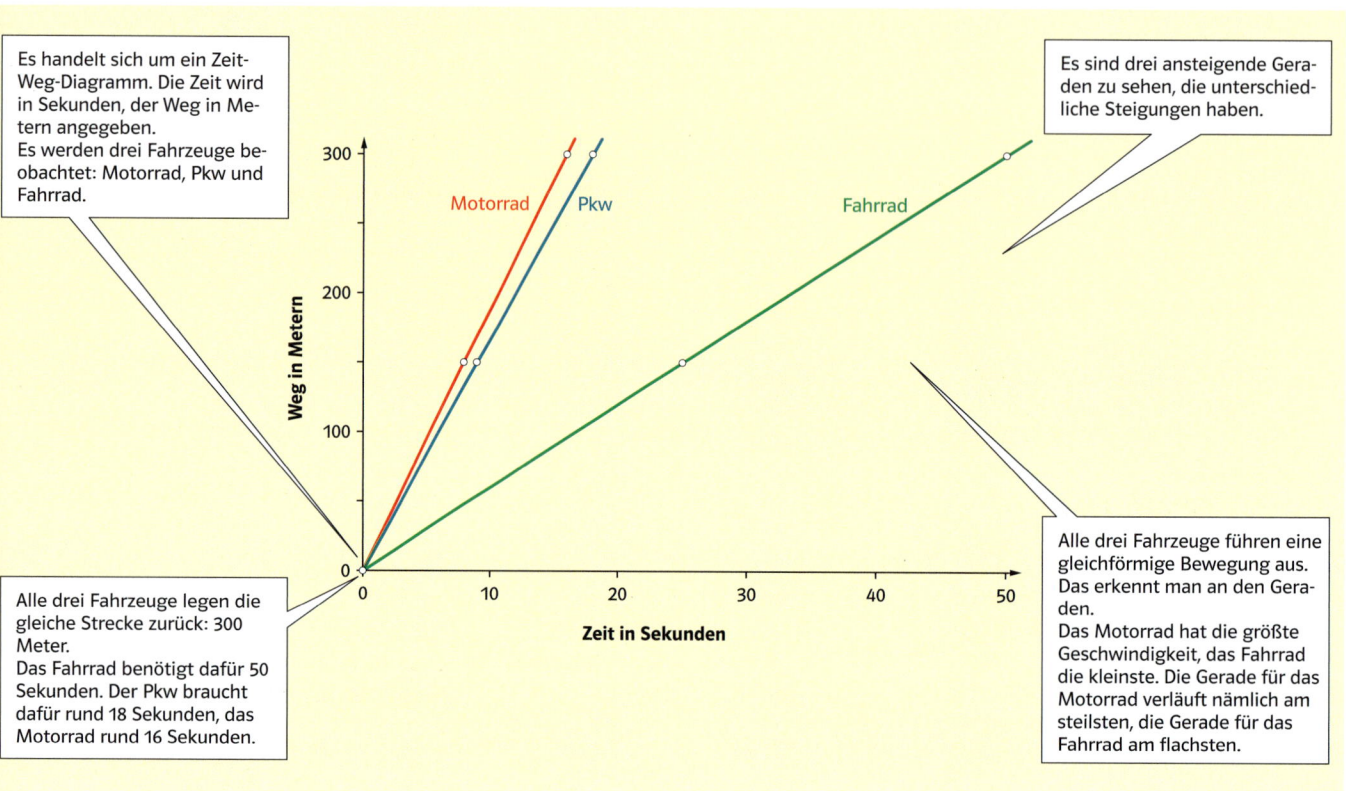

Es handelt sich um ein Zeit-Weg-Diagramm. Die Zeit wird in Sekunden, der Weg in Metern angegeben.
Es werden drei Fahrzeuge beobachtet: Motorrad, Pkw und Fahrrad.

Es sind drei ansteigende Geraden zu sehen, die unterschiedliche Steigungen haben.

Alle drei Fahrzeuge legen die gleiche Strecke zurück: 300 Meter.
Das Fahrrad benötigt dafür 50 Sekunden. Der Pkw braucht dafür rund 18 Sekunden, das Motorrad rund 16 Sekunden.

Alle drei Fahrzeuge führen eine gleichförmige Bewegung aus. Das erkennt man an den Geraden.
Das Motorrad hat die größte Geschwindigkeit, das Fahrrad die kleinste. Die Gerade für das Motorrad verläuft nämlich am steilsten, die Gerade für das Fahrrad am flachsten.

1 Zeit-Weg-Diagramm für drei gleichförmige Bewegungen

Aus dem Mathematik-Unterricht

Im Mathematik-Unterricht hast du schon oft mit einem Koordinatensystem (Achsenkreuz) gearbeitet. Die beiden Achsen eines Koordinatensystems bezeichnet man als x-Achse und y-Achse. In ein Koordinatensystem kann man die Werte einer Tabelle (▷ B 2) eintragen.

Auf der waagerechten x-Achse trägst du immer die Größe ein, die man vorgibt. Hier ist das die Masse der Äpfel in kg. Auf der senkrechten y-Achse wird die davon abhängige Größe eingetragen. Hier ist das der Preis.

Verbindet man die Punkte, so entsteht eine Gerade (▷ B 3). Man erkennt daran, dass die beiden Größen (hier Masse und Preis) proportional zueinander sind.

Erstellen eines Diagramms

Im Physik-Unterricht kannst du häufig Messergebnisse in Diagrammen darstellen. Dazu musst du dir zuerst überlegen, welche gemessene Größe welcher Achse zugeordnet werden muss.
Dann musst du eine geeignete Achseneinteilung wählen, um deine Messwerte möglichst genau eintragen zu können.

Besonders wichtig ist die Beschriftung des Diagramms. Ein kurzer Titel soll eine Aussage über den Sachverhalt geben, den das Diagramm darstellt. Die Beschriftung der Achsen muss zeigen, welche Größen dargestellt sind.

Manchmal zeigt dir dein erstelltes Diagramm, dass einzelne Messwerte nicht genau waren. Sie liegen nicht wie die meisten Messpunkte auf der Geraden oder auf der Kurve. Gründe dafür können Messungenauigkeiten sein, Ablesefehler oder eine fehlerhafte Eintragung in das Diagramm. In Bild 5 kannst du

Masse in kg	Preis in €
0	0
0,5	0,85
1	1,70
1,5	2,55
2	3,40
2,5	4,25
3	5,10

2 Von der Tabelle ...

3 ... zum Diagramm

eine solche Abweichung erkennen. Der Wert bei 4,5 Sekunden ist wahrscheinlich falsch gemessen worden. Hier könnte ein Ablesefehler vorliegen: Der genaue Wert war vermutlich 6,75 m.

Interpretieren eines Diagramms
Um ein Diagramm richtig lesen zu können und die Inhalte zu interpretieren, sind folgende Schritte sinnvoll:

– Lies dir den Titel des Diagramms durch.
– Sieh dir die Beschriftung der beiden Achsen an. Daran erkennst du, welche Größen dargestellt werden und in welchen Einheiten sie angegeben werden.
– Beschreibe, was im Diagramm zu erkennen ist.
– Sind mehrere Geraden oder Kurven abgebildet, kannst du deren Verlauf miteinander vergleichen.

– Überlege dann, welche Schlussfolgerungen du aus dem Verlauf der Geraden oder Kurven ziehen kannst.
– Gib an, welche physikalischen Zusammenhänge zwischen den dargestellten Größen zu erkennen sind.
Man kann sich zum Beispiel fragen: Sind die Größen proportional oder antiproportional zueinander?

Zeit in Sekunden	Weg in Metern
0	0
1,5	2,25
3	4,5
4,5	5,75
6	9
7,5	11,25

4 Messung an einer Modelleisenbahn

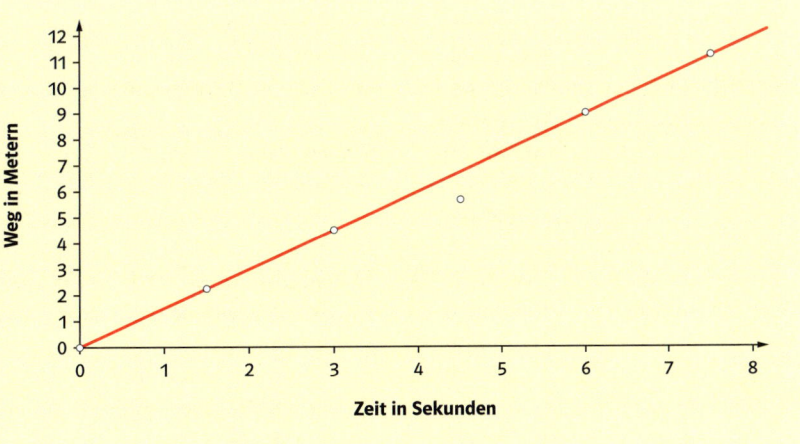

5 Diagramm zur Modelleisenbahn

1 Bungee-Springen

2 Crash-Test

Kräfte und ihre Wirkungen

Kräfte im Alltag
Kräfte kommen überall in unserem Leben vor. Wir können sie nicht sehen, nur ihre Wirkungen sind für uns erkennbar.
Es gibt verschiedene Arten **physikalischer Kräfte**. Die Erdanziehungskraft zieht zum Beispiel alle Körper zum Erdboden.

Kräfte verändern die Form
Eine Kraft kann einen Körper verformen. Mit deiner Muskelkraft kannst du einen Gummiball zusammendrücken oder Knetmasse formen. Wenn du den Gummiball loslässt, dann nimmt er wieder seine ursprüngliche Form an. Die Verformung ist nicht dauerhaft. Die Knetmasse hingegen behält ihre Form auch nach der Krafteinwirkung. Die Verformung ist dauerhaft (▷ V 1, B 3).

Kräfte verändern die Bewegung
Eine Kraft kann einen ruhenden Körper in Bewegung setzen. Ein bewegter Körper kann schneller oder langsamer werden, wenn eine Kraft auf ihn wirkt. Eine Kraft kann aber auch die Richtung seiner Bewegung ändern.

Auch in der Umgangssprache wird das Wort „Kraft" oft verwendet. Ein Waschmittelhersteller wirbt z. B. mit der großen Waschkraft eines neuen Produkts. Die

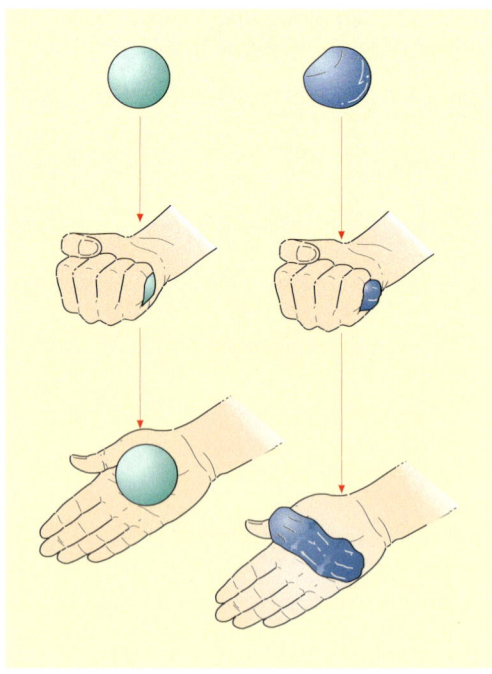

3 Nicht-dauerhafte und dauerhafte Verformung

4 Hüpfball

6 Schaukeln

Waschkraft ist aber keine physikalische Kraft. In der Physik spricht man nur dann vom Wirken einer Kraft, wenn bei einem Körper die Form oder die Bewegung verändert wird. (► Wechselwirkung, S. 146/147)

Kräfte erkennt man an ihren Wirkungen. Kräfte können die Form oder die Bewegung eines Körpers verändern.

5 Änderung der Bewegungsrichtung

AUFGABEN

1 ○ Nenne die möglichen Wirkungen einer Kraft.

2 ○ a) Nenne 6 Beispiele, bei denen eine Kraft die Form oder die Bewegung eines Körpers ändert.
◗ b) Entwirf eine Tabelle zu den verschiedenen Wirkungen einer Kraft. Sortiere zu jeder Wirkung zwei Beispiele ein.

3 ◗ Sortiere 12 Worte, in denen „Kraft" vorkommt, in einer Tabelle nach physikalischer und nicht-physikalischer Bedeutung.

4 ◗ Beschreibe verschiedene Möglichkeiten, wie eine Kraft die Bewegung eines Körpers verändern kann. Beschreibe zu jeder Möglichkeit ein Beispiel.

5 ● Vergleiche den physikalischen Kraftbegriff mit dem aus der Umgangssprache. Beschreibe jeweils drei Beispiele.

VERSUCHE

1 Verforme folgende Körper: Luftballon, Knete, Draht, Schraubenfeder, Schwamm und Gummiball. Beschreibe, was jeweils passiert, wenn keine Kraft mehr auf die Körper einwirkt.

2 Lass eine Stahlkugel langsam über den Tisch rollen. Beeinflusse ihre Bewegung mit einem Stabmagneten. Beschreibe mehrere Möglichkeiten, die Bewegung der Kugel zu ändern.

3 Befestige einen Nähgarnfaden an der Stuhllehne. Hänge nun verschiedene Massestücke an den Faden. Schreibe auf, bei welcher Masse der Faden zerreißt.

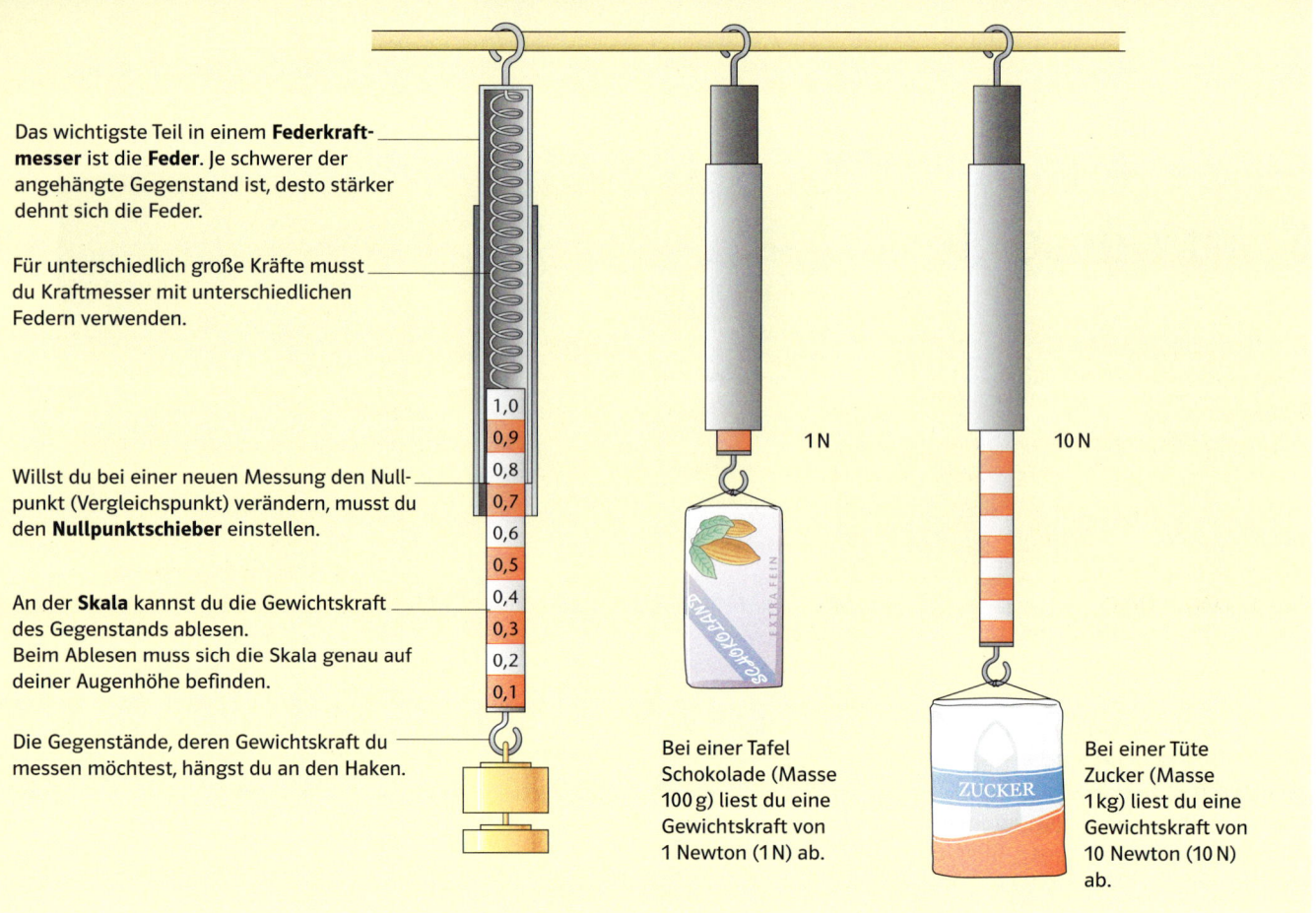

Das wichtigste Teil in einem **Federkraft-messer** ist die **Feder**. Je schwerer der angehängte Gegenstand ist, desto stärker dehnt sich die Feder.

Für unterschiedlich große Kräfte musst du Kraftmesser mit unterschiedlichen Federn verwenden.

Willst du bei einer neuen Messung den Null-punkt (Vergleichspunkt) verändern, musst du den **Nullpunktschieber** einstellen.

An der **Skala** kannst du die Gewichtskraft des Gegenstands ablesen.
Beim Ablesen muss sich die Skala genau auf deiner Augenhöhe befinden.

Die Gegenstände, deren Gewichtskraft du messen möchtest, hängst du an den Haken.

1,0
0,9
0,8
0,7
0,6
0,5
0,4
0,3
0,2
0,1

1 N

10 N

Bei einer Tafel Schokolade (Masse 100 g) liest du eine Gewichtskraft von 1 Newton (1 N) ab.

Bei einer Tüte Zucker (Masse 1 kg) liest du eine Gewichtskraft von 10 Newton (10 N) ab.

1 Kraftmesser im Einsatz

Kräfte messen

Die Erde übt auf alles eine Kraft aus. Diese Kraft wirkt nach unten und wird **Gewichts-kraft** genannt. Du kannst sie mit einem **Federkraftmesser** messen (▷ B 1).
(► System, S. 142/143)

Formelzeichen und Einheit der Kraft
Das Formelzeichen für die Kraft ist F. Ihre Einheit ist das Newton (N). Sie ist benannt nach dem englischen Physiker ISAAC NEW-TON (1643 – 1727).

Beispiel: Ein Hund zieht mit einer Kraft von 100 Newton an der Leine. Dazu kannst du in Kurzform sagen: „Die Kraft des Hundes ist 100 N." Dafür kannst du auch schreiben: $F = 100$ N.

Die Gewichtskraft von Gegenständen kann man mit einem Federkraftmesser messen. Die Kraft hat das Formelzeichen F und die Einheit Newton (N).

AUFGABEN

1 ○ Was ist das wichtigste Teil in einem Federkraftmesser? Nenne es.

2 ○ Beschreibe, wie ein Federkraftmesser funktioniert.

3 ◑ Werden Federkraftmesser verwendet, muss oft der Nullpunkt eingestellt werden. Dies ist nötig, damit man korrekt ablesen kann. Erkläre dies.

Kraftmesser im Einsatz

1 Die Gewichtskraft wird gemessen

Material

mehrere Federkraftmesser mit unterschiedlichen Messbereichen, verschiedene Gegenstände aus deiner Schultasche, Faden

Versuchsanleitung

a) Halte den Federkraftmesser senkrecht. Überprüfe, ob die äußere Hülse des Federkraftmessers genau auf Null steht. Die Hülse lässt sich nach oben und unten verschieben.

b) Wähle für die Gegenstände den passenden Federkraftmesser aus. Schätze dies vorher ab und probiere vorsichtig aus.

c) Hänge nun die verschiedenen Gegenstände an den Haken, um die Gewichtskraft der Gegenstände zu bestimmen.

Mit dem Faden kannst du die Gegenstände verschnüren, um sie besser an den Haken zu hängen (▷ B 1).

d) Notiere in einer Tabelle die gemessenen Gewichtskräfte. Zeichne den Versuchsaufbau ab.

2 Die Zugkraft wird gemessen

Material

mehrere Federkraftmesser mit unterschiedlichen Messbereichen, verschiedene Gegenstände, Geschirrtuch

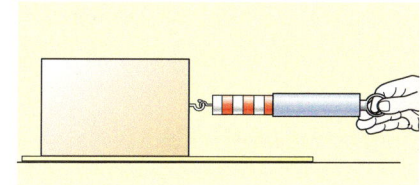

2 Zu Versuch 2

Versuchsanleitung

a) Halte den Federkraftmesser waagerecht (▷ B 2). Befestige verschiedene Gegenstände (z.B. ein Mäppchen, ein Buch, Hefte) am Haken des Federkraftmessers.

b) Ziehe die Gegenstände langsam über den Tisch. An der Skala kannst du nun die sogenannte Zugkraft ablesen.

Gegenstände, die nicht an dem Haken befestigt werden können, kannst du auf das Geschirrtuch legen. Das Tuch befestigst du dann am Haken des Federkraftmessers. Achte bei der Versuchsdurchführung auf einen geeigneten Messbereich.

c) Notiere deine Messergebnisse in einer Tabelle.

3 Die Schubkraft soll gemessen werden

Material

unterschiedliche Federn, verschiedene Gegenstände

Versuchsanleitung

a) Schiebe verschiedene Gegenstände über den Tisch. Achte darauf, dass du schiebst und nicht ziehst. Die Kraft, die du beim Schieben aufwendest, nennt man Schubkraft.

Wie kannst du mit den Federn feststellen, ob du eine kleine oder eine große Schubkraft aufwendest? Beschreibe dein Vorgehen.

b) Ergänze folgenden Satz: „Je stärker du die Feder …"

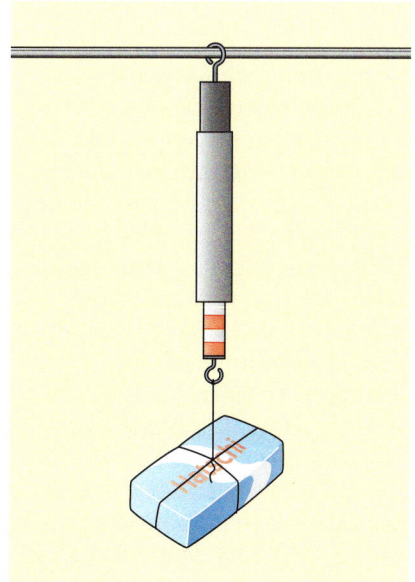

1 Zu Versuch 1

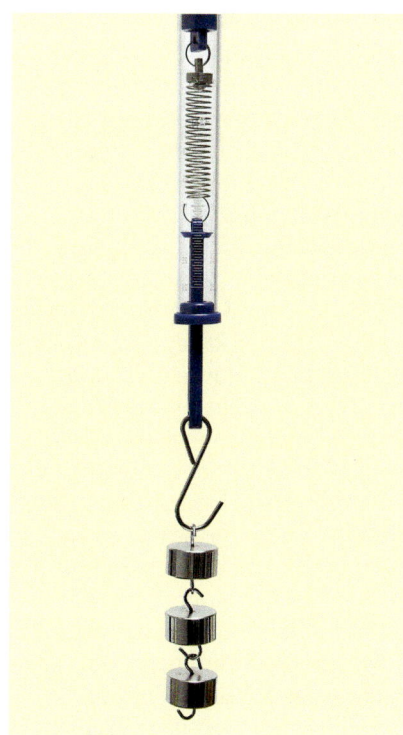

3 Federkraftmesser

Verschiedene Kräfte

Start einer Rakete –
der Countdown läuft (▷ B 1)
Die letzten Sekunden vor dem
Start der Rakete werden herunter-
gezählt. Aufregung und Spannung
herrscht bei allen Beteiligten.
10-9-8-...-3-2-1-0-Start. Die Rakete hebt ab und schießt in den
Himmel. Eine Rakete kann nur
abheben, wenn die Schubkraft der
Triebwerke größer ist als die Gewichtskraft der Rakete. Eine Rakete
erzeugt beim Start eine Schubkraft
von rund 40 Millionen Newton.
Flugzeuge heben meistens nicht
senkrecht ab, sondern benötigen
zum Abheben eine Startbahn. Sie
gewinnen in einer schrägen Flug-
bahn an Höhe. Aus diesem Grund
muss die Schubkraft der Triebwerke nur einen Bruchteil der eigenen
Gewichtskraft betragen. Das Trieb-
werk eines Passagierflugzeugs
erzeugt beim Start eine Schubkraft
von rund 200 000 N.

Bogenschießen (▷ B 2)
Die Ritter im Mittelalter benutzten
Pfeil und Bogen als Waffe. Heute
ist das Bogenschießen eine olympi-
sche Sportart.
Spannt ein Bogenschütze die Seh-
ne, so muss er eine Zugkraft von
rund 300 N aufbringen.

Zugkraft von Pferden (▷ B 5)
Auch heute noch verwenden
Bauern Pferde zum Arbeitseinsatz.
Bauern setzen die Pferde ein, um
die Landmaschinen auf dem Acker
zu ziehen.
Holzfäller benutzen Pferde, um
gefällte Bäume aus den Wäldern
herauszuziehen. Außerdem ziehen
Pferde Kutschen.
Mit wie viel Kraft kann ein Pferd
ziehen?
Bei langsamer Schrittgeschwindig-
keit kann ein Pferd mit einer Zugkraft von 1000 N ziehen, kurzfristig
auch mit 10 000 N.

Gewichtheben (▷ B 4)
Beim Gewichtheben müssen die
Athleten die Hantel über den Kopf
hoch strecken. Je nach Gewicht der
Hantel müssen die Athleten eine
Kraft von bis zu 2600 N aufbringen.

Kräfte bei einem Autounfall (▷ B 3)
Im Straßenverkehr kommt es immer wieder zu schweren Unfällen.
Autohersteller entwickeln deshalb
Sicherheitssysteme. Damit können
bei Autounfällen schwere Verletzungen der Insassen vermieden
werden. Gurte, Knautschzonen
und Airbags sind die wichtigsten
Sicherheitssysteme in Autos.
Kommt es zu einem Unfall, dann
wirken enorme Kräfte auf die
Insassen: Die Kräfte betragen bis
zum 25-Fachen der Gewichtskraft
deines eigenen Körpers. Zum
Vergleich: Das ist die Kraft, die du
spürst, wenn 25 Zwillingsbrüder
auf dir liegen würden.

Kräfte in der Natur

Kräfte des Winds

In vielen Gegenden der Erde richten Orkane, Taifune, Hurrikans, Zyklone und Tornados regelmäßig große Schäden an: Ziegel werden von den Häusern weggeweht, ganze Bäume entwurzelt und Strommasten abgeknickt.

Kräfte des Planeten Erde

Der Planet Erde übt selbst große Kräfte aus. Im Pazifik z. B. verschieben sich zwei Erdplatten gegeneinander. Diese ständige Bewegung ist zwar nicht besonders groß. Sie beträgt ungefähr 10 cm pro Jahr. Bei dieser Verschiebung verhaken sich aber manchmal die Platten und es kommt zu enormen Spannungen. Irgendwann ist diese Spannung so groß, dass sich die Platten schlagartig verschieben. Unter dem Meeresboden entsteht ein starkes Erdbeben. Gewaltige Wassermassen kommen in Bewegung. Es entstehen Tsunami-Wellen, die sich über das Meer ausbreiten und an Land zu riesigen Verwüstungen führen. Dies ist 2011 vor der Küste Japans geschehen.

Kräfte des Wassers

Zwischen der Erde und dem Mond gibt es Anziehungskräfte (Gravitationskräfte). Diese Anziehungskräfte bewirken an den Meeresküsten ein Absenken und ein Ansteigen des Wasserspiegels. Man nennt dies Ebbe und Flut.
Weht ein besonders starker Wind in Richtung Land, dann werden die Wassermassen besonders groß: Eine Sturmflut entsteht. Diese Sturmflut kann in den Küstenregionen zu starken Überschwemmungen führen, vor allem wenn die Deiche brechen.

Kräfte von Lawinen

Wenn im Winter in den Bergen Schnee fällt, dann kommt es zu meterhohen Schneeschichten. Große Schneemassen können sich lösen und zu Tal gleiten. Im Tal richten sie dann enorme Schäden an. Häuser und Straßen werden zerstört.

1 Hurrikan aus dem Weltraum betrachtet

AUFGABEN

1 Recherchiere im Internet, was der Unterschied zwischen Orkanen, Taifunen, Hurrikans, Zyklonen und Tornados ist.

2 Recherchiere die Namen der großen Erdplatten. Benutze dazu geeignete Informationsquellen.

3 Erstelle eine Tabelle der schweren Sturmfluten an der Nordsee der letzten 100 Jahre. Recherchiere dazu im Internet.

1 Beim Schuss ist auch die Richtung der Kraft wichtig.

2 Kraftpfeile beim Fußball

Darstellung von Kräften

Kraftpfeile

Bei einer Kraft kommt es nicht nur auf den Wert an. Auch die Richtung einer Kraft ist wichtig. Dies kennst du vom Fußballspielen (▷ B 1). Mit der Richtung der Kraft gibst du nämlich vor, in welche Richtung der Ball fliegt. Kräfte werden daher mithilfe von Pfeilen dargestellt (▷ B 2).

In Bild 3 siehst du einen **Kraftpfeil**. Der Pfeil beginnt am Angriffspunkt der

wirkenden Kraft. Die Richtung des Pfeils gibt die Richtung der Kraft an. Die Länge des Pfeils ist ein Maß für die Größe der Kraft. Um die genaue Größe der Kraft angeben zu können, muss man zuvor einen sinnvollen Maßstab festlegen. Beispiel: Eine Pfeillänge von 1 cm kann einer Kraft von 10 N entsprechen.

Ein Kraftpfeil gibt Angriffspunkt, Richtung und Größe einer wirkenden Kraft an.

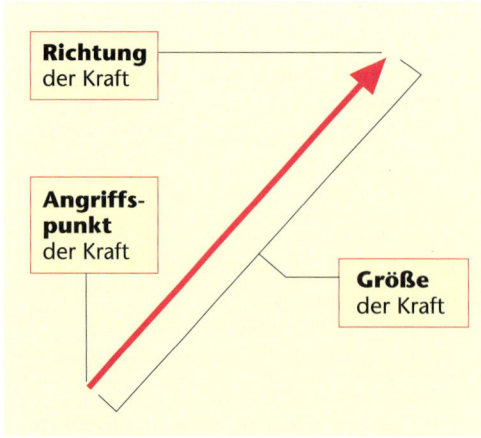

3 Kräfte werden durch Kraftpfeile dargestellt.

AUFGABEN

1 ○ Zeichne für eine nach rechts wirkende Kraft von 30 N einen Kraftpfeil. Lege zuvor einen sinnvollen Maßstab fest.

2 ◐ Begründe, warum beim Fußballspielen (▷ B 1) die Richtung von Kräften wichtig ist.

3 ● Yvonne möchte in ihrem Zimmer einen Kleiderschrank verschieben. Hat die Wahl des Angriffspunkts von Yvonnes Muskelkraft Einfluss auf ihr Vorhaben? Begründe.

Mehrere Kräfte auf einmal

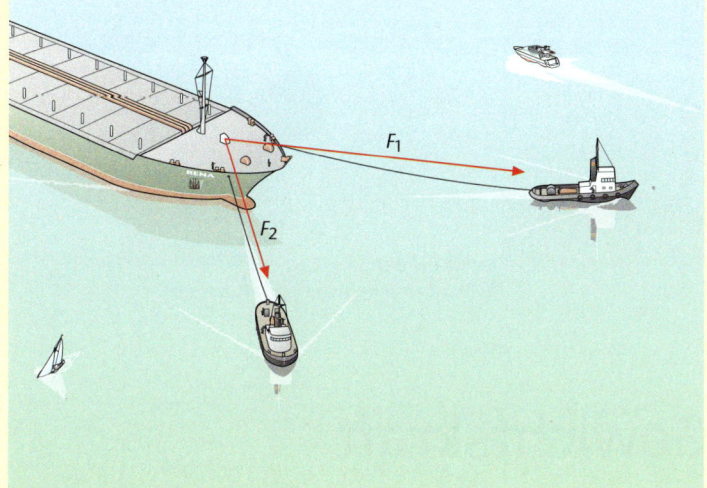

1 Wohin bewegt sich das Schiff?

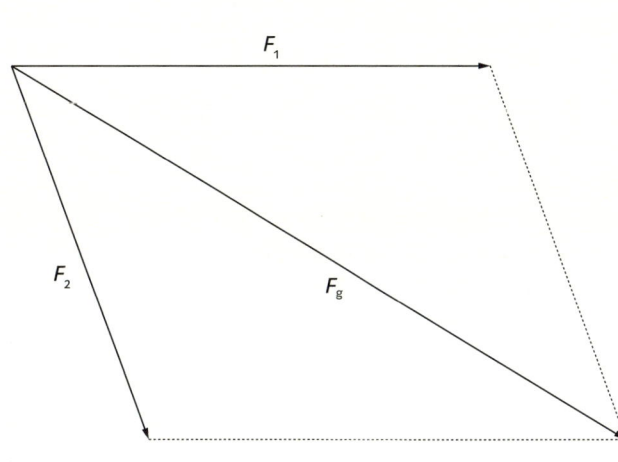

2 Kräfte-Parallelogramm

Auf einen Körper können mehrere Kräfte wirken. Die Kräfte können unterschiedlich groß sein und auch in verschiedene Richtungen zeigen.

Damit man vorhersagen kann, was passiert, fasst man die einzelnen Kräfte zu einer sogenannten Gesamtkraft F_g zusammen.

Mehrere Kräfte in die gleiche Richtung

In Lappland werden manchmal Personen und Güter mit Hundeschlitten transportiert. Mehrere Hunde sind dabei vor einen Schlitten gespannt. Sie ziehen alle in eine Richtung. Ihre Einzelkräfte ($F_1, F_2, \ldots$) addieren sich zur Gesamtkraft F_g.

$$F_g = F_1 + F_2 + \ldots$$

Mehrere Kräfte, verschiedene Richtungen

Ein Handelsschiff wird von zwei Schleppern in den Hafen gezogen (▷ B 1). Beide Kräfte haben den gleichen Angriffspunkt, wirken aber in verschiedene Richtungen.

Hier ist es schwieriger, die Gesamtkraft F_g zu ermitteln. Diese hängt auch vom Winkel zwischen den beiden Einzelkräften ab. Die Gesamtkraft F_g kann mit einem Kräfte-Parallelogramm zeichnerisch ermittelt werden (▷ B 2).

AUFGABEN

1 ◓ Erkläre den Begriff Gesamtkraft.

2 ◓ Beschreibe mithilfe von Bild 2, wie die Gesamtkraft mit einem Kräfte-Parallelogramm ermittelt werden kann.

3 ● a) Ein Hundehalter geht mit seinen beiden Hunden spazieren. Der Winkel zwischen ihren Leinen beträgt 60°. Die Hunde ziehen mit 90 N und 60 N an den Leinen. Ermittle die Gesamtkraft.
● b) Der Winkel zwischen beiden Leinen beträgt nun 30°. Die Hunde ziehen mit 90 N und 60 N an den Leinen. Ermittle die Gesamtkraft.

1 An der Reckstange

2 Paul an einem Federkraftmesser

$F_G = 500\,N$

Masse und Gewichtskraft

Die Gewichtskraft

In Bild 1 turnt Paul an der Reckstange. Die Stange biegt sich durch. Wenn Paul die Stange loslässt, dann fällt er nach unten. Warum ist das so? Auf Paul wirkt die Anziehungskraft der Erde – die **Gewichtskraft**. Die Gewichtskraft wirkt immer in Richtung Erdmittelpunkt. Das Formelzeichen für die Gewichtskraft ist F_G.

Die Gewichtskraft gibt an, wie stark ein Körper an seiner Aufhängung zieht oder auf seine Unterlage drückt.

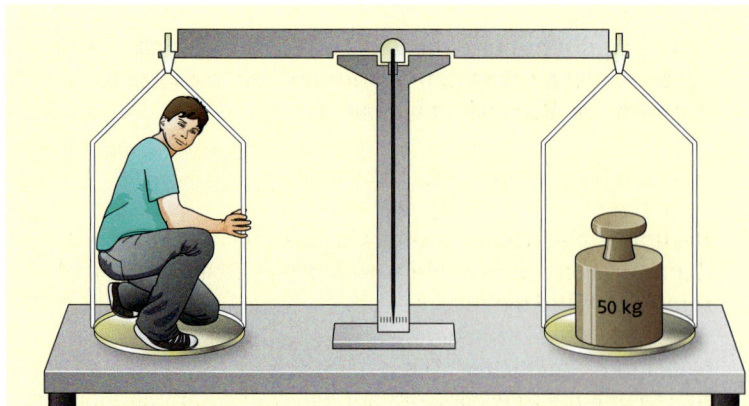

3 Paul auf Balkenwaage

Masse und Gewichtskraft

Pauls Gewichtskraft beträgt 500 Newton (500 N), seine **Masse** ist 50 kg (▷ B 2, B 3). Die Masse hat das Formelzeichen m. Sie wird in kg gemessen. Auf der Erde hat ein Körper mit einer Masse von 1 kg die Gewichtskraft von 10 N. Das kannst du dir gut an einem Beispiel merken: Eine Tafel Schokolade hat eine Masse von $m = 100\,g$. Ihre Gewichtskraft beträgt $F_G = 1\,N$.

Eine Reise in den Weltraum

Stell dir vor, Paul macht eine Reise zum Mond (▷ B 4). Er nimmt einen Federkraftmesser und eine Balkenwaage mit. Er misst seine Masse und seine Gewichtskraft auf dem Mond. Pauls Masse ist gleich geblieben. Die Masse hängt nur vom Körper selbst ab. Die Masse ist überall gleich. Pauls Gewichtskraft beträgt auf dem Mond aber nur noch 1/6 (▷ B 5). Das liegt daran, dass der Mond eine viel kleinere Masse als die Erde hat. Darum ist auch seine Anziehungskraft auf Paul kleiner.

Auch auf der Erde haben Körper an verschiedenen Orten etwas verschiedene Gewichtskräfte. Auf dem Mount Everest ist

4 Paul im Raumanzug

die Gewichtskraft kleiner als am Meeresstrand, weil auf einem Berg der Abstand zum Erdmittelpunkt größer ist. Man sagt: Die Gewichtskraft ist ortsabhängig.

Die Gewichtskraft eines Körpers hängt ab
– von seiner Masse,
– von der Masse des Himmelskörpers, auf dem gemessen wird,
– vom Abstand des Körpers zum Mittelpunkt des Himmelskörpers.

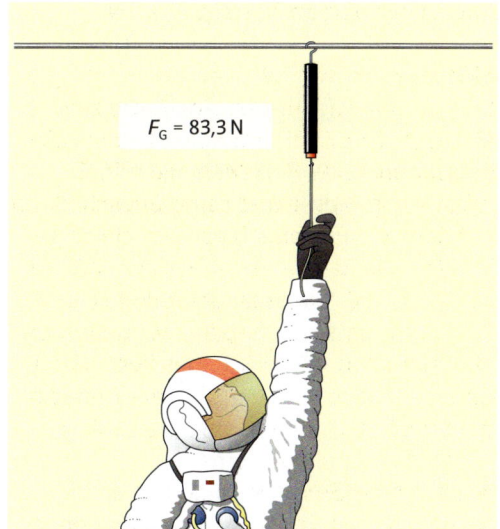

$F_G = 83,3\,\text{N}$

5 Pauls Gewichtskraft auf dem Mond

Die Masse eines Körpers hängt nur vom Körper selbst ab. Die Masse ist immer gleich.
Formelzeichen: m
Einheit: kg

Die Gewichtskraft gibt an, wie stark ein Körper von einem Himmelskörper, z. B. der Erde, angezogen wird. Die Gewichtskraft ist ortsabhängig.
Formelzeichen: F_G
Einheit: Newton (N)

AUFGABEN

1 ○ Stefan hat eine Masse von 50 kg. Gib seine Gewichtskraft auf der Erde an.

2 ○ Schreibe Formelzeichen und Einheit für die Gewichtskraft und die Masse auf.

3 ○ a) Gib die Gewichtskräfte folgender Massen auf der Erde an: 2 kg; 32 kg; 500 g; 300 g
b) Berechne die zugehörigen Massen zu folgenden Gewichtskräften auf der Erde: 7 N; 45 N; 600 N; 3 000 N

4 ⬤ a) Beschreibe die Unterschiede zwischen Masse und Gewichtskraft.
b) Diskutiert in der Gruppe, wo diese Unterschiede Bedeutung haben.

5 ⬤ Stelle in einer Tabelle Formelzeichen, Messgerät, Einheit und Ortsabhängigkeit von Masse und Gewichtskraft dar.

6 ⬤ a) Begründe, warum Paul in Bild 2 mit dem Kraftmesser und in Bild 3 mit der Balkenwaage das gleiche Ergebnis für seine Masse erhält.
b) Begründe anhand von Bild 5, warum eine Balkenwaage zuverlässiger als ein Kraftmesser sein kann. Benutze in deiner Antwort das Wort „ortsabhängig".

VERSUCHE

1 Bestimme die Massen und Gewichtskräfte von fünf verschiedenen Steinen. Notiere die Messwerte in einer Tabelle und formuliere ein Ergebnis.

2 Plane einen Versuch, mit dem du herausfinden kannst, wie die Masse und die Gewichtskraft auf der Erde zusammenhängen. Tipp: Benutze Massestücke und Federkraftmesser.

Wie dehnen sich Federn aus?

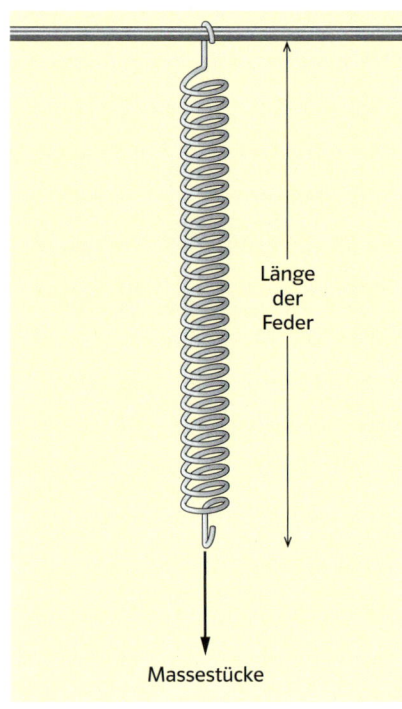

1 Versuchsaufbau

Du hast bereits kennengelernt, dass eine Kraft einen Körper verformen kann. Das kannst du nun genauer untersuchen. Mit dem nachfolgenden Versuch untersuchst du, wie stark sich eine Feder ausdehnt, wenn du Massestücke an die Feder hängst.

Material
Stativ, Spiralfeder, Lineal oder Maßband, mehrere Massestücke (50 g)

Versuchsanleitung
a) Baue den Versuch wie in Bild 1 auf.
b) Lege eine Tabelle wie in Bild 2 an. Trage die fehlenden Werte für die Gewichtskraft in Newton (N) ein.
c) Zunächst hängt kein Massestück an der Feder. Miss die Länge der Feder. Trage das Ergebnis in die Tabelle ein.
Tipp: Notiere diesen Wert zusätzlich auf einem Blatt Papier. Dieser Wert wird später wichtig sein.
d) Hänge nun ein Massestück (mit 50 g) an die Feder. Miss nun die Länge der Feder. Notiere das Ergebnis in der Tabelle.
Tipp: Warte, bis die Feder nicht mehr schwingt. Die Feder darf nicht mehr schwingen, da du sonst ein falsches Ergebnis erhältst.
e) Wiederhole die Messung mit zwei, drei und vier Massestücken. Notiere die Länge der Feder in der Tabelle.
Tipp: Diese Werte musst du in die dritte Spalte der Tabelle eintragen.

f) Nun musst du die Tabelle fertig ausfüllen: Berechne und notiere die Längenänderung zwischen der gedehnten Feder und der unbelasteten Feder.
Tipp: In der letzten Spalte geht es um die Änderung der Länge, und zwar gegenüber der Feder ohne Massestücke. Die Länge der Feder ohne Massestücke hast du in Versuchsteil c bestimmt.
g) Stelle deine Messergebnisse in einem Diagramm dar. Auf der x-Achse trägst du die Gewichtskraft in N ein, auf der y-Achse die Längenänderung in cm. Verbinde die Punkte auf sinnvolle Weise. Beschreibe das Aussehen des Diagramms.
h) Welchen Zusammenhang kannst du zwischen der Gewichtskraft und der Längenänderung der Feder feststellen? Beschreibe.

AUFGABEN

1 ○ Ergänze folgenden Satz: Je größer die angehängte Masse ist, desto …

2 ○ Ergänze folgende Sätze:
a) Eine doppelte Masse verursacht eine … Längenänderung.
b) Wenn die Längenänderung doppelt so groß ist, dann ist die Gewichtskraft …
c) Eine 3-fache Gewichtskraft verursacht eine … Längenänderung.

Masse in g	Gewichtskraft in N	Länge der Feder in cm	Längenänderung in cm
0	0		0
50			
100	1		
150			
200			

2 Tabelle für die Messergebnisse

Das Hooke'sche Gesetz

Federn dehnen sich gleichmäßig aus

Ein Massestück von 100 g zieht mit seiner Gewichtskraft von 1 N an der Feder (▷ B 1). In Bild 1 siehst du: Je größer die Gewichtskraft ist, desto stärker dehnt sich die Feder.

In Bild 1 siehst du noch mehr: Bei der doppelten Kraft beträgt die Verlängerung der Feder ebenfalls das Doppelte. Bei der 3-fachen Kraft hat sich die Feder auch auf das 3-Fache verlängert. Bei der 4-fachen Kraft beträgt die Verlängerung der Feder das 4-Fache. Man sagt hierzu auch: Die Verlängerung der Feder ist proportional zu der Kraft, die auf sie wirkt. Dieser Zusammenhang wird nach dem englischen Physiker ROBERT HOOKE (1635 – 1703) auch das **Hooke'sche Gesetz** genannt.

Verformungen

Wenn die Feder in Bild 1 nicht mehr belastet wird, dann zieht sie sich wieder auf ihre ursprüngliche Länge zusammen.
Wenn man die Feder aber zu stark belastet, dann beschädigt man die Feder. Dann verformt sich die Feder nämlich dauerhaft.

Die Verlängerung einer Feder ist proportional zu der Kraft, die an ihr wirkt: Die Verlängerung einer Feder ist doppelt (3-fach, 4-fach, …) so groß, wenn die Kraft an der Feder doppelt (3-fach, 4-fach, …) so groß ist. Dies ist das Hooke'sche Gesetz.

AUFGABEN

1 ○ Beschreibe den Zusammenhang zwischen Kraft und Verlängerung einer Feder
a) mit einem Je-desto-Satz
b) mit den Wörtern „doppelt" und „4-fach"
c) mit dem Begriff „proportional".

2 ⊖ Alex nimmt einen Federkraftmesser mit der Aufschrift „1 N", um die Gewichtskraft einer Tüte Zucker zu bestimmen. Die Tüte Zucker hat eine Masse von 1 kg. Begründe, warum Alex den Federkraftmesser damit kaputt macht.

3 ● Ermittle aus Bild 2, wie groß die Verlängerung der Feder bei 10 N ist.

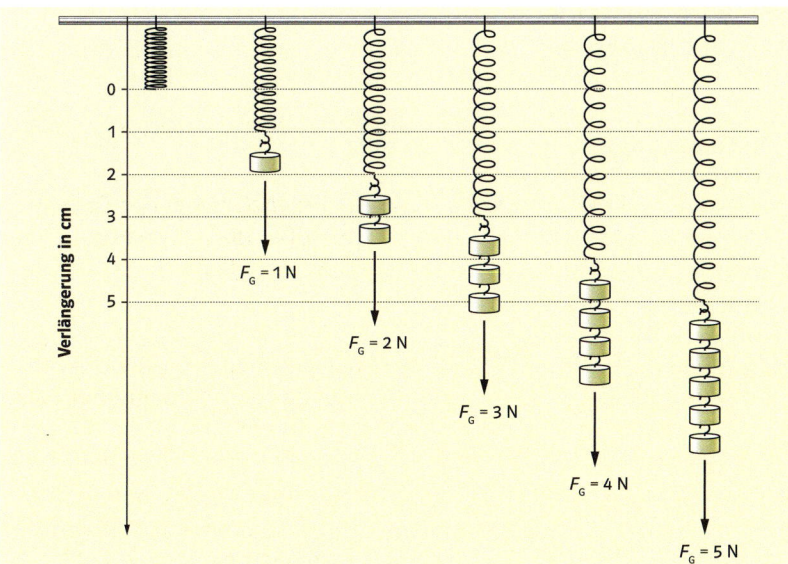

1 Verlängerung einer Feder durch die Gewichtskraft der Massestücke …

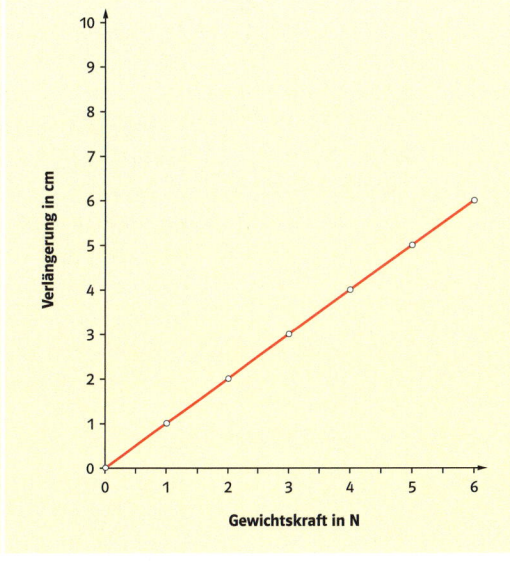

2 … und zugehöriges Diagramm

1 Fahrgäste in einem Bus

Trägheit

Körper sind träge

Der Bus ist voll. Einige Fahrgäste haben keinen Sitzplatz bekommen. Auch du musst im Gang stehen. Plötzlich fährt der Bus los. Du spürst einen Ruck nach hinten. Du fühlst dich dabei so, als ob dein Körper an deiner Stelle bleiben möchte und nur der Bus nach vorne fährt. Dein Körper möchte nämlich in Ruhe verbleiben. Diese Eigenschaft von Körpern wird **Trägheit** genannt.

Körper in Bewegung sind auch träge

Im fahrenden Bus kannst du noch eine weitere Beobachtung machen. Der Bus bewegt sich gleichförmig und du mit ihm. Wenn du dich nicht festhältst und der Bus plötzlich abbremst, fällst du nach vorn. Es fühlt sich für dich so an, als ob dein Körper seine gleichförmige Bewegung nach vorne beibehalten möchte. Auch diese Eigenschaft von Körpern nennt man Trägheit. Beim Autofahren müssen sich der Fahrer und die Mitfahrer aus diesem Grund anschnallen. Beim Abbremsen verhindert der Sicherheitsgurt, dass sich die Personen weiter nach vorne bewegen.

Reibung stoppt die Bewegung

Manche Erfahrungen des täglichen Lebens scheinen dem Gesetz der Trägheit zu widersprechen: Eine rollende Kugel müsste eigentlich ihre Bewegung beibehalten. Tatsächlich bleibt sie aber nach einiger Entfernung stehen. Die Reibungskraft hat sie ganz allmählich abgebremst.

Jeder Körper möchte in Ruhe oder in gleichförmiger Bewegung verbleiben. Diese Eigenschaft von Körpern wird Trägheit genannt.

AUFGABEN

1 ○ Gib an, was man unter Trägheit versteht.

2 ◗ Erkläre mithilfe der Trägheit die Schutzfunktion von angelegten Sicherheitsgurten.

3 ◗ Auf einem Blatt Papier steht eine 2-Euro-Münze auf dem Rand. Kannst du die Münze vom Blatt bekommen, ohne sie zu bewegen? Beschreibe.

Tricks mit der Trägheit

Auf dieser Seite kannst du anwenden, was du über die Trägheit gelernt hast.
Die folgenden Versuche könnt ihr in Gruppen und an verschiedenen Stationen durchführen.
Schreibt zu jedem Versuch ein Protokoll, in dem ihr eure Beobachtungen und Ergebnisse notiert.

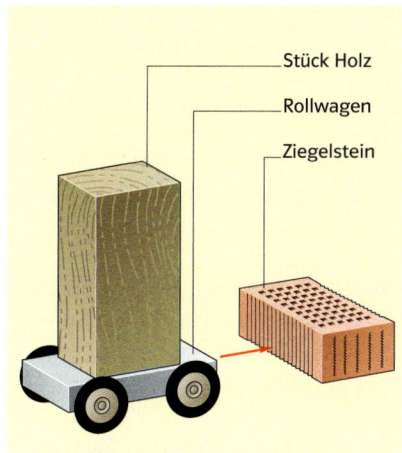

1 Zu Versuch 1

1 Aufprall
Material
Rollwagen, rechteckiges langes Stück Holz, Ziegelstein

Versuchsanleitung
Stellt das Stück Holz hochkant auf den Rollwagen (▷ B1). Beschleunigt den Rollwagen langsam und lasst ihn gegen den Ziegelstein prallen. Was geschieht dabei? Beschreibt und erklärt.

2 Welcher Faden reißt zuerst?
Material
Stahlkugel (mit einer Masse von rund 1 kg), Stativ, 2 dünne Fäden, dicke Schnur, Griff

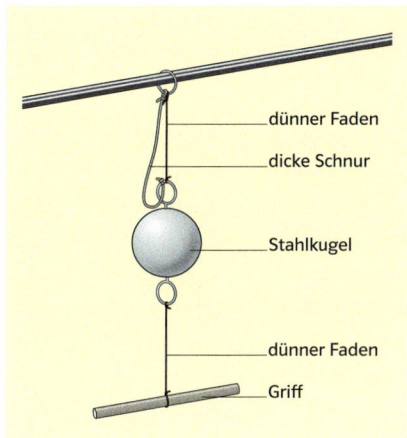

2 Zu Versuch 2

Versuchsanleitung
a) Hängt die Stahlkugel an einem dünnen Faden an das Stativ. Sichert die Stahlkugel zusätzlich durch die längere, dickere Schnur. Befestigt den Griff mit einem weiteren dünnen Faden an der unteren Seite der Stahlkugel.
b) Zieht langsam an dem Griff und beschreibt, was passiert.
c) Wiederholt das Experiment. Zieht jetzt jedoch ruckartig an dem Griff. Was geschieht nun? Beschreibt eure Beobachtungen und erklärt sie mithilfe der Trägheit.

3 Die Münze soll in das Glas
Material
Becherglas, Karton (z.B. Getränkedeckel), Münze

Versuchsanleitung
a) Legt über das Becherglas das Stück Karton. Legt die Münze auf die Mitte des Kartons. Zieht den Karton ganz schnell waagerecht weg. Beschreibt, was mit der Münze passiert.

b) Erklärt den Versuch mithilfe der Trägheit.
c) Beschreibt, wann genau im Versuch die Gewichtskraft der Münze eine Rolle spielt und wann die Trägheit.

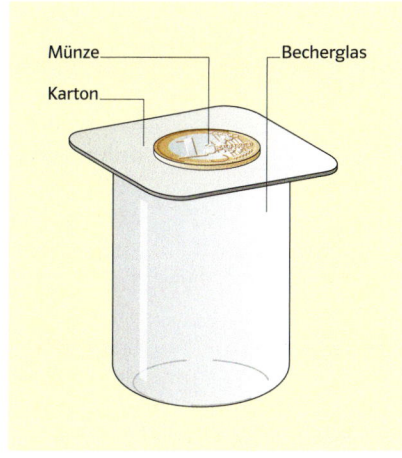

3 Zu Versuch 3

4 Trägheit ausnutzen
Material
Küchenrolle

Versuchsanleitung
Mirco kocht zu Hause. Mit einer Hand rührt er mit einem Löffel das Essen im Kochtopf um. Mit der anderen Hand möchte er sich ein Stück Papier von der Küchenrolle an der Wand abreißen, jedoch gelingt ihm das nicht so richtig. Da er nur eine Hand frei hat, kann er nicht gleichzeitig die Rolle festhalten und das Papier abreißen.
Stellt dies im Versuch nach. Gibt es eine Möglichkeit, das Papier von der Küchenrolle mit nur einer Hand abzureißen? Beschreibt, wie ihr dabei vorgeht.

Sicher unterwegs im Straßenverkehr

Unterschiedliche Verkehrsteilnehmer

Auf den Straßen bewegen sich unterschiedliche Verkehrsteilnehmer. Man sieht Autos, Fahrräder, Motorräder und Lastkraftwagen.

Da es immer wieder zu Unfällen zwischen Verkehrsteilnehmern kommt, wurden unterschiedliche Sicherheitssysteme und Schutzmaßnahmen entwickelt. Damit werden die Personen in einem Fahrzeug möglichst gut vor Verletzungen geschützt.

Sicherheitssysteme und Schutzmaßnahmen

In Autos ist der Sicherheitsgurt das wichtigste Schutzsystem bei einem Unfall. Zusätzlich verringern mehrere Airbags im Auto die Verletzungen bei einem Crash erheblich.
Fahrradfahrer sollten grundsätzlich nur mit Helm fahren (▷ B 2). Damit ist der Kopf vor Verletzungen geschützt.

Verhalten im Straßenverkehr

Vorsichtiges und rücksichtsvolles Verhalten der Verkehrsteilnehmer kann viele Unfälle vermeiden. Das Telefonieren ist für Autofahrer ebenso wie für Radfahrer verboten.

Sicher Radfahren im Straßenverkehr

Wenn Fahrradwege ausgeschildert sind, dann müssen sie selbstverständlich von Fahrradfahrern benutzt werden.
Das Fahren von Fahrrädern in Fußgängerzonen ist verboten. Fahrräder müssen in Fußgängerzonen geschoben werden. Beifahrer dürfen auf einem Fahrrad nicht mitgenommen werden.

Alle Verkehrsteilnehmer sollten auf umsichtiges Verhalten achten.

AUFGABEN

1 ○ Wie können sich Autofahrer und Fahrradfahrer vor Verletzungen im Straßenverkehr schützen? Nenne verschiedene Möglichkeiten.

2 ◕ Eine Schülerin sagt: „Für den kurzen Weg zur Schule trage ich keinen Fahrradhelm. Das lohnt sich nicht!" Bewertet in der Gruppe ihr Verhalten.

3 ● Beschreibe Merkmale und Eigenschaften, die ein guter Fahrradhelm haben sollte. Recherchiere dazu in geeigneten Quellen.

1 Nicht jeder Unfall verläuft glimpflich.

2 Ein Helm schützt.

Sicherheitssysteme

Sicherheitssysteme
Damit bei Unfällen die Fahrzeug-
insassen nach Möglichkeit nicht
oder nur leicht verletzt werden,
sind in Fahrzeugen verschiedene
Sicherheitssysteme eingebaut.
Die aktiven Sicherheitssysteme
eines Autos machen das Fahren
sicherer. Dazu gehören Scheinwer-
fer mit besserer Lichtausbeute,
Bremssysteme, die elektronische
Stabilitätshilfe usw.
Bei Unfällen verringern passive
Sicherheitssysteme die Verletzun-
gen der Fahrzeuginsassen. Dazu
gehören die sichere Fahrgastzelle,
Airbags, Sicherheitsgurte und
Kopfstützen. Bei Motorradfahrern
vermeiden Schutzanzüge und
Sturzhelme das Verletzungsrisiko.

Knautschzonen (▷ B 1)
Autos verfügen über Knautsch-
zonen im Front- und Heckbereich.
Das Blech der Knautschzonen

verformt sich bei einem Unfall und
nimmt damit die Energie auf. Die
Fahrgastzelle bleibt stabil und bie-
tet größtmöglichen Schutz für die
Fahrzeuginsassen. **Sicherheitsgurt**
(▷ B 2)

Fahrzeuginsassen, die nicht ange-
schnallt sind, können bei einem
Unfall gegen das Armaturenbrett
oder die Windschutzscheibe
geschleudert werden. Die Fahrzeuginsassen werden dabei schwer
verletzt und sterben häufig an den
Verletzungen. Der Sicherheitsgurt
verhindert, dass z. B. die Personen
auf den Vordersitzen gegen das Armaturenbrett oder die Windschutzscheibe geschleudert werden.
Der Gurtstraffer zieht bei einem
Aufprall den Gurt an den Körper.
Dadurch hat der Sicherheitsgurt
eine noch größere Wirkung.
Seit 1976 gilt in Deutschland die
Anschnallpflicht.

Kopfstützen (▷ B 3)
Kopfstützen sind nicht zum Anleh-
nen oder Ausruhen da. Bei einem
Auffahrunfall verhindern sie, dass
der Kopf nach hinten geschleudert
wird. Schwere Verletzungen an den
Halswirbeln können bei richtiger
Einstellung der Kopfstützen vermieden werden.

Airbags (▷ B 4)
Airbags blasen sich bei einem
Unfall in Bruchteilen von Sekunden
auf und vermindern das Verlet-
zungsrisiko.
Die Airbags befinden sich im Lenk-
rad und im Armaturenbrett.
In modernen Autos gibt es auch
Seitenairbags. Sie befinden sich
in den Seitenverkleidungen der
Türen oder an den Seiten der Sitze.
Weiterhin gibt es Airbags für die
Knie des Fahrers.
An Airbags für Motorradfahrer wird
noch geforscht.

1 Läuferin beim Start

2 Wechselwirkung

Kraft und Gegenkraft

Kräfte wirken im Doppelpack

Lisa steht auf ihren Skatern und wirft den schweren Medizinball nach vorne weg (▷ B 2). Dabei rollt sie nach hinten.

Wie ist das zu erklären? Mit ihren Muskeln lässt sie eine Kraft auf den Ball wirken. Gleichzeitig übt aber auch der Ball eine Kraft auf ihre Hände aus. Die Kraft des Balls wirkt entgegengesetzt zur Kraft, die Lisa ausübt. Sie wird als **Gegenkraft** bezeichnet. Beide Kräfte sind gleich groß, wirken aber entgegengesetzt.

Bei einem 100-Meter-Lauf kommt es auf einen schnellen Start an. Deshalb stößt sich die Läuferin in Bild 1 kräftig von dem Startblock ab. Sie drückt sich dabei fest gegen den Startblock und übt somit eine Kraft nach hinten aus. Gleichzeitig übt jedoch der Startblock eine Kraft auf die Läuferin aus. Diese ist nach vorne gerichtet und beschleunigt die Läuferin. Auch hier sind beide Kräfte gleich groß.

Dieses Naturgesetz wird **Wechselwirkungsprinzip** genannt: Kraft ist gleich Gegenkraft. (► Wechselwirkung, S. 146/147)

Zu jeder Kraft gibt es eine Gegenkraft. Beide Kräfte sind gleich groß, sind aber entgegengesetzt gerichtet.

AUFGABEN

1 ○ Beschreibe das Wechselwirkungsprinzip mit eigenen Worten.

2 ◓ a) Du stehst auf dem Gehweg. Beschreibe die Kräfte, die zwischen dir und dem Gehweg wirken. Benutze die Begriffe Kraft und Gegenkraft.
◓ b) Die Erde zieht dich eigentlich in Richtung Erdmittelpunkt. Begründe, warum du dennoch auf dem Gehweg stehen bleibst.

3 ● Erkläre, wie eine Rakete durch den Rückstoß angetrieben wird.

Reibungskräfte

Reibung

Eine Kiste wird bewegt (▷ B 1). Dabei treten zwischen dem Kistenboden und dem Untergrund Reibungskräfte auf.

Die Reibungskräfte wirken entgegen der Bewegungsrichtung. Die Reibungskräfte schränken die Bewegung ein.

Verschiedene Reibungskräfte

Es gibt drei Arten von Reibungskräften: Haftreibung, Gleitreibung und Rollreibung.

Auf die Kiste (▷ B 1) wirken die Muskelkräfte des Mädchens und der Jungen.
Zunächst bewegt sich die Kiste noch nicht. Die Kiste haftet am Boden. In diesem Fall tritt Haftreibung auf.
Gleitreibung entsteht, wenn die Kiste auf dem Untergrund gleitet.
Rollt die Kiste auf Rädern oder Rollen über den Boden, tritt Rollreibung auf.

Reibung – erwünscht und unerwünscht

Die Größe der Reibungskraft ist von den Oberflächen der Körper abhängig.

Im Winter kann man beim Gehen auf vereisten Wegen leicht hinfallen. Um die Reibungskräfte zu vergrößern, wird Sand gestreut.

Der Wintersportler trägt Wachs auf seine Ski auf. Damit verkleinert er die Reibungskräfte zwischen den Skiern und dem Untergrund. Er kann dann schnell über die Piste gleiten.

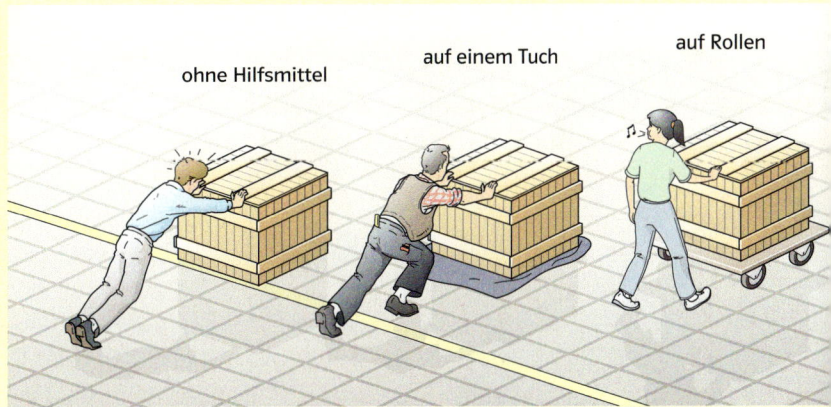

1 Kistenwettschieben – Hilfsmittel sind ausdrücklich erlaubt

AUFGABEN

1 ● Beschreibe je vier Beispiele für erwünschte und unerwünschte Reibung.

2 ● Beschreibe Möglichkeiten, wie Reibung vergrößert und verkleinert werden kann.

3 ● Erkläre an einem Beispiel, dass die Reibungskraft von der Oberfläche abhängt.

4 ● Vergleiche die Größe der Reibungskräfte in Bild 1. Begründe die Unterschiede.

VERSUCH

1 Miss verschiedene Reibungskräfte: Führe dazu den Versuch in Bild 2 durch. Protokolliere deine Messwerte. Vergleiche dann die Größe der Reibungskräfte.

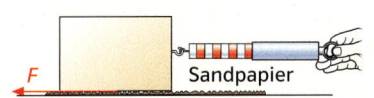 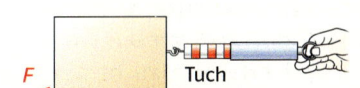 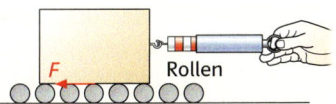

2 Haftreibung, Gleitreibung und Rollreibung

Die Fünf-Schritt-Lesemethode

Naturkräfte können Bäume entwurzeln, Häuser zum Einsturz bringen, Segelschiffe im Wasser fahren lassen oder Wasserräder antreiben. Dabei sieht man diese gewaltigen Kräfte nicht, nur ihre Wirkungen sind für uns erkennbar. Menschen nutzen ihre Muskelkraft oder die Kraft von Maschinen, um bei sich selbst oder anderen Körpern die Bewegung zu ändern: Ein Flugzeug startet, der Kran hebt und schwenkt seine Lasten von der Hafenkante auf ein Schiff, ein Radfahrer bremst. Körper können durch Kraftwirkung ihre Geschwindigkeit oder ihre Bewegungsrichtung ändern.

Kräfte können auch die Form von Körpern verändern: Hurrikans verwüsten ganze Landstriche, eine Presse formt Karosserieteile für Autos, Elena drückt den Tafelschwamm aus.
Die Verformung kann bleibend sein, aber auch nach der Krafteinwirkung wieder verschwinden.

1 Textarbeit kannst du trainieren.

2 Ein schwieriger Text

Es ist immer wieder notwendig, dass du dir selbstständig Wissen aus dem Schülerbuch oder anderen Fachtexten aneignest.
Diese Texte sind nicht immer sofort verständlich. Abschnitte und Überschriften können dir eine Orientierung geben. Die Bedeutung von Fremdwörtern musst du erschließen.
Die folgenden fünf Schritte sollen dir beim Bearbeiten von Texten helfen.

Schritt 1: Überfliegen – orientiere dich am Text
– Überfliege den Text, schaue auf Überschriften, Fettgedrucktes, Bilder, Tabellen oder sonstige Hervorhebungen.
– Beachte die Abschnitte. Finde eine grobe Vorstellung vom Inhalt.

Schritt 2: Erstes Verstehen
– Beginne jetzt mit den Textstellen, die du schon verstehst (Verstehensinseln).
– Markiere in diesen Textstellen die Schlüsselwörter.

Schritt 3: Text abschnittsweise erschließen
– Finde Beziehungen zwischen den Verstehensinseln.
– Finde Verbindungen zu den Schlüsselwörtern.
– Markiere die wichtigsten Informationen.
– Mache dir Notizen auf einem Blatt. Lege auch eine Zeichnung, Tabelle oder Mind-Map an.
– Kläre unbekannte Wörter. Manchmal sind sie im Text erklärt. Wenn nicht, schlage im Lexikon nach oder informiere dich im Internet.

Schritt 4: Den roten Faden suchen
– Lies den Text noch einmal und verbinde im Kopf die Abschnitte miteinander.
– Finde eine Gliederung.
– Fasse den Text schriftlich zusammen (Stichworte, Sätze, Mind-Map, …).

Schritt 5: Abschließende Reflexion
– Wiederhole die wichtigsten Aussagen.
– Prüfe, ob du alles verstanden hast.
– Präsentiere deine eigene Ausarbeitung.

Isaac Newton

Professor mit 27 Jahren

Isaac Newton (▷ B1) wurde am 04.01.1643 in einem kleinen englischen Dorf in der Nähe von Lincolnshire geboren. Schon in seiner Jugend experimentierte er gern. Ab 1661 studierte er am Trinity College in Cambridge. Wegen einer Pestseuche wurde das College 1665 geschlossen. Newton führte zu Hause intensive private Untersuchungen zur Natur des Lichts und zur Gravitation durch. 1667 kehrte er nach Cambridge zurück. 1669 übernahm er dort als Professor den Lehrstuhl für Mathematik und Naturwissenschaften.

Newton als Wissenschaftler

Grundlagen seiner Studien in Cambridge waren die Arbeiten des deutschen Astronomen Johannes Kepler (1571–1630), des italienischen Naturforschers Galileo Galilei (1564–1642) und des englischen Wissenschaftlers Robert Boyle (1627–1691). Newton entwickelte eine neue Rechenmethode, die Infinitesimalrechnung. Mit ihr ist es möglich, mit zeitlich veränderlichen Größen wie Kraft und Geschwindigkeit zu rechnen.

1672 baute Newton ein Spiegelteleskop. Im selben Jahr veröffentlichte er seine erste wissenschaftliche Arbeit zur Natur des Lichts. Er wies nach, dass weißes Licht eine Mischung farbiger Anteile ist.

Newton studierte die Bewegung von Körpern und Planeten. Er untersuchte die dabei wirkenden Kräfte. So entdeckte er die Gravitationskraft. Er formulierte das Gravitationsgesetz und die drei Bewegungsgesetze. Wir lernen sie noch heute so, wie er sie in seinem Buch „Principia" (Grundlagen) aufgeschrieben hat.

Sein späteres Leben

Von 1689 bis 1690 war Newton Abgeordneter der Universität Cambridge.

1 Isaac Newton

2 Spiegelteleskop

1693 hatte er einen schweren Nervenzusammenbruch. Er konnte seine Studien nicht weiterführen. Newton wandte sich nun alchimistischen, religiösen und politischen Themen zu. 1696 zog er nach London. 1699 wurde er Münzmeister an der königlichen Münze. 1703 wurde Newton Präsident der Royal Society. 1705 wurde Newton als erster Wissenschaftler der Royal Society zum Ritter geschlagen. Am 31.03.1727 verstarb Newton in London und wurde in der Westminster Abbey beigesetzt.

AUFGABEN

1 ◖ Erstelle eine Liste der wichtigsten wissenschaftlichen Erfolge von Newton.

2 ◖ Erstelle den Lebenslauf von Newton als Steckbrief.

3 ● Recherchiere bedeutende Wissenschaftler aus seiner Zeit und stelle ihre Lebensdaten und wichtigen Forschungen in einer Tabelle zusammen.

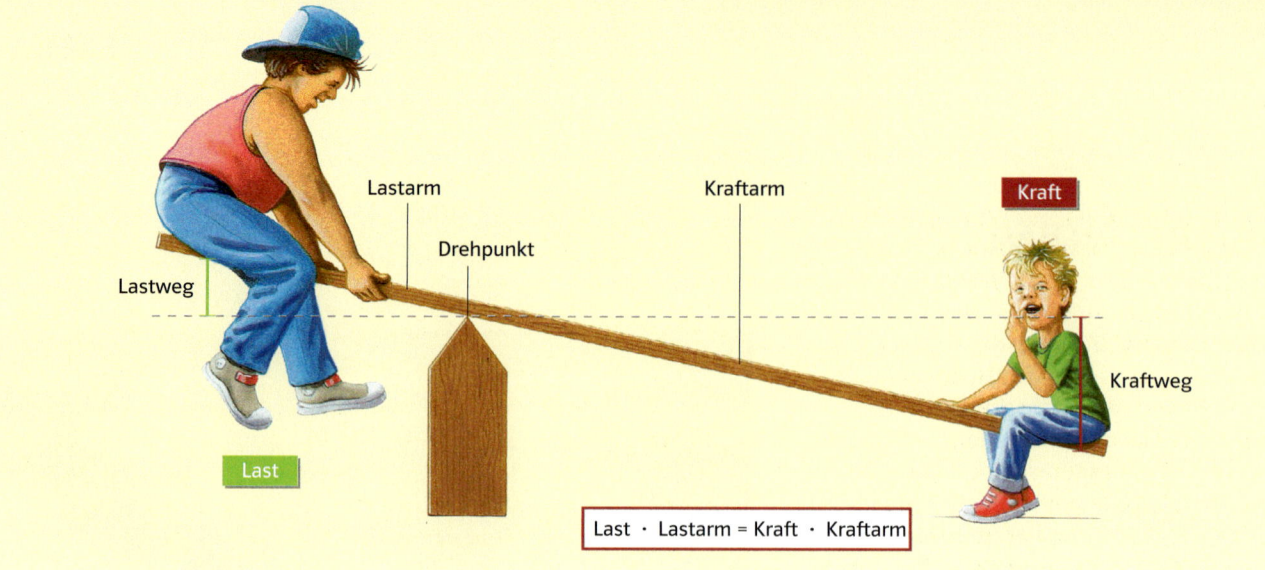

Labels on figure: Lastarm, Kraftarm, Kraft, Drehpunkt, Lastweg, Kraftweg, Last

Last · Lastarm = Kraft · Kraftarm

1 Auf die richtige Platzierung kommt es an.

Der Hebel – ein praktischer Helfer

Auf der Wippe

Fast auf jedem Spielplatz befindet sich eine Wippe. Kinder sitzen an je einem Ende der Wippe und können miteinander schaukeln.

Physikalisch betrachtet ist eine Wippe ein **Hebel**. Jeder Hebel hat einen **Drehpunkt**. Alle Griffe oder Stangen, die drehbar gelagert sind, bezeichnet man als Hebel.

Bei der Wippe gibt es links und rechts vom Drehpunkt einen **Hebelarm**. Die Wippe ist deshalb ein **zweiseitiger Hebel**.

Gleichgewicht an der Wippe

Eine Wippe ist im Gleichgewicht, wenn auf beiden Seiten in gleicher Entfernung vom Drehpunkt gleich schwere Kinder sitzen. Aber auch wenn die Kinder unterschiedlich schwer sind, kann man die Wippe ins Gleichgewicht bringen. Das hast du sicher schon einmal ausprobiert: Das schwerere Kind rutscht einfach näher an den Drehpunkt heran (▷ B 4).

Der Hebel als Kraftwandler

Auf einer Wippe hast du bestimmt schon beobachtet, dass ein kleiner Junge einen großen Jungen anheben kann (▷ B 1). Wie funktioniert das? Mit ihrem Gewicht üben die Kinder auf der Wippe eine Kraft nach unten aus. Der kleinere und leichtere Junge übt mit seinem Körpergewicht weniger Kraft aus als der große Junge. Der kleinere Junge sitzt aber weiter vom Drehpunkt weg. Deshalb kann der kleine Junge den großen Jungen anheben.

Hebel können also Kräfte verändern. Man sagt deshalb auch: Hebel sind **Kraftwandler**. Am Beispiel des kleinen Jungen erkennst du: Mit einem Hebel kann Kraft gespart werden. Je länger ein Hebelarm wird, desto kleiner wird der Kraftaufwand.

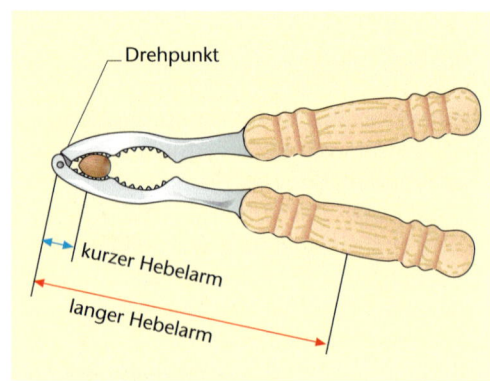

Labels: Drehpunkt, kurzer Hebelarm, langer Hebelarm

2 Der Nussknacker ist ein Hebel.

Eine harte Nuss ist zu knacken

Willst du eine Nuss zerdrücken, reicht deine Muskelkraft alleine nicht aus. Du brauchst ein geeignetes Werkzeug dazu. Am besten eignet sich ein Nussknacker. Beim Nussknacker befindet sich der Drehpunkt ganz am Ende des Hebels (▷ B 2). Es gibt einen kurzen und einen langen Hebelarm beim Nussknacker.

Der einseitige Hebel

Befinden sich die beiden Hebelarme auf derselben Seite vom Drehpunkt, so spricht man von einem **einseitigen Hebel**. Beispiele für einen einseitigen Hebel sind der Nussknacker und die Schubkarre (▷ B 3).

Anwendung von Hebeln

Bei vielen Werkzeugen wird die Kraftwandlung von Hebeln ausgenutzt. Der Schraubenschlüssel und die Kneifzange sind Beispiele für Werkzeuge mit Hebeln. Durch eine Verlängerung des Griffs wird der Kraftaufwand für den Handwerker geringer.

Ein Hebel besteht aus einem Drehpunkt und zwei Hebelarmen. Es gibt einseitige und zweiseitige Hebel.

Mit einem Hebel kann Kraft gespart werden. Je länger ein Hebelarm wird, desto kleiner wird der Kraftaufwand.

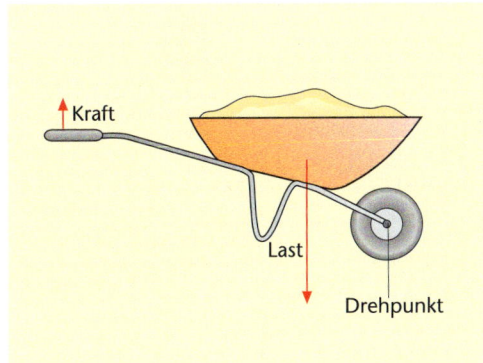

3 Schubkarren erleichtern den Transport schwerer Lasten.

4 Eine Wippe im Gleichgewicht

AUFGABEN

1 ○ Nenne Werkzeuge und Geräte, bei denen es Hebel gibt.

2 ○ Nenne die Bestandteile eines Hebels.

3 ◑ Kneifzange, Schubkarre, Nussknacker und Schraubenschlüssel sind Beispiele für Hebel. Handelt es sich jeweils um einen einseitigen oder zweiseitigen Hebel? Begründe deine Entscheidung.

4 ◑ Beurteile, ob ein Flaschenöffner ein Hebel ist.

5 ● Schrauben werden mit einem Schraubenschlüssel gelöst. Sitzt eine Schraube besonders fest, dann hilft ein Eisenrohr. Erstelle eine Skizze dazu und erkläre die Handhabung.

VERSUCH

1 a) Baue mit einem Bleistift und einem Lineal eine Wippe nach. Lege auf die eine Seite des Lineals immer die doppelte Anzahl von Münzen als auf die andere Seite. Bringe durch Verschieben der Münzen den Hebel in das Gleichgewicht.
b) Notiere in einer Tabelle die Anzahl der Münzen und den Abstand zum Drehpunkt auf der linken und der rechten Seite des Lineals.
c) Formuliere dein Versuchsergebnis mit Je-desto-Sätzen.
d) „Je länger der Hebelarm, desto kleiner ist der Kraftaufwand." Überprüfe mit Lineal und Münzen, ob diese Aussage stimmt.

Rolle und Flaschenzug

Seil und Rolle

Der Raum unter dem Dach wurde früher häufig als Lagerraum genutzt. Das Hochtragen der Gegenstände über die Treppe war aber oft sehr mühsam. Ein „Aufzug" brachte Erleichterung. Der „Aufzug" von damals sah allerdings anders aus als die Aufzüge, die du heute kennst: Unter dem Dach ragte ein dicker Balken hervor. Daran war eine Rolle mit einem Seil befestigt (▷ B 2). Wenn das Seil nach unten gezogen wurde, dann konnten die Gegenstände am anderen Seilende nach oben gehoben werden (▷ B 1b).

Zwar spart man mit einer solchen Konstruktion keine Kraft, aber es ist für uns angenehmer, ein Seil nach unten zu ziehen, als eine Last nach oben zu tragen.

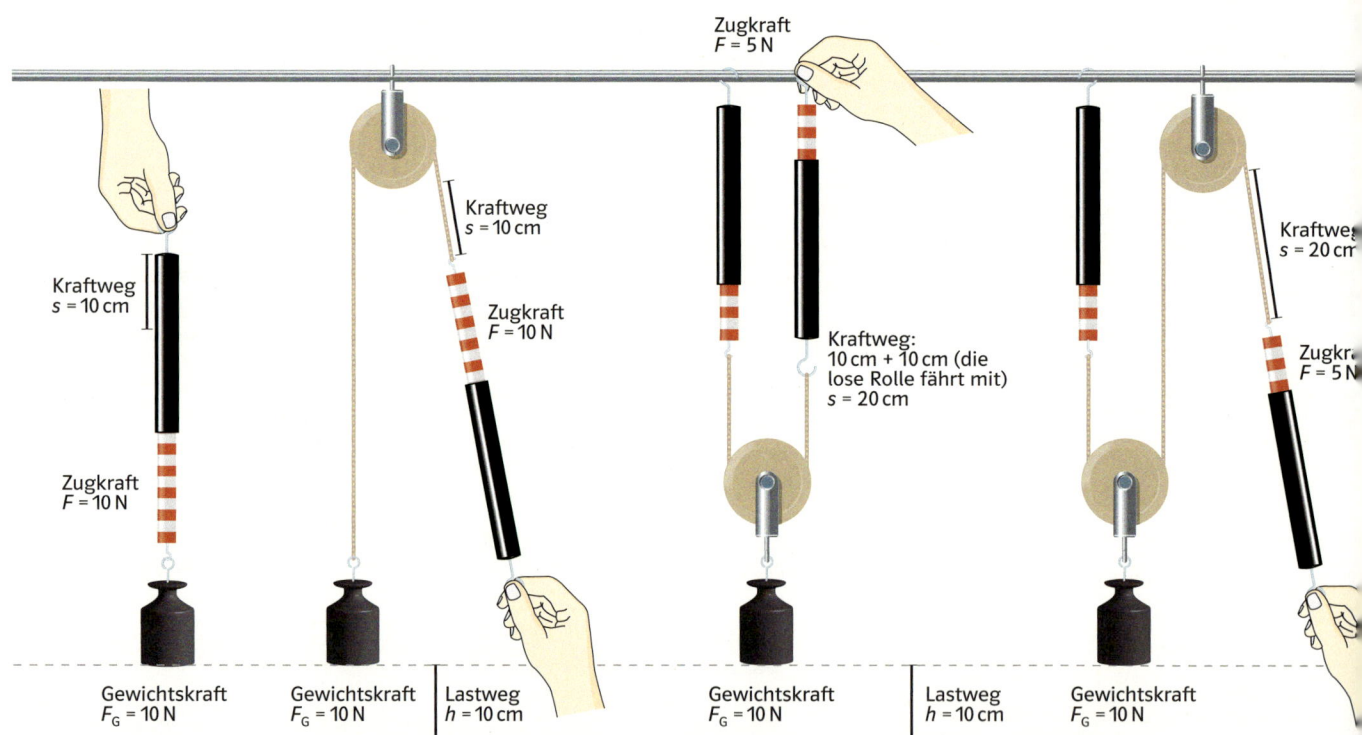

a) Hier ist die Zugkraft gleich der Gewichtskraft.

b) Eine feste Rolle ist praktisch, denn eine feste Rolle ändert die Richtung einer Kraft. Die Zugkraft ist aber immer genauso groß wie die Gewichtskraft. Der Kraftweg ist genauso lang wie der Lastweg.

c) Bei einer losen Rolle ist die Zugkraft nur noch halb so groß wie die Gewichtskraft. Man spart also Kraft. Dafür verdoppelt sich der Kraftweg.

d) Eine Kombination aus einer festen Rolle und einer losen Rolle spart auch die Hälfte der Zugkraft. Jetzt kann man aber nach unten ziehen.

1 Feste Rollen, lose Rollen und Flaschenzüge

Es gibt allerdings auch Konstruktionen, mit denen man Kraft sparen kann.

Lose Rollen und Flaschenzüge

Bei den Rollen gibt es außer festen Rollen (▷ B1b) auch lose Rollen (▷ B1c).
In Bild 1 siehst du: Mit losen Rollen kann man Kraft sparen.
Eine Kombination aus festen und losen Rollen nennt man Flaschenzug (▷ B1d, B1e). Mit Flaschenzügen kann man Kraft sparen. Dafür muss man aber einen entsprechend längeren Weg zurücklegen.

2 Feste Rolle an einer Hauswand: Es wird zwar keine Kraft gespart, aber die Richtung der Kraft wird geändert. Das ist praktisch.

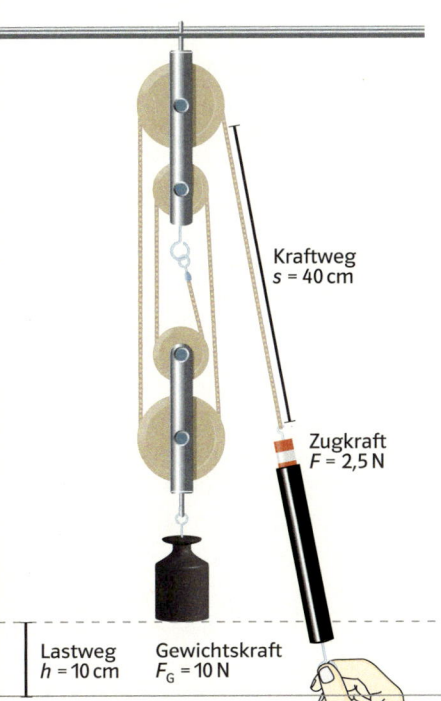

e) Kombinationen aus losen Rollen und festen Rollen nennt man Flaschenzüge. Hier siehst du einen Flaschenzug aus zwei losen und zwei festen Rollen. Hier beträgt die Zugkraft nur noch ein Viertel der Gewichtskraft. Der Kraftweg ist dafür viermal so lang.

Kraftweg
$s = 40\,cm$

Zugkraft
$F = 2{,}5\,N$

Lastweg
$h = 10\,cm$

Gewichtskraft
$F_G = 10\,N$

AUFGABEN

1 ◓ Erkläre den Unterschied zwischen einer festen und einer losen Rolle.

2 ◓ Erkläre, was ein Flaschenzug ist.

3 ◓ Formuliere zwei Je-desto-Sätze für den Flaschenzug.

4 ● Skizziere einen Flaschenzug mit drei festen und drei losen Rollen.

5 ● Beschreibe drei Beispiele aus dem Alltag, bei denen Flaschenzüge eingesetzt werden.

6 ● Woher hat der Flaschenzug seinen Namen? Recherchiere.

7 ● Entwickle einen Flaschenzug, bei dem die Zugkraft nur ein Drittel der Gewichtskraft des Gegenstands beträgt.

VERSUCHE

1 Baue die Versuche aus Bild 1a – 1e einzeln nach. Verwende wie in Bild 1 ein Massestück von 1 Kilogramm (also mit einer Gewichtskraft von 10 Newton). Notiere Gewichtskraft, Zugkraft, Lastweg und Kraftweg in einer Tabelle.

2 Baue erneut die Versuche 1a – 1e einzeln nach. Verwende nun aber ein Massestück von 500 g. Notiere die neuen Ergebnisse in einer Tabelle.

1 Hier wird physikalische Arbeit verrichtet.

2 Hier wird keine physikalische Arbeit verrichtet.

Physikalische Arbeit

Was ist physikalische Arbeit?

Um das Flugzeug in Bild 1 mit Muskelkraft bewegen zu können, müssen die Männer kräftig arbeiten. Aber was versteht man eigentlich unter einer physikalischen Arbeit?

Physikalische Arbeit wird immer dann verrichtet, wenn auf einen Körper eine Kraft ausgeübt wird und sich der Körper in Kraftrichtung bewegt. So geschieht das auch bei dem Flugzeug: Die Männer ziehen mit ihrer Muskelkraft nach vorne. Das Flugzeug rollt in Kraftrichtung, also nach vorne. Deshalb kann man sagen: Die Männer in Bild 1 verrichten eine physikalische Arbeit.

Arbeit oder keine Arbeit?

Wenn Stefan im Supermarkt mit einem Kasten Wasser in den Händen vor der Kasse in der Schlange steht, dann verrichtet er keine physikalische Arbeit. Warum ist das so? Stefan bringt zwar Kraft zum Halten des Kastens auf, aber er legt keinen Weg zurück. Ohne Bewegung verrichtet Stefan keine physikalische Arbeit.
Aber auch wenn sich Stefan vorwärts bewegt, verrichtet er noch keine physikalische Arbeit. Woran liegt das? Stefan bewegt sich nach vorne. Die Gewichtskraft des Kastens wirkt aber nach unten. Nur die Kraft, die in Bewegungsrichtung wirkt, ist für die physikalische Arbeit von Bedeutung.

Wann verrichtet Stefan nun physikalische Arbeit? Wenn Stefan den Kasten Wasser hochhebt, dann verrichtet er physikalische Arbeit. Die Kraft und die Bewegung zeigen dann nämlich in die gleiche Richtung. Denn nur die Kraft, die in die Bewegungsrichtung wirkt, ist für die physikalische Arbeit von Bedeutung.

Damit eine physikalische Arbeit verrichtet wird, müssen zwei Bedingungen erfüllt sein: Auf einen Körper wird eine Kraft ausgeübt und der Körper bewegt sich in die Kraftrichtung.

AUFGABEN

1 ○ Beschreibe, was man unter einer physikalischen Arbeit versteht.

2 ◓ Begründe, warum die Männer in Bild 1 physikalische Arbeit verrichten.

3 ● Vera hat viele Schulbuchseiten gelesen. Sie versteht nicht, warum sie dabei keine physikalische Arbeit verrichtet hat. Erkläre.

Physikalische Arbeit berechnen

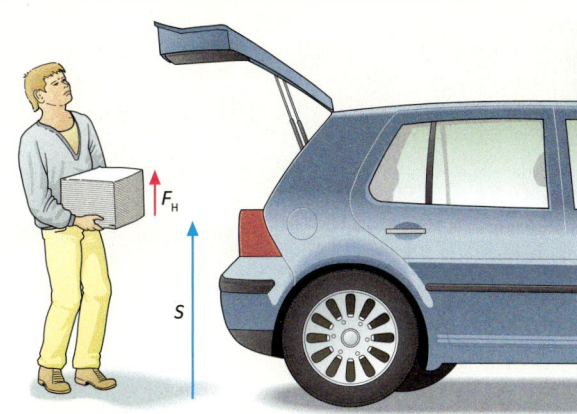

1 Hubarbeit

2 Ein Kran verrichtet Hubarbeit.

Berechnung der physikalischen Arbeit

Die physikalische Arbeit kannst du berechnen, indem du die Kraft F mit dem in Kraftrichtung zurückgelegten Weg s multiplizierst. Die physikalische Arbeit hat das Formelzeichen W.

Arbeit = Kraft · Weg

$W = F \cdot s$

Einheit der physikalischen Arbeit

Die Einheit der Kraft F ist das Newton (N) und die Einheit des Wegs s ist das Meter (m). Die Einheit der Arbeit ist daher das Produkt aus diesen beiden Einheiten, das Newtonmeter (Nm). Für das Newtonmeter wird auch die Einheit Joule (J) verwendet. Sie wurde nach dem englischen Physiker JAMES PRESCOTT JOULE (1818–1889) benannt.

1 Newtonmeter = 1 Joule

$1\,\text{Nm} = 1\,\text{J}$

$1\,000\,\text{J} = 1\,\text{kJ}$

Hubarbeit

In Bild 1 siehst du, wie der Junge das Zeitungsbündel in den Kofferraum hebt. Er muss eine Kraft aufwenden, um die Zeitungen hochzuheben. Diese Kraft wird Hubkraft F_H genannt. Die Hubkraft F_H entspricht der Gewichtskraft F_G des Zeitungsbündels.

Berechnung der Hubarbeit

Die Größe der Hubarbeit hängt von der Hubkraft und der zurückgelegten Höhe ab.

Hubarbeit = Hubkraft · Höhe

$W_H = F_H \cdot s$

AUFGABEN

1 ⬤ Das Zeitungsbündel hat eine Gewichtskraft von 100 Newton. Der Junge hebt das Bündel 1,5 Meter hoch. Berechne, welche physikalische Hubarbeit der Junge verrichtet.

2 ⬤ Der Kran in Bild 2 hebt einen Gegenstand hoch, der eine Gewichtskraft von 300 Newton hat. Der Kran hebt den Gegenstand 10 Meter hoch. Berechne, welche Hubarbeit der Kran verrichtet.

3 ⬤ Der Kran in Bild 2 hebt einen Gegenstand 50 Meter hoch. Der Gegenstand hat eine Masse von 20 Kilogramm. Berechne die Hubarbeit, die der Kran verrichtet.

1 Stabhochspringer

2 Das Auto wird beschleunigt.

Überall Energie

Energie und Arbeit

Ein Hochspringer geht an den Start. Er nimmt Anlauf und springt in die Höhe (▷ B 1). Er braucht Energie, um über das Hindernis zu springen. Diese Energie hat er über die Nahrung aufgenommen. Mithilfe dieser Energie kann er jetzt arbeiten. Er hebt beim Sprung seinen Körper an und verrichtet Hubarbeit. Dabei gewinnt er an Höhe und kann so das Hindernis überwinden.

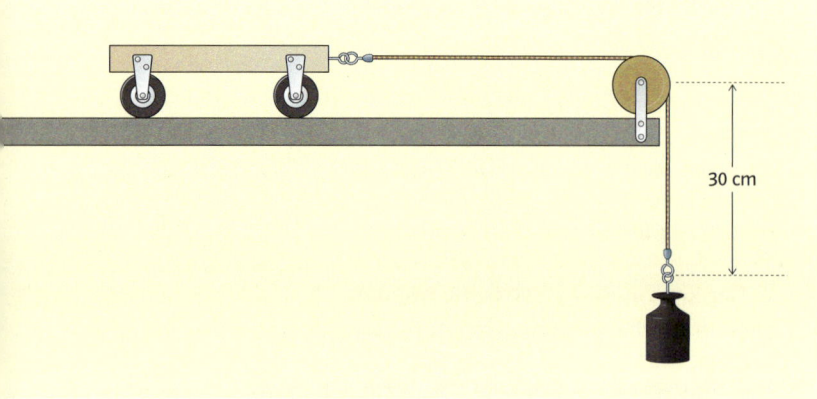

3 Das Massestück beschleunigt den Wagen.

30 cm

Wird ein Auto beschleunigt (▷ B 2), so wird an ihm **Beschleunigungsarbeit** verrichtet. Die dafür benötige Energie steckt im Treibstoff.
Energie ist demnach die Fähigkeit eines Körpers, Arbeit zu verrichten.
(► Energie, S. 138 – 141)

Masse kann arbeiten

Ein Experimentierwagen ist über ein Seil und eine Umlenkrolle mit einem Massestück verbunden (▷ B 3). Das Massestück bewegt sich nach unten und beschleunigt den Wagen. Woher hat das Massestück die Energie, um den Wagen zu beschleunigen? Wenn das Massestück eine Höhe hat, dann hat es Energie. Man nennt diese Energie **Höhenenergie**. Mit dieser Höhenenergie kann das Massestück Arbeit verrichten, z. B. Beschleunigungsarbeit.
Das Massestück kann solange Arbeit verrichten, bis es am Boden ankommt. Wenn das Massestück danach wieder hochgehoben wird, dann hat es erneut Höhenenergie und kann erneut Arbeit verrichten.

4 Der Wind treibt das Segelboot an.

5 Die Bewegungsenergie des Wassers treibt die Turbine an.

Der Wind als Energielieferant

Wind ist nichts anderes als bewegte Luft. Der Wind hat **Bewegungsenergie** und kann z.B. ein Segelschiff antreiben (▷ B 4). Der Motor für den Antrieb kann abgeschaltet werden. Das spart Treibstoff.

Bewegungsenergie des Wassers

An vielen Flüssen siehst du Wasserkraftwerke (▷ B 5). Das Wasser ist in Bewegung und hat Energie. Die Turbinen werden durch die Strömung des Wassers angetrieben. Die Turbinen sind an Generatoren angeschlossen. Die Kraftwerke versorgen Haushalte und Betriebe mit elektrischer Energie.

6 Das geröstete Brot wird ausgeworfen.

Spannenergie

Die Energie einer gespannten Feder, z.B. bei einem Sonnenschirm, nennt man **Spannenergie**. Auf Knopfdruck kann die Spannenergie genutzt werden, um den Schirm aufzuspannen.

Wenn ein Körper Energie hat, dann kann er physikalische Arbeit verrichten.

AUFGABEN

1 ○ Nenne drei Energieformen, die im Text genannt werden.

2 ○ Ergänze folgenden Satz: „Energie ist die Fähigkeit eines Körpers, ..."

3 ◐ Beschreibe Beispiele aus deinem Alltag, bei denen mithilfe von Energie physikalische Arbeit verrichtet wird.

4 ◐ In einem Toaster befindet sich unter anderem eine Feder. Nach dem Bräunungsvorgang wird das Brot nach oben befördert (▷ B 6). Erkläre die Funktion der Feder mithilfe des Begriffs „Spannenergie".

5 ◐ Eine alte Kuckucksuhr hat keine Batterie. Erkläre, woher diese Uhr die Energie für den Antrieb bekommt.

6 ● Recherchiere, was man im Zusammenhang mit der Energieversorgung unter „Nachhaltigkeit" versteht.

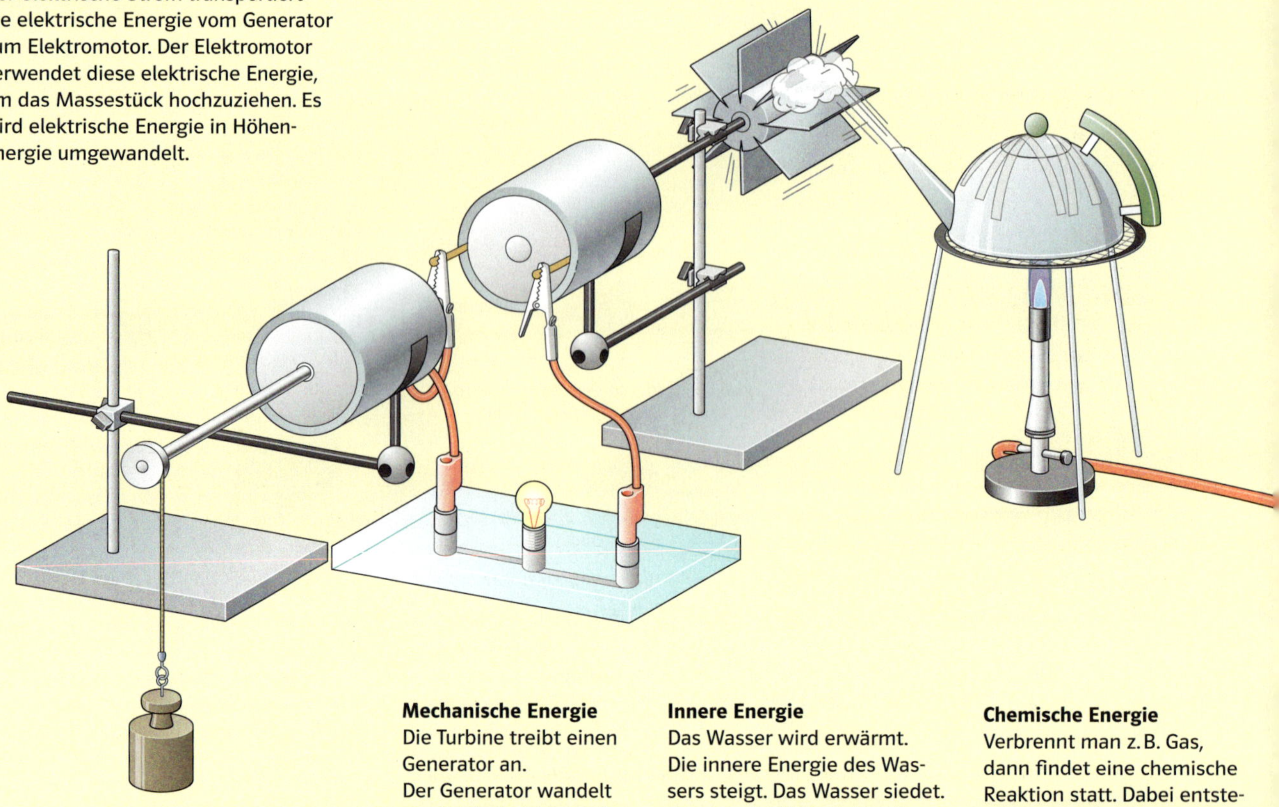

Elektrische Energie
Der elektrische Strom transportiert die elektrische Energie vom Generator zum Elektromotor. Der Elektromotor verwendet diese elektrische Energie, um das Massestück hochzuziehen. Es wird elektrische Energie in Höhenenergie umgewandelt.

Mechanische Energie
Die Turbine treibt einen Generator an.
Der Generator wandelt mechanische Energie in elektrische Energie um.

Innere Energie
Das Wasser wird erwärmt. Die innere Energie des Wassers steigt. Das Wasser siedet. Es entsteht Wasserdampf. Dieser treibt eine Turbine an.

Chemische Energie
Verbrennt man z. B. Gas, dann findet eine chemische Reaktion statt. Dabei entstehen neue Stoffe, dabei wird aber auch Wärme frei.

1 Verschiedene Energieformen

Energieformen – Umwandlungen

Verschiedene Energieformen
Energie kommt in verschiedenen Formen vor. In Bild 1 kannst du einige erkennen: chemische Energie, innere Energie, mechanische Energie und elektrische Energie. In Bild 2 sind es Höhenenergie und Bewegungsenergie.

Mit Schwung nach oben
Inlineskaten und Skateboardfahren auf der Half-Pipe ist bei Jugendlichen sehr beliebt (▷ B 2). Immer wieder wird auf der Bahn hin und her geskatet und verschiedene Figuren werden dabei ausprobiert.

Was hat das mit Energie zu tun?
Betrachte einen Skater auf seiner Bahn von links nach rechts (▷ B 2). Er stößt sich links ab und fährt rechts wieder hinauf. Dabei sind zwei Energieformen beteiligt: Höhenenergie und Bewegungsenergie. Auf der Half-Pipe wandeln sich Höhenenergie und Bewegungsenergie ineinander um. Dies nennt man eine **Energieumwandlung**.

Energieerhaltung
Bei allen Energieumwandlungen wird ein Teil der Energie als Wärme frei und wird zur inneren Energie der Umgebung. Dabei

wird aber keine Energie „verbraucht". Die Menge an Energie ist vor und nach der Umwandlung gleich. Dies ist der **Energieerhaltungssatz**.

Energieentwertung
Allerdings können wir die innere Energie der Umgebung nicht mehr nutzen. Dies nennt man **Energieentwertung**. Man sagt auch: Die Energie wurde entwertet.
(► Energie, S. 138 – 141)
(► System, S. 142/143)

Es gibt verschiedene Energieformen. Energie kann von einer Form in eine andere Form umgewandelt werden. Dies nennt man eine Energieumwandlung.

Energie kann nie verloren gehen. Dies bezeichnet man als Energieerhaltung.

Allerdings kann die Energie in einer Form vorliegen, die wir nicht mehr nutzen können. Dies bezeichnet man als Energieentwertung.

AUFGABEN

1 ○ Zähle fünf verschiedene Energieformen auf.

2 ○ Beschreibe die Energieumwandlungen auf einer Half-Pipe.

3 ◒ Beschreibe am Beispiel des Skaters auf der Half-Pipe (▷ B 2) den Energieerhaltungssatz.

4 ◒ Erkläre die Begriffe Energieerhaltung und Energieentwertung.

5 ◒ Beim Inlineskaten auf der Half-Pipe wandeln sich Höhenenergie und Bewegungsenergie ineinander um. Würde sich der Skater am oberen Rand nicht immer leicht abstoßen, würde er nicht mehr ganz den anderen oberen Rand erreichen. Erkläre diesen Sachverhalt.

6 ● Vergleiche und bewerte, welche genannte Energieform in deinem Alltag die größte Bedeutung hat.

7 ● Bild 1 zeigt das Modell eines Wärmekraftwerks. Beschreibe, wie ein Wärmekraftwerk elektrische Energie bereitstellt.

8 ● Recherchiere, wie Erdöl, Erdgas und Kohle entstanden sind.

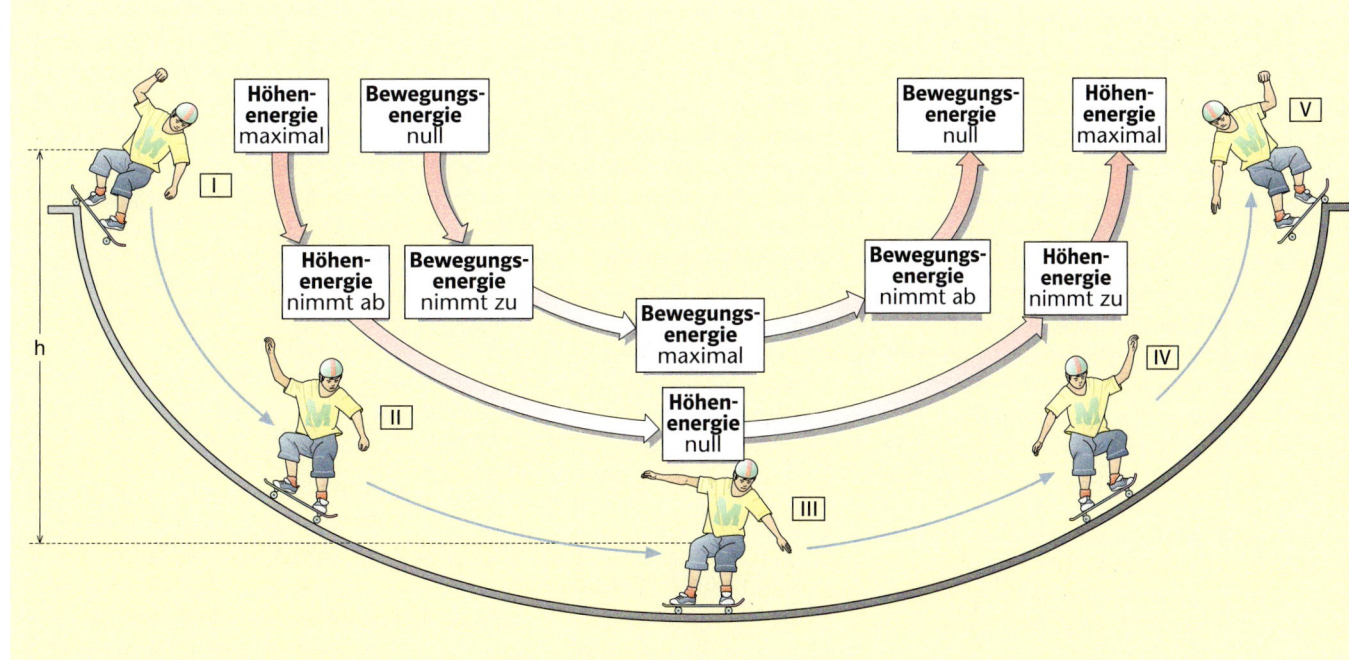

2 Energieumwandlung beim Skaten

1
2
3
4

Energieformen

Bewegungsenergie (▷ B 1)
Ein Laufwasserkraftwerk nutzt die Bewegungsenergie einer Wasserströmung aus. Die Wasserströmung treibt die Turbinen des Kraftwerks an. Das fließende Wasser gibt dabei seine Bewegungsenergie an die Turbinen ab. In den Turbinen bewegen sich dann Turbinenschaufeln.
An die Turbinen sind häufig Generatoren angeschlossen. Die Generatoren wandeln die Bewegungsenergie in elektrische Energie um.

Chemische Energie (▷ B 2)
In vielen Stoffen ist chemische Energie gespeichert. Zum Beispiel ist in Kohle, Erdöl und Erdgas chemische Energie gespeichert. Wenn wir Kohle, Erdöl oder Erdgas verbrennen, dann wird die chemische Energie frei und wir können sie nutzen. Dies nutzen wir z. B. beim Gasherd aus.

Auch in Lebensmitteln ist chemische Energie vorhanden. Mit Lebensmitteln können wir unseren Körper mit der Energie versorgen, die er benötigt.

Elektrische Energie (▷ B 3)
Eine Lampe gibt Licht und Wärme ab. Ein elektrisch angetriebener Motor zieht eine Last nach oben. Bei beiden Beispielen kommt die benötigte Energie von einer Spannungsquelle. Der elektrische Strom transportiert die Energie von der Spannungsquelle zur Lampe oder zum Motor. Dort gibt der elektrische Strom seine elektrische Energie ab. Die Lampe und der Motor nutzen diese elektrische Energie zum Leuchten und Heizen oder zum Hochheben von Gegenständen.
Verschiedene Lampen nutzen die bereitgestellte elektrische Energie unterschiedlich gut aus.

Glühlampen können nur einen Teil der bereitgestellten elektrischen Energie für das Leuchten nutzen. Der Rest wird als Wärme frei, was nicht erwünscht ist. Eine Energiesparlampe hingegen nutzt die bereitgestellte elektrische Energie viel besser aus: Bei der Energiesparlampe wird ein größerer Teil der elektrischen Energie für das Leuchten genutzt. Mit Energiesparlampen kann man daher elektrische Energie sparen.

Höhenenergie (▷ B 4)
Früher kannte man noch keine Uhren, die mit Batterien angetrieben wurden. Damals verwendete man hauptsächlich Standuhren oder Kuckucksuhren. Bei solchen Uhren zieht man Gewichte über eine Kette nach oben. Die Zahnräder der Uhr werden dann durch die Gewichte angetrieben, die dabei langsam zu Boden sinken. Die

Gewichte haben beim Hochziehen Höhenenergie gewonnen, die dann an die Uhr abgegeben wird.

Innere Energie (▷ B 5)

Alle Körper bestehen aus kleinsten Teilchen. Die kleinsten Teilchen sind in ständiger Bewegung. Die Bewegung der kleinsten Teilchen hängt mit der inneren Energie eines Körpers zusammen: Je stärker die Bewegung der Teilchen ist, desto größer ist die innere Energie des Körpers.

Wird beispielsweise Wasser auf einem Herd langsam erwärmt, dann bewegen sich die Wasserteilchen stärker. Dadurch wird die innere Energie größer. Damit steigt auch die Temperatur des Wassers. Wenn die Bewegung der kleinsten Teilchen hingegen schwächer wird, dann wird die innere Energie des Wassers kleiner. Damit fällt die Temperatur des Wassers. Wenn man das Wasser immer weiter abkühlt, dann bewegen sich die Teilchen so wenig, dass das flüssige Wasser zum festen Eis wird.

Kernenergie (▷ B 6)

All die Dinge um uns herum sind aus Atomen aufgebaut. Die Atome selbst kann man auch genauer untersuchen.

Dabei haben Forscher herausgefunden, dass die Atome selbst wie folgt aufgebaut sind: Atome bestehen aus einer großen sogenannten Hülle und einem kleinen Atomkern. Obwohl der Atomkern so klein ist, steckt enorm viel Energie im Atomkern. Die im Atomkern enthaltene Energie nennt man Kernenergie. Die Kernenergie kann man in Kernkraftwerken nutzen. Die Kernenergie kann allerdings auch für Atombomben verwendet werden.

Im Alltag sagt man zur Kernenergie häufig auch Atomenergie. Kernkraftwerke werden im Alltag auch häufig als Atomkraftwerke bezeichnet.

Lichtenergie (▷ B 7)

Das Licht verfügt ebenfalls über Energie. Diese bezeichnet man als Lichtenergie. Von der Sonne kommt viel Lichtenergie zu uns. Diese Lichtenergie können wir heutzutage technisch nutzen: Solarzellen wandeln die Lichtenergie in elektrische Energie um. Du findest Solarzellen auf vielen Hausdächern oder an elektrisch betriebenen Geräten. Beispiele sind ein Parkscheinautomat oder ein Taschenrechner.

Spannenergie (▷ B 8)

Die Energie einer gespannten Feder nennt man Spannenergie. Die Spannenergie nutzen wir zum Beispiel bei der Feder eines Kugelschreibers. Ein anderes Beispiel ist die Feder einer Aufziehuhr: Wenn man die Uhr aufzieht, dann speichert die Feder Spannenergie. Diese Energie gibt die Feder langsam an die Uhr ab. So kann die Uhr laufen. Wenn die Spannenergie der Feder aufgebraucht ist, bleibt die Uhr stehen. Dann musst du die Uhr wieder aufziehen.

1 Dachdecker

2 Zimmermann

Berufe zum Thema Mechanik

Fit wie ein Turnschuh

Alisha hat sich als **Dachdeckerin** beworben. Sie wird zum Bewerbungsgespräch eingeladen und der Meister ist begeistert. Alisha ist sportlich, tritt freundlich und bestimmt auf und hat sich gut über die Firma informiert.

Bei vielen handwerklichen Berufen wird körperliche Leistungsfähigkeit vorausgesetzt. Sie verlangen Kraft, Beweglichkeit, Ausdauer und Geschick. Deshalb ist es wichtig, gesund zu leben und fit zu bleiben.

Hoch hinauf

Alisha hat es geschafft und muss jetzt nur noch einen Gesundheitstest bestehen. Sie wird in den kommenden drei Jahren verschiedene Dachvarianten wie Turm-, Sattel- oder Flachdächer kennenlernen und mit unterschiedlichen Materialien wie Ziegeln, Schiefer und Holz arbeiten. Dazu muss sie sich auch noch in Dachentwässerung, Schornsteinbau, Architektur, Hebetechnik und Denkmalschutz auskennen. Als Dachdeckerin muss sie im Team arbeiten können sowie pünktlich und zuverlässig sein.

Handwerker in schicker Kleidung

Andreas arbeitet gerne mit Holz und möchte **Zimmermann** werden. Zimmermänner bauen Dachstühle, sanieren aber auch Fachwerkhäuser. Von Andreas wird deshalb technisches Verständnis, handwerkliches Geschick und auch ein gutes räumliches Vorstellungsvermögen erwartet. Für seine Bewerbung waren die guten Noten in Mathematik und Physik wichtig. Er lernt, mit Hammer, Säge und Zollstock, aber auch mit modernen Computerprogrammen umzugehen.

3 Kfz-Mechatroniker

Klempner

Hagen möchte **Anlagenmechaniker für Sanitär-, Heizungs- und Klimatechnik** werden. Dann ist er später der Fachmann für solche Notfälle. Von ihm wird viel handwerkliches Geschick erwartet, aber oft auch eine pfiffige Idee, um ein Problem zu lösen. In seiner Ausbildung lernt Hagen, wie Versorgungsleitungen und Heizungsanlagen in Gebäuden installiert werden. Er wird Rohre und Leitungen verlegen, aber auch Regenrinnen und Kaminhauben anbringen. Neben den handwerklichen Tätigkeiten muss er auch moderne computergesteuerte Biege- und Schneidemaschinen bedienen können.

Mechatronik – Mechanik und Elektronik

Kristin interessiert sich sehr für Technik und bastelt oft an ihrem Fahrrad. Sie kann aber auch gut mit dem Computer umgehen. Ihr Wunsch ist es, **Mechatronikerin** zu werden. In diesem Beruf wird sie mechanische, elektrische und elektronische Komponenten zu komplexen Systemen zusammenbauen. Sie wird Steuerungssoftware installieren sowie Maschinen und Anlagen instand halten.

Für diese Aufgaben werden technisches Verständnis und handwerkliches Geschick gebraucht. Mechatroniker arbeiten z. B. in Werkstätten oder in Betrieben des Schienen-, Luft- und Fahrzeugbaus. Sie arbeiten auch bei Herstellern von Windenergie-Anlagen oder von elektrischen Anlagen.

4 Klempner

5 Eine Klimaanlage wird gewartet.

Für den Beruf des Mechatronikers gibt es viele Spezialisierungen. Kristin möchte Mechatronikerin für Kältetechnik werden. Sie kann dann in Krankenhäusern, Supermärkten oder Hotels arbeiten.

Bei vielen handwerklichen Berufen wird körperliche Leistungsfähigkeit vorausgesetzt. Aber technisches Geschick ist auch sehr wichtig.

AUFGABEN

1 ○ Zähle die Berufe auf, die auf dieser Seite genannt werden.

2 ○ Zähle drei Berufe auf, die beim Bau eines Hauses benötigt werden.

3 ○ Nenne sechs Voraussetzungen, die in vielen handwerklichen Berufen nötig sind.

4 In der Berufsbezeichnung „Mechatroniker" sind zwei Begriffe verborgen.
a) Finde diese heraus. Falls du nicht weiterweißt: Lies noch einmal genau den Text-Abschnitt zum Mechatroniker durch oder recherchiere im Internet.
b) Begründe die Berufsbezeichnung „Mechatroniker" an einem Beispiel.

5 ● Erkundige dich über Möglichkeiten, ein Studium nach einer erfolgreichen Ausbildung zum Mechatroniker aufzunehmen.

Zusammenfassung

Bewegungen

Betrachtet man die Geschwindigkeit bei verschiedenen Bewegungen, dann kann man drei Bewegungsarten unterscheiden: die gleichförmige Bewegung, die beschleunigte Bewegung und die verzögerte Bewegung.

Die Geschwindigkeit

Die Geschwindigkeit gibt an, welchen Weg ein Körper in einer bestimmten Zeit zurücklegt.
Formelzeichen: v
Einheit: m/s oder km/h
Berechnung:

$$\text{Geschwindigkeit} = \frac{\text{Weg}}{\text{Zeit}}$$

Diagramme

Bewegungen kann man in Diagrammen grafisch darstellen.
Im Zeit-Weg-Diagramm wird der Zusammenhang zwischen den Größen Zeit und Weg dargestellt (▷ B 1).

Kraft

Kräfte kann man an ihren Wirkungen erkennen: Kräfte können die Form oder die Bewegung eines Körpers verändern.
Formelzeichen: F
Einheit: Newton (N)

Gewichtskraft und Masse

Die Gewichtskraft F_G gibt an, wie stark ein Körper von der Erde oder einem anderen Himmelskörper angezogen wird. Die Gewichtskraft hängt vom Ort ab. Man sagt: Die Gewichtskraft ist ortsabhängig.
Die Masse m eines Körpers hingegen bleibt immer gleich. Man sagt: Die Masse ist ortsunabhängig.

Hooke'sches Gesetz

Wenn die Kraft an einer Feder doppelt (3-fach, 4-fach, ...) so groß wird, dann ist die Verlängerung der Feder auch doppelt (3-fach, 4-fach, ...) so groß.

Trägheit

Körper möchten in Ruhe verbleiben oder ihre gleichförmige Bewegung beibehalten. Diese Eigenschaft von Körpern nennt man Trägheit.

Energieformen

Es gibt viele verschiedene Energieformen. Beispiele für Energieformen sind: Höhenenergie, Bewegungsenergie, Spannenergie, elektrische Energie, innere Energie, Lichtenergie.

Energieerhaltungssatz

Bei Energieumwandlungen wird eine Energieform in andere Energieformen umgewandelt. Bei Energieumwandlungen geht keine Energie verloren. Dies ist der Energieerhaltungssatz.

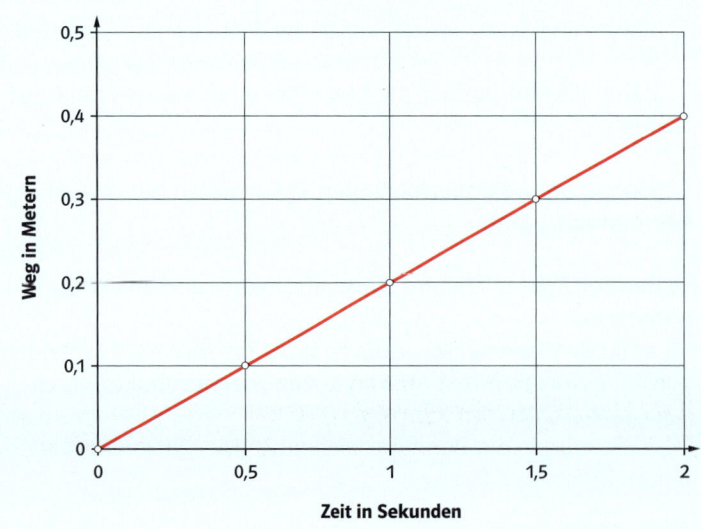

1 Zeit-Weg-Diagramm einer gleichförmigen Bewegung

AUFGABEN

1 ○ Zähle die unterschiedlichen Bewegungsarten auf.

👍 Super! ❓ ► S. 40/41

2 ○ Ergänze folgende Sätze:
a) In je kürzerer Zeit ein Körper eine bestimmte Strecke zurücklegt, desto höher ist seine …
b) Je höher die Geschwindigkeit ist, desto mehr … legt ein Körper pro Zeit zurück.

👍 Super! ❓ ► S. 42

3 ○ Leas neues Rennrad wiegt 10 kg. Gib die Gewichtskraft des Rennrads an.

👍 Super! ❓ ► S. 60/61

4 ○ Ergänze folgende Sätze:
a) Je größer die Gewichtskraft an einer Feder ist, desto … ist die Verlängerung der Feder.
b) Wenn die Gewichtskraft an einer Feder doppelt so groß ist, dann ist die Verlängerung der Feder …

👍 Super! ❓ ► S. 63

5 ◔ Das Zeit-Weg-Diagramm in Bild 2 beschreibt die Bewegung von drei verschiedenen Fahrzeugen. Lies im Diagramm ab, wie weit diese Fahrzeuge in 5 s, in 10 s und in 20 s gefahren sind.

👍 Super! ❓ ► S. 48 – 51

6 ◔ Erkläre am Beispiel eines startenden Flugzeugs den Zusammenhang zwischen Arbeit und Energie.

👍 Super! ❓ ► S. 78/79

7 ◔ Beschreibe ein Beispiel, bei dem die Höhenenergie in eine andere Energieform umgewandelt wird.

👍 Super! ❓ ► S. 80/81

8 ● Ein Körper bewegt sich geradlinig. Es ergeben sich folgende Messwerte:

Zeit in s	Strecke in m
0	0
2	3
4	6
6	9
8	12

Um welche Bewegungsart könnte es sich handeln? Begründe deine Antwort.

👍 Super! ❓ ► S. 40/41, 48/49

9 ● Begründe, warum beim Abschleppen eines Fahrzeugs der Fahrer des vorderen Autos nicht ruckartig anfahren darf.

👍 Super! ❓ ► S. 64

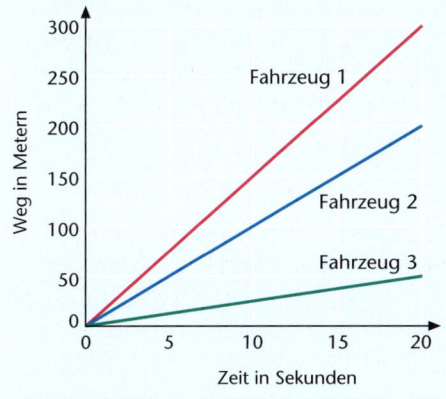

2 Zu Aufgabe 5

3 Elektrischer Strom und elektrische Energie

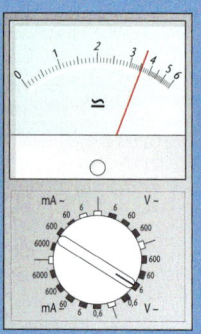

– Warum gibt es Energiesparlampen?

– Wie kann ich zu Hause Energie sparen?

– Was ist elektrischer Strom?

– Was schützt uns vor Unfällen mit elektrischem Strom?

– Wodurch kann der Strom beeinflusst werden?

mq7s4u

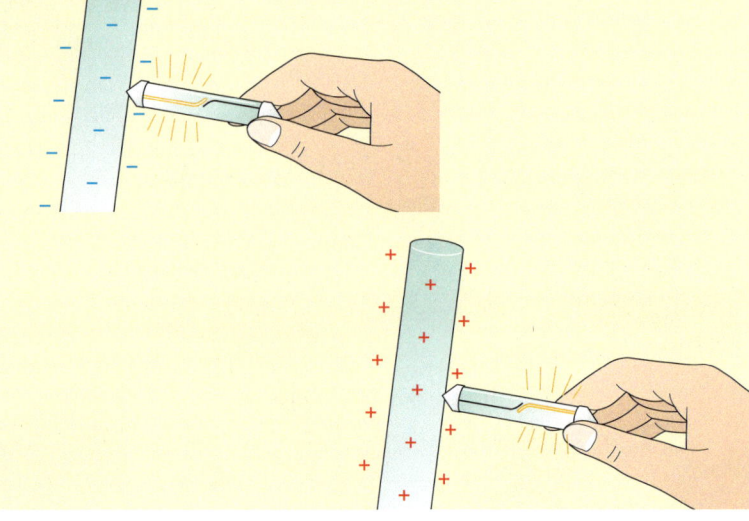

1 Haare werden von einem Luftballon angezogen. 2 Nachweis von elektrischen Ladungen

Elektrisch geladene Körper

Seltsame Beobachtungen

Paula reibt einen Luftballon kräftig an ihren Haaren. Danach stehen ihr plötzlich „die Haare zu Berge" (▷ B 1). Vielleicht hat sie dabei auch ein Knistern gehört oder sogar kleine Funken gesehen. Hast du auch schon einmal eine ähnliche Erfahrung gemacht?

Laden und Entladen

Vor dem Reiben sind Luftballon und Haare nicht elektrisch geladen. Man sagt: Sie sind elektrisch neutral.

Wenn du den Luftballon an deinen Haaren reibst und ihn dann etwas abhebst, sind beide Körper **elektrisch geladen**.

Der Luftballon und die Haare sind jedoch unterschiedlich geladen: Ein Körper ist **elektrisch positiv (+)**, der andere ist **elektrisch negativ (−)** geladen. Wenn sich die unterschiedlich geladenen Körper wieder berühren, dann entladen sie sich.

Die Glimmlampe

Mit der Glimmlampe kannst du **elektrische Ladungen** nachweisen. Wenn du den geladenen Luftballon mit der Glimmlampe berührst, blitzt die Glimmlampe auf. Dabei wird der Luftballon an dieser Stelle entladen – sie ist wieder elektrisch neutral. Du kannst mit einer Glimmlampe auch die Ladungsart feststellen: Wenn ein Körper negativ geladen ist, dann leuchtet die Glimmlampe auf der Seite auf, die den Körper berührt (▷ B 2). Wenn ein Körper positiv geladen ist, dann leuchtet die Glimmlampe auf der anderen Seite auf.

Körper können elektrisch geladen werden, indem man sie aneinander reibt und wieder voneinander trennt. Dann ist ein Körper elektrisch positiv (+) geladen, der andere Körper ist elektrisch negativ (−) geladen.

AUFGABEN

1 ○ Beschreibe, wie Körper elektrisch geladen werden können.

2 ◒ Erkläre, wie man elektrisch geladene Körper nachweisen kann.

3 ◒ Wenn du einen Pullover ausziehst, stehen dir manchmal „die Haare zu Berge". Erkläre, wie es dazu kommt.

Ladungserscheinungen

Diese Versuche könnt ihr auch an verschiedenen Stationen durchführen.

1 Trennung von Zucker und Pfeffer

1 Pfeffer in der Zuckerdose
Material
Glasschale, Zucker, Pfeffer, Kunststoffstab, Wolltuch

Versuchsanleitung
Mische in der Glasschale Zucker mit etwas Pfeffer. Reibe den Kunststoffstab kräftig mit dem Wolltuch. Nähere den Kunststoffstab langsam von oben der Mischung in der Glasschale (▷ B 1).

2 Tanzende Papierschnipsel
Material
Blechboden einer Backform, Bücher, Glasscheibe, Seidenpapier, Wolltuch

Versuchsanleitung
a) Stelle den Blechboden einer Backform auf den Tisch. Lege links und rechts davon jeweils ein oder zwei Bücher flach auf den Tisch. Lege die Glasscheibe darüber.
b) Schneide kleine Schnipsel aus Seidenpapier aus und lege sie auf den Blechboden. Reibe die Glasscheibe kräftig mit dem Wolltuch.

3 Geladene Folien
Material
Kunststofffolie, Wolltuch, Glimmlampe

Versuchsanleitung
a) Reibe die Kunststofffolie mehrmals kräftig mit dem Wolltuch.
b) Nähere die geladene Folie den Haaren eines Mitschülers.
c) Nähere deine Nasenspitze der geladenen Folie.
d) Berühre die geladene Folie mit der Glimmlampe.

4 Die rollende Getränke-Dose
Material
leere Getränke-Dose, Luftballon, Wolltuch

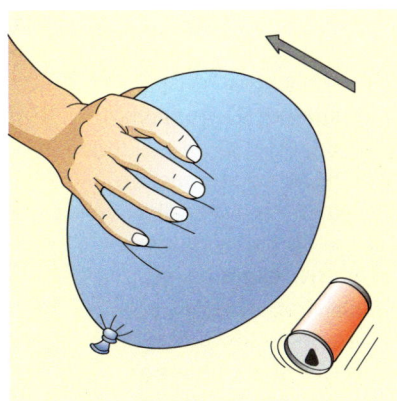

2 Rollende Dose

Versuchsanleitung
a) Lege die leere Dose auf den Tisch. Reibe den Luftballon kräftig mit dem Wolltuch. Bringe mit dem geladenen Luftballon die Dose in Bewegung (▷ B 2).
b) Testet zu zweit oder zu mehreren, wer die Dose am weitesten bewegen kann.

5 Papier elektrisch laden
Material
Knete, Bleistift, Seidenpapier, Aluminiumfolie, Trinkglas, Kunststofffolie (oder Luftballon), Wolltuch

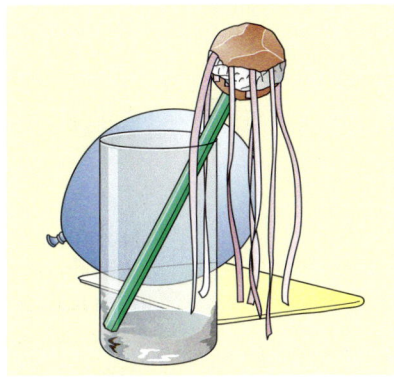

3 Papier elektrisch laden

Versuchsanleitung
a) Forme die Knete zu einer Kugel und stecke sie auf den Bleistift (▷ B 3). Schneide einige sehr dünne Streifen Seidenpapier zu (etwa 10 cm lang, 1–2 mm breit). Lege einen Streifen Aluminiumfolie als Ring um die Kugel. Befestige damit gleichzeitig die Papierstreifen so, dass sie nach unten hängen.
b) Reibe die Kunststofffolie mit dem Wolltuch. Nähere die geladene Folie der Kugel.

1 ◔ Wähle einen Versuch aus. Führe den Versuch in deiner Klasse vor. Präsentiere deine Ergebnisse auf einem Plakat.

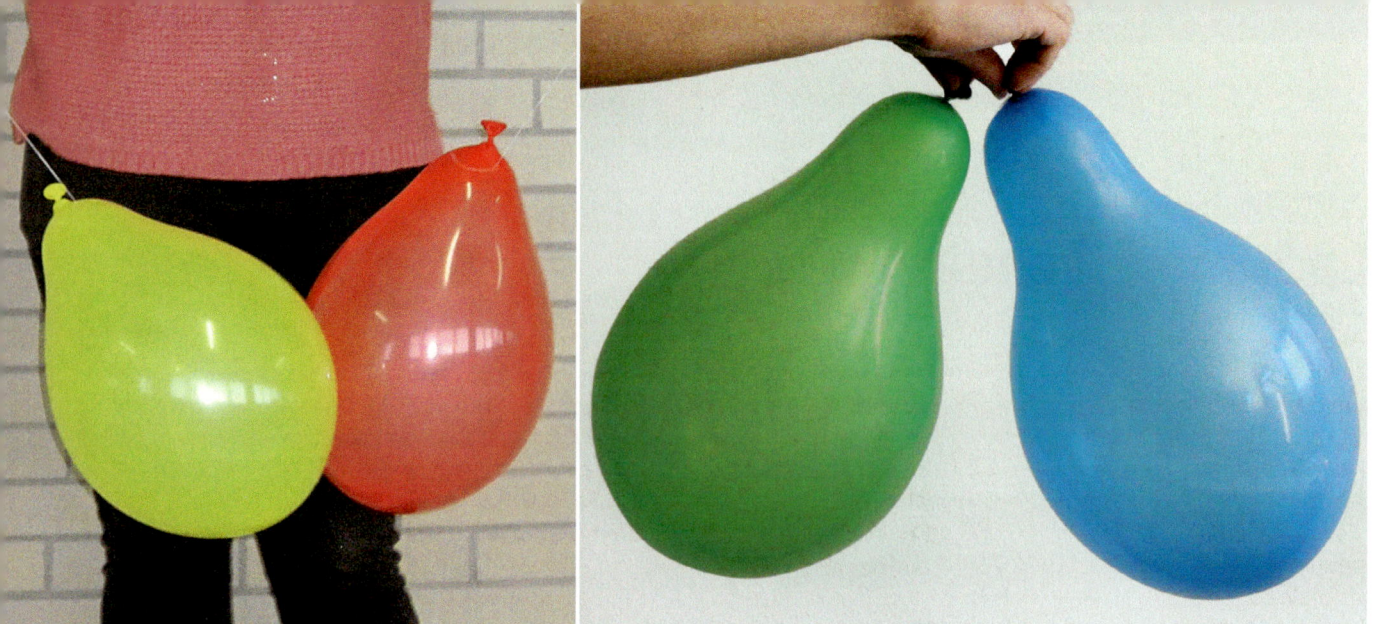

1 Ein positiv und ein negativ geladener Luftballon ziehen einander an.

2 Zwei gleich geladene Luftballons stoßen einander ab.

Elektrische Kräfte

Anziehung und Abstoßung

Elektrisch geladene Körper können einander abstoßen oder anziehen. Das hängt davon ab, wie die Körper geladen sind.

Wenn du zwei Luftballons kräftig aneinander reibst und wieder trennst, ist danach der eine Luftballon positiv und der andere negativ geladen. Du beobachtest, dass die unterschiedlich geladenen Luftballons einander anziehen (▷ B 1).
Eine andere Feststellung wirst du machen, wenn du zwei gleich geladene Luftballons einander näherst. Wenn beide Luftballons positiv oder beide negativ geladen sind, dann stoßen sie einander ab (▷ B 2).

Geladene Körper ziehen ungeladene an

Elektrische Kräfte wirken auch zwischen elektrisch geladenen und neutralen Körpern. Deshalb zieht beispielsweise ein elektrisch geladener Luftballon ungeladene Papierschnipsel an.

Gleich geladene Körper stoßen einander ab. Unterschiedlich geladene Körper ziehen einander an.

AUFGABEN

1 ○ Nenne die Kraftwirkungen zwischen elektrisch geladenen Körpern.

2 ◒ Eine geriebene Folie „klebt" ohne weitere Hilfsmittel an einer Wand. Probiere es aus und erkläre.

3 ● Anna behauptet: „Mit einem Kunststoffstab kann ich die Richtung eines Wasserstrahls ändern." Prüfe, ob Annas Aussage stimmt, und begründe.

VERSUCHE

1 Schneide zwei breite Streifen Folie von einem Tiefkühlbeutel ab. Reibe die Folien kräftig aneinander und trenne sie danach voneinander. Beobachte, wie sich die Folien verhalten.

2 Lege einen Streifen Folie auf den Tisch und reibe ihn kräftig. Greife den Streifen in der Mitte und ziehe ihn vom Tisch ab. Beobachte das Verhalten der Folie.

Woher kommen die Ladungen?

Das Atom

Alle Körper sind aus sehr kleinen Teilchen aufgebaut – den **Atomen**. Ein Atom ist unvorstellbar klein, sein Radius beträgt nur etwa 0,000 000 1 mm.

Jedes Atom hat einen **Atomkern** und eine **Atomhülle** (▷ B 1). Im Atomkern befinden sich **Protonen** und **Neutronen**. Die Protonen sind positiv geladen. Die Neutronen sind elektrisch neutral.

Um den Atomkern bewegen sich negativ geladene **Elektronen**. Sie bilden die Atomhülle. (▶ Struktur der Materie, S. 144/145)

Neutrale Atome

Wenn es gleich viele Protonen wie Elektronen im Atom gibt, dann gleichen sich positive und negative Ladungen aus. Das Atom ist elektrisch neutral.

Die Protonen im Atomkern können nicht verschoben werden. Aus der Atomhülle können jedoch einzelne Elektronen entfernt werden. Umgekehrt ist es auch möglich, der Hülle Elektronen hinzuzufügen. In diesen Fällen ist das Atom nicht mehr elektrisch neutral.

Was passiert beim Aufladen?

Wenn du beispielsweise einen Kunststoffstab mit einem Tuch reibst, kommen beide Körper in sehr engen Kontakt. Dabei gehen einige Elektronen vom Tuch auf den Stab über (▷ B 2).

Das Tuch ist positiv geladen, weil es Elektronen abgegeben hat. Im Gegensatz dazu ist der Kunststoffstab negativ geladen, denn er hat Elektronen aufgenommen.

Ein Atom besteht aus Neutronen (elektrisch neutral), aus Protonen (positiv geladen) und aus Elektronen (negativ geladen).

Beim Aufladen eines Körpers gehen Elektronen von einem Körper auf den anderen Körper über.

AUFGABEN

1 ○ Beschreibe den Aufbau eines Atoms.

2 ◓ Mara meint: „Alle Körper besitzen elektrische Ladungen." Beurteile ihre Aussage.

3 ● An eine positiv geladene Kugel wird eine negativ geladene Kugel gehalten. Erkläre, was passiert, wenn beide Kugeln sich berühren. Fertige eine Skizze dazu an.

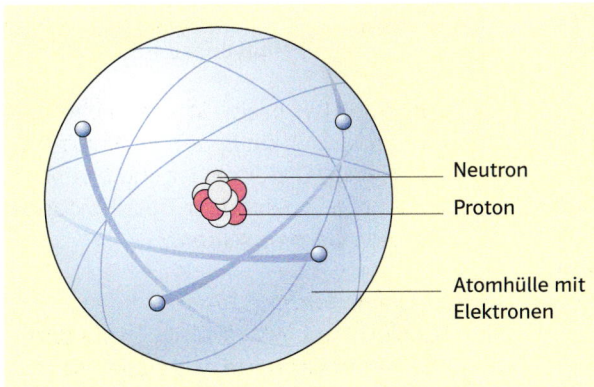

Neutron
Proton
Atomhülle mit Elektronen

1 Vereinfachtes Kern-Hülle-Modell

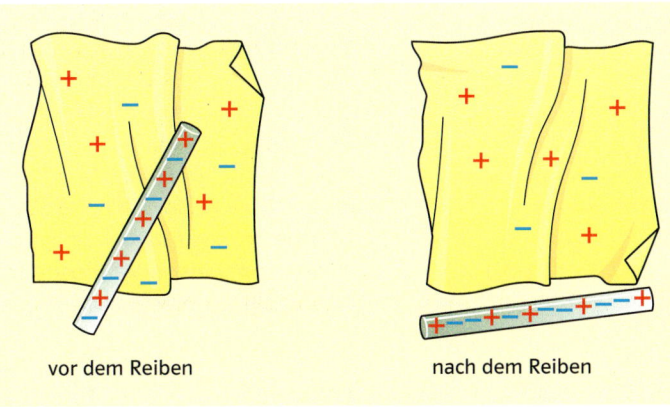

vor dem Reiben   nach dem Reiben

2 Der Übergang von Elektronen führt zur Aufladung.

Das Elektroskop

Der Aufbau des Elektroskops

Du kannst mit einem Elektroskop elektrische Ladungen nachweisen.
Oben auf dem Elektroskop befindet sich ein Metallteller. Dieser Metallteller ist über einen Metallstab mit einem drehbaren Zeiger verbunden (▷ B 1).

Die Funktionsweise des Elektroskops

Hältst du eine negativ geladene Kugel an das Elektroskop, so schlägt der Zeiger des Elektroskops aus (▷ B 2).
Elektronen springen von der negativ geladenen Kugel auf den Metallteller des Elektroskops. Diese Elektronen verteilen sich vom Teller in den Metallstab und den Zeiger, weil sich die Elektronen gegenseitig abstoßen.
Jetzt sind der Metallstab und der Zeiger negativ geladen. Der Metallstab und der Zeiger stoßen einander ab, weil gleichartige Ladungen einander abstoßen. Der Zeiger schlägt aus.

Der Zeiger des Elektroskops schlägt auch aus, wenn du eine positive Ladung an das Elektroskop hältst.

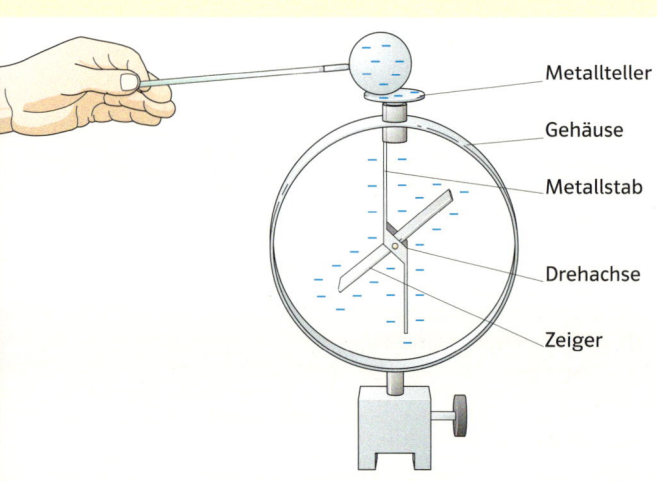

Metallteller
Gehäuse
Metallstab
Drehachse
Zeiger

1 Zeigerausschlag aufgrund abstoßender Kräfte

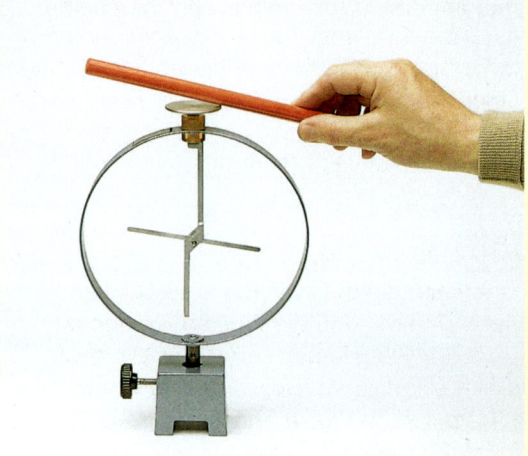

2 Elektroskop

Blitz und Donner

1 Blitze sind elektrische Entladungen.

2 Gewitter über einer Stadt

Gewitter – beeindruckende Naturereignisse

Gewitter sind beeindruckend. Erst ziehen dunkle Wolken auf. Dann zucken helle Blitze über den Himmel, und es donnert. Gewitter entwickeln sich in Wolken. Die Wolken bestehen aus Wassertröpfchen. In großer Höhe gefrieren sie zu Hagelkörnern. Innerhalb der Wolken bewegen sich Hagelkörner und Wassertröpfchen auf und ab. Dabei reiben sie sich aneinander. Sie laden sich dabei gegenseitig auf. Innerhalb einer Wolke überwiegen im oberen Bereich positive Ladungen, im unteren Bereich negative Ladungen (▷ B 1).

Blitze

Innerhalb einer Wolke können sich die Ladungen durch einen Blitz ausgleichen. Auch die Erde und die Wolken können unterschiedlich geladen sein. Dann gleichen sich die Ladungsunterschiede durch einen Blitz zwischen Wolke und Erde aus. Blitze schlagen bevorzugt in höchste Objekte, wie z. B. Bäume, ein.

Donner

Durch die plötzliche Entladung erhitzt sich die Luft sehr stark und dehnt sich explosionsartig aus. Dies hörst du als Donner. Blitz und Donner entstehen gleichzeitig. Der Lichtblitz bewegt sich mit einer Geschwindigkeit von 300 000 km/s, der Schall des Donners aber nur mit etwa 330 m/s. Daher sehen wir den Blitz zuerst und hören dann den Donner.

AUFGABEN

1 ◔ Markus hört den Donner eines Blitzes nach 5 s. Berechne, wie weit der Blitz von Markus entfernt ist.

2 ● Beschreibe, wie du erkennen kannst, ob ein Gewitter sich auf dich zubewegt oder von dir wegbewegt.

3 ● Finde heraus, wie du dich draußen beim Gewitter verhalten solltest. Präsentiere deine Ergebnisse auf einem Plakat.

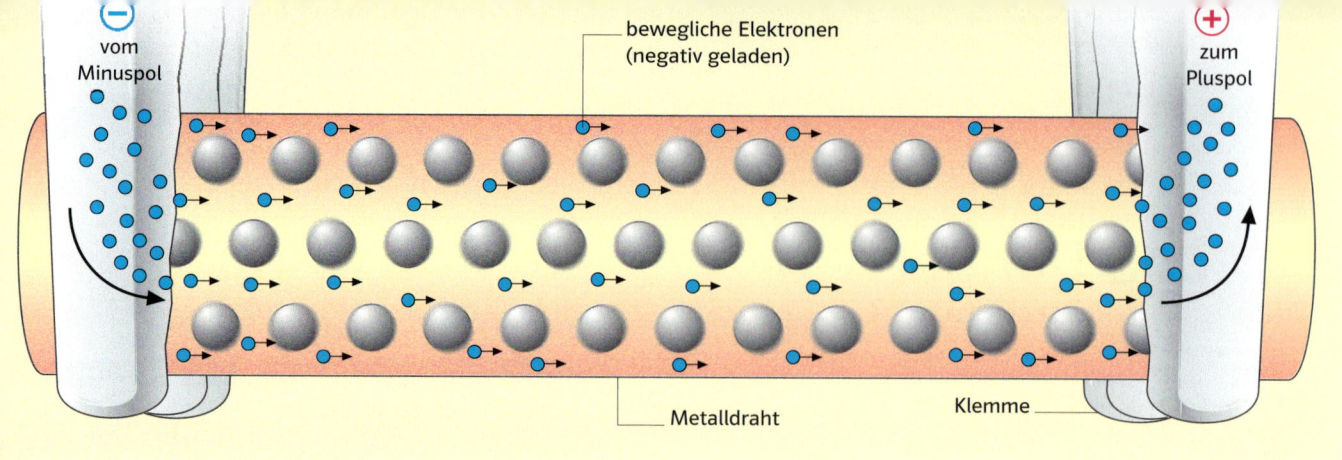

vom Minuspol

bewegliche Elektronen
(negativ geladen)

zum Pluspol

Metalldraht

Klemme

1 Elektronenfluss in einem Leiter

Was ist elektrischer Strom?

Verschiedene Ströme

Du kennst unterschiedliche Ströme
(▷ B 2, B 3). Ein großer Fluss wird als Strom
bezeichnet. Auf der Autobahn fließen
Verkehrsströme.

All diese Ströme haben eine Gemeinsam-
keit: Sie bestehen aus Teilchen, die sich in
eine gemeinsame Richtung bewegen. Beim
Wasserstrom bewegen sich Wasserteilchen
in eine Richtung, beim Verkehrsstrom bewegen sich Fahrzeuge in eine Richtung.

Elektrischer Strom

Beim **elektrischen Strom** fließen die
Elektronen in eine gemeinsame Richtung
(▷ B 1). Der elektrische Strom ist ein Strom
von Elektronen. Die negativ geladenen
Elektronen bewegen sich dabei durch Lei-
tungen vom Minuspol zum Pluspol.
(► Struktur der Materie, S. 144/145)

**Der elektrische Strom ist ein Elektronen-
strom.**

AUFGABEN

1 ○ Beschreibe die Gemeinsamkeiten
von Strömen.

2 ○ a) Vergleiche die Ströme in Bild 1
bis Bild 3. Nenne die Gemeinsamkeiten
und Unterschiede.
◐ b) Beschreibe zwei weitere Beispiele
für Ströme.

3 ◐ Zeichne eine Schaltung aus Batterie,
Kabeln und Lampe. Kennzeichne die
Richtung, in die sich die Elektronen
bewegen.

4 ● Begründe, warum das Herumlaufen
von Schulkindern auf dem Schulhof
kein Beispiel für einen Strom ist.

2 Der Fluss – Strom aus Wasser **3** Verkehrsstrom

Der elektrische Stromkreis

Elektrische Geräte

Täglich benutzt du elektrische Geräte: eine Lampe zum Lesen, einen Föhn zum Trocknen der Haare, ein Handy zum Telefonieren. Doch wie funktioniert das eigentlich?

Elektronen treiben Geräte an

Elektrische Geräte können nur in einem geschlossenen elektrischen Stromkreis funktionieren. Hier fließen Elektronen durch Leitungen vom Minuspol einer Spannungsquelle zum Pluspol. Fließende Elektronen können elektrische Geräte antreiben, z. B. eine Glühlampe (▷ B 1). Damit du ein elektrisches Gerät ein- und ausschalten kannst, gibt es elektrische Bauteile, die den Stromkreis schließen oder unterbrechen können, z. B. den Schalter (▷ B 1). (► System, S. 142/143)

Schaltzeichen und Schaltpläne

Für alle elektrischen Bauteile gibt es einheitliche **Schaltzeichen** (▷ B 3), die eine übersichtliche Darstellung von Stromkreisen in einem **Schaltplan** ermöglichen (▷ B 2). Schaltpläne können unabhängig von der Sprache auf der ganzen Welt verstanden werden.

Elektrische Geräte werden durch fließende Elektronen angetrieben. Dazu muss ein geschlossener Stromkreis vorhanden sein.

Ein Stromkreis kann mit Schaltzeichen in einem Schaltplan dargestellt werden.

AUFGABEN

1 ○ Wähle drei Bauteile aus Bild 3, die du zum Aufbau eines einfachen elektrischen Stromkreises benötigst. Zeichne den Schaltplan mit diesen drei Bauteilen.

2 ◗ Zeichne den Schaltplan eines Stromkreises, der unterbrochen werden kann. Verwende vier Bauteile aus Bild 3.

3 ◗ Begründe die Vorteile von Schaltzeichen und Schaltplänen.

4 ◗ Beschreibe den Weg und die sichtbare Wirkung der Elektronen, wenn der Schalter des Stromkreises in Bild 1 geschlossen wird.

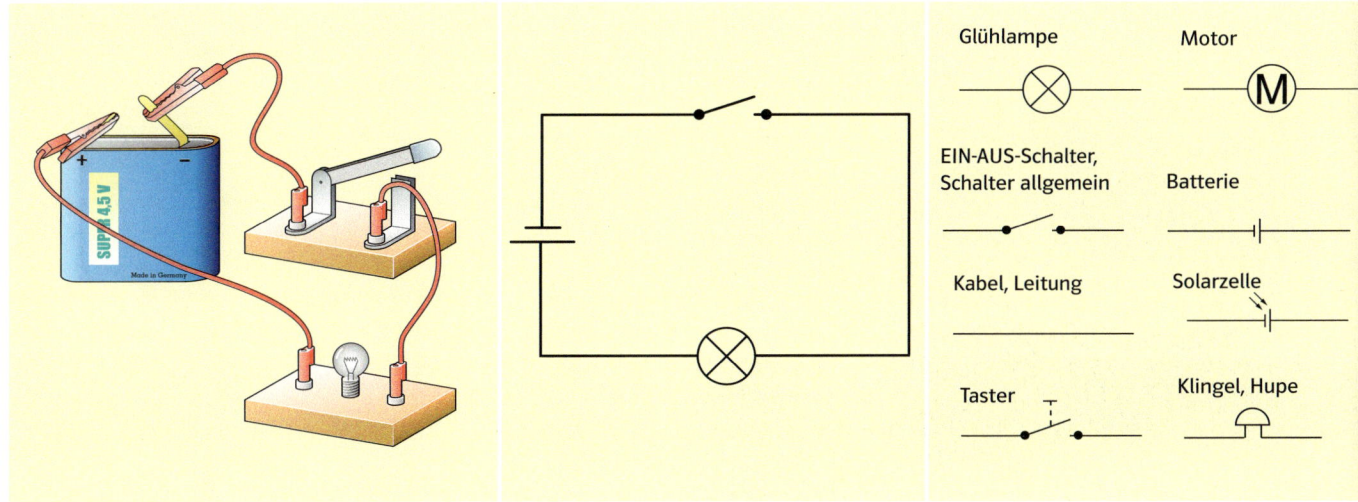

1 Ein einfacher elektrischer Stromkreis   2 Schaltplan   3 Schaltzeichen

Was kann der elektrische Strom?

1 Untersuchungen an der Glühlampe

Material
Batterie, Schalter, Glühlampe mit Fassung, Kabel

Versuchsanleitung
a) Baue einen Stromkreis mit geöffnetem Schalter und Glühlampe auf.

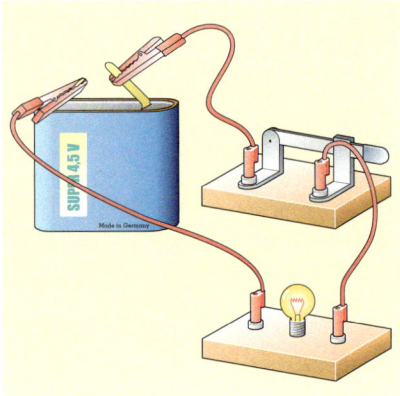

1 Zu Versuch 1

b) Schließe den Schalter und beobachte die Glühlampe. Beschreibe, was du siehst.

2 Was bewirkt elektrischer Strom bei einer Glühlampe?

c) Schließe die Augen und umfasse die Glühlampe vorsichtig mit zwei oder drei Fingern. Beschreibe, was du spürst.

2 Vom Draht zum Elektromagnet

Material
Batterie, Schalter, Kompass, Kabel

Versuchsanleitung
Diesen Versuch könnt ihr gut zu zweit durchführen.
a) Baut einen einfachen Stromkreis mit einem geöffneten Schalter auf. Lasst die Kompassnadel in Nord-Süd-Richtung einpendeln.

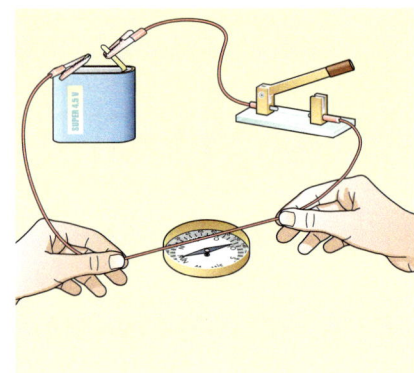

3 Zu Versuch 2

b) Halte das Kabel parallel zur Kompassnadel über den Kompass. Dein Partner schaltet kurz den Strom ein. Vertauscht die Pole und wiederholt den Versuch.
c) Halte den Draht quer zur Kompassnadel und testet, wie der Kompass sich jetzt verhält.
d) Für Erfinder: Schließt und öffnet den Schalter in einem gleichbleibenden und passenden Zeitabstand. Ihr könnt etwas Interessantes entdecken.

3 Elektromagnete selbst wickeln

Material
isolierter Kupfer-Draht, ein großer Nagel aus Eisen, Batterie, mehrere kleine Eisennägel

Versuchsanleitung
a) Wickle den isolierten Kupfer-Draht mehrfach um den großen Nagel. Damit hast du eine Spule. Schließe deine selbst gebaute Spule an eine Batterie an und teste, wie viele kleine Nägel angezogen werden können.
b) Entferne den großen Nagel und teste, wie viele kleine Nägel jetzt angezogen werden.
c) Wickle verschiedene Spulen mit unterschiedlichen Wicklungszahlen, z. B. 50, 100, 200 Wicklungen. Beschreibe den Einfluss der Wicklungszahl auf die magnetische Wirkung.

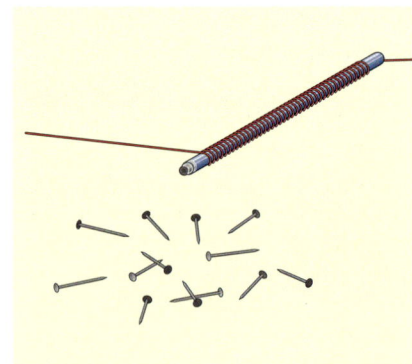

4 Zu Versuch 3

AUFGABE

1 ○ Was kann der elektrische Strom bewirken? Zähle auf.

1–3 Der elektrische Strom hat viele Wirkungen.

Wirkungen des elektrischen Stroms

Eine Lampe, der Küchenherd, der Türöffner an der Haustür – eine Vielzahl von Geräten funktioniert mit elektrischem Strom. Den elektrischen Strom kannst du nicht sehen. Ob Strom fließt oder nicht, kannst du nur an seinen Wirkungen erkennen.
(▶ Energie, S. 138–141)

Wärmewirkung
Die Wärmewirkung des elektrischen Stroms kannst du gut in der Nähe einer Herdplatte, eines Bügeleisens oder eines Toasters spüren. Aber Vorsicht! Diese Geräte sind so heiß, dass du dich ernsthaft verbrennen kannst. In ihrem Inneren befinden sich Heizdrähte aus Metall. Wenn Strom durch die Heizdrähte fließt, erwärmen sie sich.

Lichtwirkung
An der Glühlampe erkennst du eine weitere Wirkung des elektrischen Stroms: Ein dünner Draht wird so stark erhitzt, dass er zu glühen beginnt. Die Lampe spendet uns Licht.

Magnetische Wirkung
Wenn elektrischer Strom durch ein Kabel fließt, dann wird es magnetisch.

Sogenannte **Elektromagnete** sind für uns praktische Helfer. Elektromagnete heben schwere Eisenstücke auf dem Schrottplatz, sie öffnen die Türen eines Autos und die Haustür auf Knopfdruck. Auch ein Elektromotor läuft nur durch die magnetische Wirkung des elektrischen Stroms.
(▶ Wechselwirkung, S. 146/147)

Elektrischer Strom ist an seinen Wirkungen erkennbar. Diese sind: die Wärmewirkung, die Lichtwirkung und die magnetische Wirkung.

AUFGABEN

1 ○ Beschreibe die Wirkungen des elektrischen Stroms anhand der drei Bilder auf dieser Seite.

2 ◒ a) Ordne die im Text genannten elektrischen Geräte nach ihrer Wirkung. Lege hierzu eine Tabelle an.
◒ b) Ergänze die Tabelle mit möglichst vielen Geräten aus dem Alltag.

3 ● Glühlampen werden immer häufiger durch Energiesparlampen oder LED-Lampen ersetzt. Begründe dies.

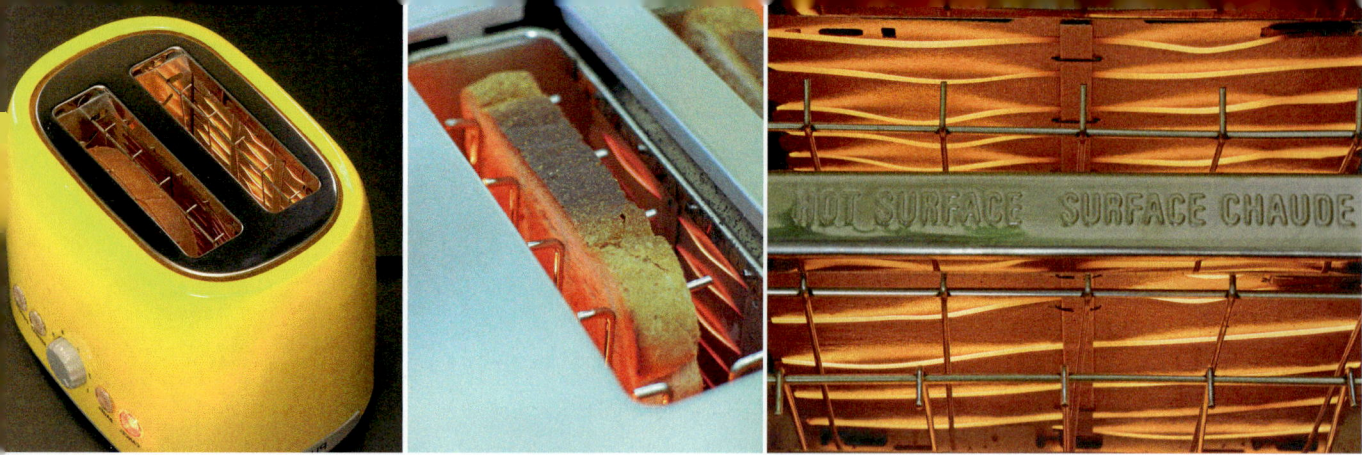

1–3 Energieumwandlung im Toaster

Energie wird umgewandelt

Elektrische Energie

Damit ein Toaster das Brot bräunen kann, benötigt der Toaster Energie. Damit eine Lampe leuchten kann, benötigt auch sie Energie. Wir entnehmen diese Energie der Steckdose oder einer Batterie.

Woher kommt die elektrische Energie?

Es gibt viele Möglichkeiten, elektrische Energie bereitzustellen. Ein Wärmekraftwerk wandelt die Energie, die in brennbaren Stoffen gespeichert ist, in elektrische Energie um. Ein Windkraftwerk nutzt die Energie des Winds. Ein Wasserkraftwerk wandelt die Energie des herabfließenden Wassers in elektrische Energie um. Auch die Energie des Sonnenlichts lässt sich in elektrische Energie umwandeln. In Batterien laufen chemische Vorgänge ab, bei denen elektrische Energie frei wird.

Elektrische Geräte sind Energiewandler

Die elektrische Energie aus dem Kraftwerk wird über Kabel zu den elektrischen Geräten transportiert. Diese wandeln die elektrische Energie dann um: Der Toaster gibt Wärme ab, eine Lampe beginnt zu leuchten oder ein Ventilator beginnt sich zu drehen. (► Energie, S. 138–141)

Elektrische Geräte können elektrische Energie umwandeln, z. B. in Wärme und Licht.

AUFGABEN

1 ○ Zähle zehn Geräte aus dem Haushalt auf, die elektrische Energie umwandeln.

2 ◑ Beschreibe in ganzen Sätzen, was in Bild 1–3 mit der elektrischen Energie passiert.

3 ◑ Beschreibe Bild 4 in eigenen Worten.

4 ◑ a) Wähle drei Haushaltsgeräte aus und fertige für jedes Gerät ein Energieflussdiagramm wie in Bild 4 an.
● b) Ein Parkscheinautomat wird mit Solarzellen betrieben. Fertige ein Energieflussdiagramm wie in Bild 4 an.

5 ● Eine Steckdose ist keine Energiequelle. Begründe.

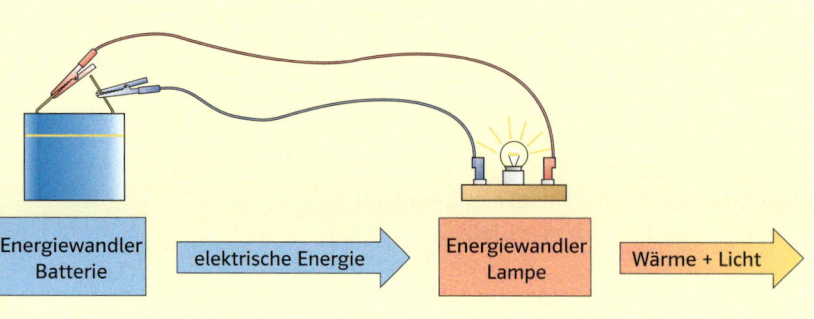

4 Energieumwandlung – von der Batterie zur Lampe

Energie aus Kraftwerken

Kraftwerke

Die elektrische Energie wird in Kraftwerken bereitgestellt. Eine bessere Bezeichnung wäre eigentlich „Energiewerk". Hier werden andere Energieformen in elektrische Energie umgewandelt.

Wärmekraftwerke

Einen großen Teil der elektrischen Energie beziehen wir aus Wärmekraftwerken (▷ B 1): Hier werden Kohle, Erdöl oder Erdgas verbrannt. Die entstehende Wärme erhitzt in einem Druckbehälter Wasser. Das Wasser siedet und verdampft. Der Wasserdampf treibt mit großem Druck eine Turbine an. Die Turbine ist mit einem riesigen Dynamo verbunden. Dieser Dynamo heißt im Kraftwerk Generator und erzeugt die gewünschte elektrische Energie. Die Funktionsweise eines solchen Kraftwerks kannst du dir mithilfe eines Modellversuchs verdeutlichen (▷ B 2).

Windkraftwerke

Auch der Wind kann mithilfe eines Propellers einen Generator antreiben. Windräder siehst du überall dort, wo viel Wind weht. Besonders häufig findest du sie an der Küste. Im Meer werden sogar Windparks mit vielen Windrädern gebaut.

Wasserkraftwerke

An vielen Gewässern findest du Wasserkraftwerke. Hier treibt strömendes Wasser den Generator an.

Solarzellen

Solarzellen wandeln die Lichtenergie direkt in elektrische Energie um. Es wird kein Generator benötigt. Du findest Solarzellen auf immer mehr Hausdächern.

AUFGABEN

1 ⊖ Beschreibe, wie ein Wärmekraftwerk funktioniert. Nimm Bild 2 zu Hilfe.

2 ● Vergleiche Wärmekraftwerke und Windkraftwerke. Stelle die Unterschiede heraus.

3 ● Recherchiere, was man unter erneuerbaren Energiequellen versteht.

4 ● Recherchiere, wo in Deutschland zurzeit große Windparks entstehen.

1 Wärmekraftwerk

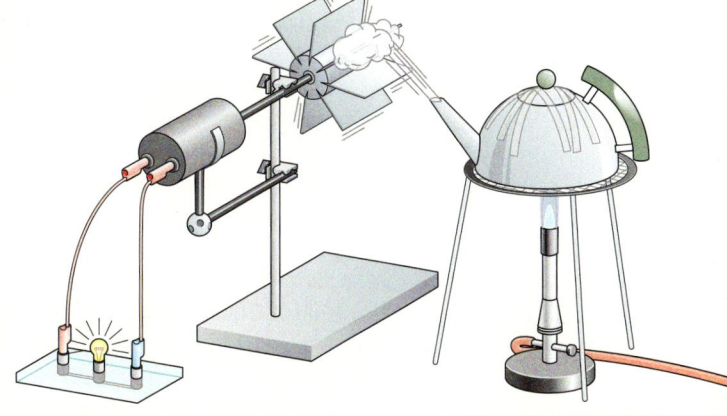

2 Das Modell eines Wärmekraftwerks

Elektronen   Messstelle

1 Messung der Schülerstromstärke

Die elektrische Stromstärke

Die Schülerstromstärke
Steffen und Karsten bestimmen die Stärke
des Schülerstroms, der am Ende der Pause
in das Schulgebäude strömt (▷ B1).
Sie zählen am Eingang der Schule 180
Personen in 60 Sekunden. Um daraus die
Schülerstromstärke zu berechnen, müssen
sie die Anzahl der eintretenden Personen
durch die dafür benötigte Zeit teilen. Die
Schülerstromstärke beträgt in diesem Fall
drei Schüler pro Sekunde.

Die elektrische Stromstärke
Die Stärke des elektrischen Stroms hängt
davon ab, wie viele Elektronen pro Sekunde an einer bestimmten Stelle in einem
elektrischen Leiter vorbeifließen.
Als Formelzeichen für die **elektrische
Stromstärke** wurde das I festgelegt.
Die elektrische Stromstärke wird in der
Einheit Ampere angegeben, benannt nach
dem französischen Physiker ANDRÉ MARIE
AMPÈRE (1775–1836). Die Einheit Ampere
wird mit A abgekürzt.
Bei einer elektrischen Stromstärke von
1 Ampere (1A) fließen pro Sekunde etwa
6 000 000 000 000 000 000 (6 Trillionen) Elektronen an einer Messstelle in einem Kabel
vorbei. Kleinere Stromstärken werden in
Milliampere (mA) angegeben. 1000 Milliampere sind 1 Ampere (1000 mA = 1A).

**Die elektrische Stromstärke gibt an, wie
viele Elektronen in einer bestimmten Zeit
an einem Messpunkt vorbeifließen.**

**Formelzeichen: I
Einheit: Ampere (A)**

AUFGABEN

1 ○ Beschreibe, was man unter der elektrischen Stromstärke versteht.

2 ○ Gib das Formelzeichen und die Einheit der elektrischen Stromstärke an.

3 ◕ Sammle Informationen über ANDRÉ
MARIE AMPÈRE.

4 ● Beurteile, ob die in Bild 1 dargestellte Methode zur Bestimmung der Schülerstromstärke auch zur Feststellung
der elektrischen Stromstärke geeignet
ist.

VERSUCH

1 Bestimme mit einem Partner zu
verschiedenen Zeiten die Schülerstromstärke (▷ B1) in deiner Schule.

Das Amperemeter

Elektrische Stromstärken messen

Messgeräte zur Bestimmung der elektrischen Stromstärke heißen **Amperemeter** (▷ B 1). In Bild 2 siehst du, wie ein Amperemeter angeschlossen wird. Es gibt analoge und digitale Amperemeter: Analoge Amperemeter haben einen Zeiger auf einer Skala. Digitale Amperemeter zeigen die Zahlen auf einem Display an.

Wie ein Amperemeter funktioniert

Elektronen, die sich in einem elektrischen Stromkreis bewegen, kann man nicht sehen und zählen. Aus diesem Grund nutzt man bei der Messung der elektrischen Stromstärke häufig die magnetische Wirkung des elektrischen Stroms.

Bild 1 zeigt den Aufbau eines analogen Amperemeters. Im Amperemeter befinden sich eine drehbar gelagerte Spule und ein Dauermagnet. Der Dauermagnet hat ein Magnetfeld. Wenn ein elektrischer Strom durch die Spule fließt, dann entsteht auch ein Magnetfeld um die Spule. Zwischen diesem Magnetfeld und dem Magnetfeld des Dauermagneten wirken Kräfte. Dadurch dreht sich die Spule und zieht

an einer Rückstellfeder. Ein an der Spule befestigter Zeiger zeigt die elektrische Stromstärke auf einer Skala an. Je nach elektrischer Stromstärke schlägt der Zeiger unterschiedlich weit aus.

Digitale Amperemeter messen die elektrische Stromstärke mithilfe einer eingebauten Elektronik. Ein modernes Amperemeter hat verschiedene Messbereiche, die mit einem Drehschalter eingestellt werden.

Die elektrische Stromstärke wird mit einem Amperemeter gemessen.

AUFGABEN

1 ○ Vervollständige folgenden Satz: Ein analoges Amperemeter nutzt die ... Wirkung des elektrischen Stroms.

2 ◑ Beschreibe die Funktionsweise eines analogen Amperemeters.

3 ● Begründe, warum die magnetische Wirkung des elektrischen Stroms zur Bestimmung der elektrischen Stromstärke benutzt wird.

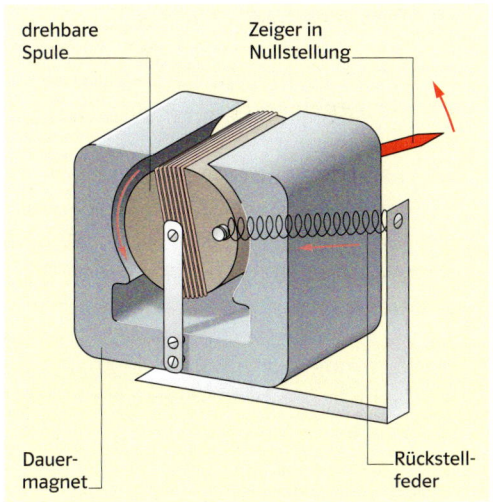

1 So ist ein analoges Amperemeter aufgebaut.

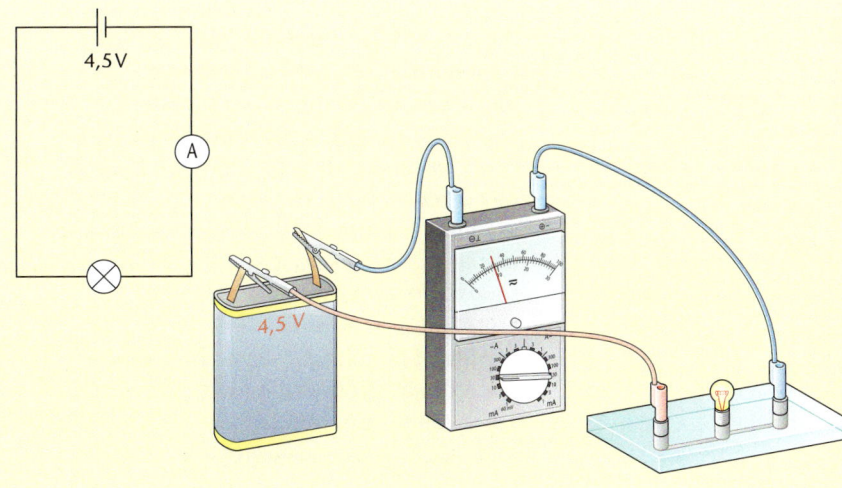

2 So schließt man ein Amperemeter an.

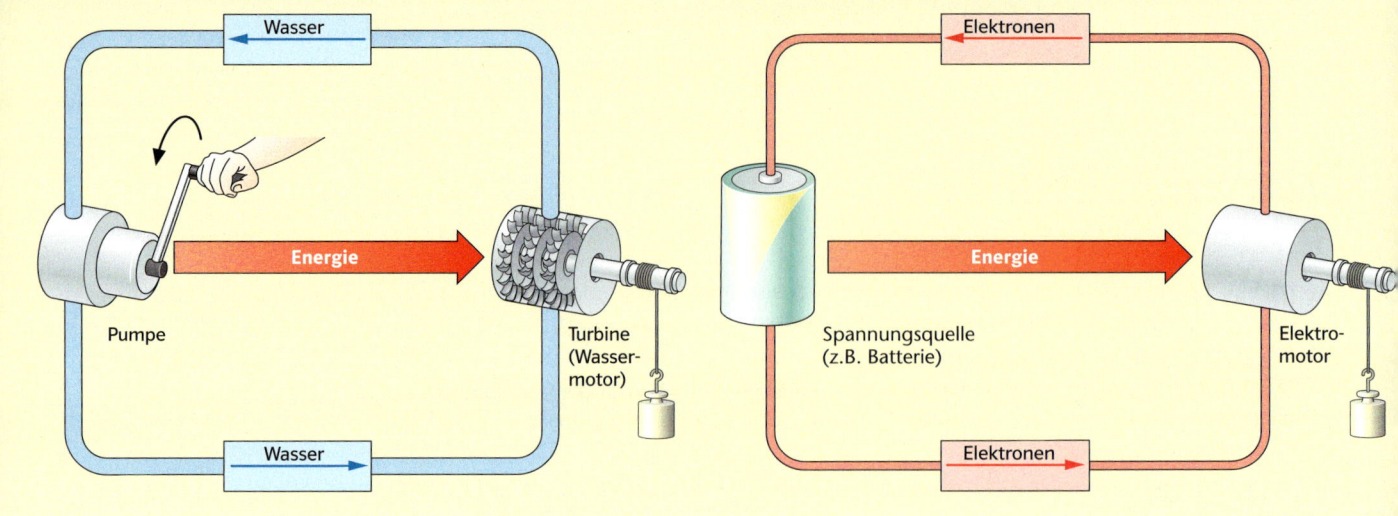

1 Der Wasserkreislauf – Modell für den elektrischen Stromkreis

Die elektrische Spannung

Spannungsquellen treiben Elektronen an

Die Vorgänge in einem Stromkreis kannst du nicht sehen. Ein Modell hilft dir, diese Vorgänge besser zu verstehen: Bild 1 vergleicht den elektrischen Stromkreis mit einem Wasserkreislauf. Im Wasserkreislauf treibt die Pumpe die Wasserteilchen und damit die Turbine an. Im elektrischen Stromkreis treibt eine Spannungsquelle, z. B. eine Batterie, die Elektronen in einem Kabel und damit den Elektromotor an. In beiden Kreisläufen wird mit dem Strom Energie transportiert.

Die elektrische Spannung als Größe

Die **elektrische Spannung** ist ein Maß dafür, wie stark eine Spannungsquelle die Elektronen antreiben kann. Als Formelzeichen für die elektrische Spannung wurde das U festgelegt. Die elektrische Spannung wird in der Einheit Volt (V) gemessen. Sie ist nach dem italienischen Physiker ALESSANDRO VOLTA (1745 – 1827) benannt, der die erste Batterie erfand.
Größere Spannungen misst man in der Einheit Kilovolt (kV). 1 Kilovolt sind 1000 Volt (1 kV = 1000 V).
Kleinere Spannungen gibt man in der Einheit Millivolt (mV) an. 1000 Millivolt sind 1 Volt (1000 mV = 1V).

Die elektrische Spannung gibt an, wie stark die Elektronen im Stromkreis angetrieben werden.

Formelzeichen: U
Einheit: Volt (V)

AUFGABEN

1 ○ Beschreibe, was man unter der elektrischen Spannung versteht.

2 ○ Gib das Formelzeichen und die Einheit der Spannung an.

3 ◒ In einem elektrischen Stromkreis wird Energie transportiert. Erkläre, woran man dies in Bild 1 erkennen kann. Benutze in deiner Erklärung das Wort „Massestück".

4 ◒ Begründe, warum eine Haushaltslampe nicht leuchtet, wenn sie an eine Batterie angeschlossen wird.

5 ● Sammle Informationen über ALESSANDRO VOLTA.

Das Voltmeter

Elektrische Spannungen messen

Messgeräte zur Bestimmung der elektrischen Spannung heißen **Voltmeter**.
In Bild 2 siehst du, wie ein Voltmeter angeschlossen wird. Man beschreibt diese Schaltung folgendermaßen: Voltmeter werden immer parallel zu dem Bauteil geschaltet, an dem die Spannung gemessen werden soll.

In Bild 2 ist das Voltmeter parallel zur Lampe geschaltet. In Bild 2 misst man daher die Spannung an der Lampe. Es gibt analoge (▷ B 1) und digitale Voltmeter.

Gleichspannung und Wechselspannung

Mit einem Voltmeter kannst du zwei unterschiedliche Arten von Spannung messen: **Gleichspannung** und **Wechselspannung**. Batterien liefern Gleichspannung. Batterien treiben die Elektronen in eine Richtung an. Ein Kraftwerk erzeugt Wechselspannung für die Haushalte, die an der Steckdose bereitgestellt wird. Hierbei ändern die fließenden Elektronen ständig ihre Richtung.

Verschiedene Messbereiche

Am Voltmeter kannst du verschiedene Bereiche für die Spannung einstellen. In Bild 2 gibt es dazu den Drehschalter in der Mitte. Den Drehschalter kannst du auf Gleichspannung oder Wechselspannung und auf unterschiedliche Spannungswerte einstellen.

Die elektrische Spannung wird mit einem Voltmeter gemessen. Das Voltmeter wird parallel zu dem Bauteil geschaltet, an dem die Spannung gemessen werden soll.

AUFGABEN

1 ○ Beschreibe, was du beim Anschließen des Voltmeters beachten musst.

2 ◐ Rechne die folgenden Voltmeter-Anzeigen in Volt (V) um: 10 kV; 0,23 kV; 1500 mV; 200 mV

3 ● Recherchiere, wie hoch Spannungen bei Batterien und im Haushalt üblicherweise sind.

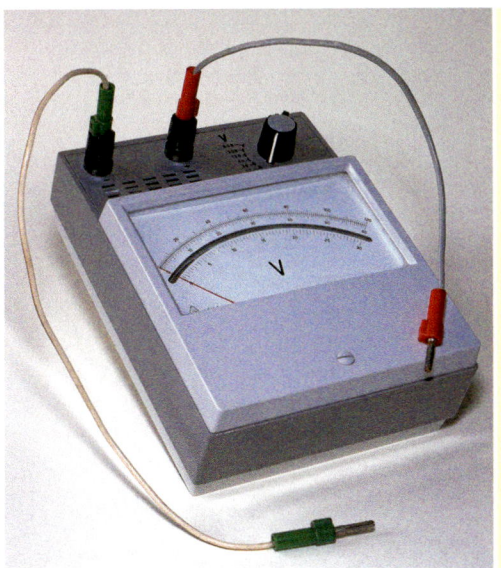

1 Voltmeter

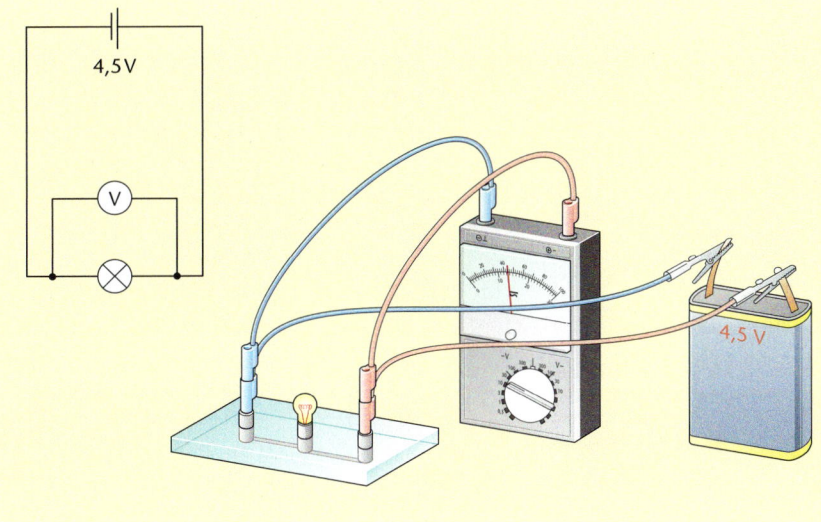

2 So schließt man ein Voltmeter an.

Messen mit dem Multimeter

Sicher möchtest du selbst Messungen im elektrischen Stromkreis durchführen. Damit dies gelingt, ist es wichtig, sich mit dem verwendeten Messgerät vertraut zu machen. Ein Messgerät, mit dem du verschiedene Größen messen kannst, heißt Multimeter. Wie du ein Multimeter bedienst, siehst du in Bild 1. Multimeter gibt es in verschiedenen Ausführungen, sodass du dich immer mit dem Umgang vertraut machen musst. Deine Lehrerin oder dein Lehrer werden dir sicher dabei helfen.

Messen – aber sicher!

Beachte bei allen Messungen die Sicherheitsvorschriften. Baue den Stromkreis mit dem Messgerät zuerst auf, ohne den Strom einzuschalten. Kontrolliere dann alle Anschlüsse und Einstellungen, bevor du den Strom einschaltest.

Messungen in Stromkreisen, in denen Spannungen von mehr als 24 Volt zu erwarten sind (z. B. an der Steckdose), darfst du nicht durchführen.

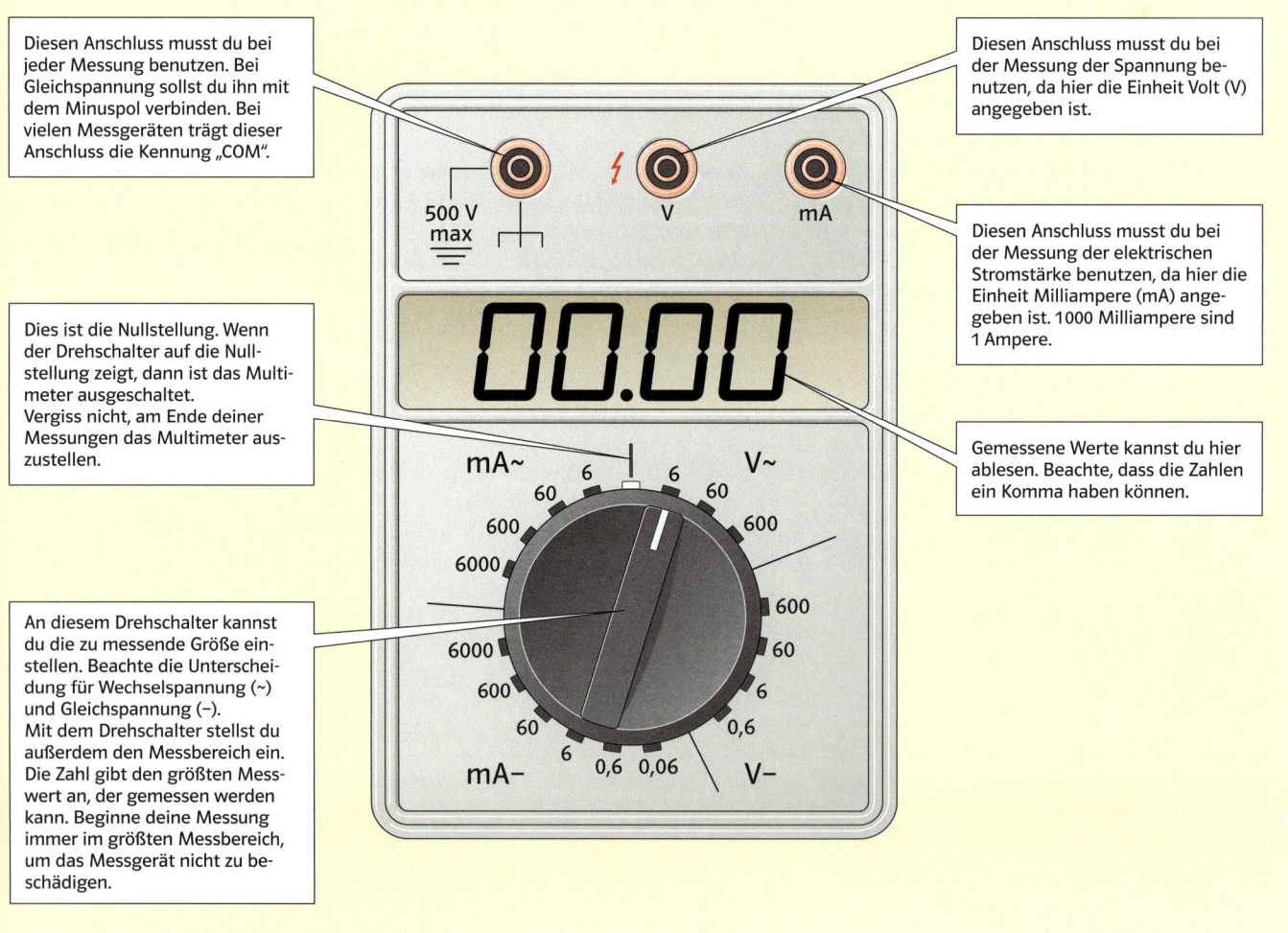

Diesen Anschluss musst du bei jeder Messung benutzen. Bei Gleichspannung sollst du ihn mit dem Minuspol verbinden. Bei vielen Messgeräten trägt dieser Anschluss die Kennung „COM".

Diesen Anschluss musst du bei der Messung der Spannung benutzen, da hier die Einheit Volt (V) angegeben ist.

Diesen Anschluss musst du bei der Messung der elektrischen Stromstärke benutzen, da hier die Einheit Milliampere (mA) angegeben ist. 1000 Milliampere sind 1 Ampere.

Dies ist die Nullstellung. Wenn der Drehschalter auf die Nullstellung zeigt, dann ist das Multimeter ausgeschaltet.
Vergiss nicht, am Ende deiner Messungen das Multimeter auszustellen.

Gemessene Werte kannst du hier ablesen. Beachte, dass die Zahlen ein Komma haben können.

An diesem Drehschalter kannst du die zu messende Größe einstellen. Beachte die Unterscheidung für Wechselspannung (~) und Gleichspannung (–).
Mit dem Drehschalter stellst du außerdem den Messbereich ein. Die Zahl gibt den größten Messwert an, der gemessen werden kann. Beginne deine Messung immer im größten Messbereich, um das Messgerät nicht zu beschädigen.

1 So bedienst du ein Multimeter.

Umgang mit Messgeräten und Messfehlern

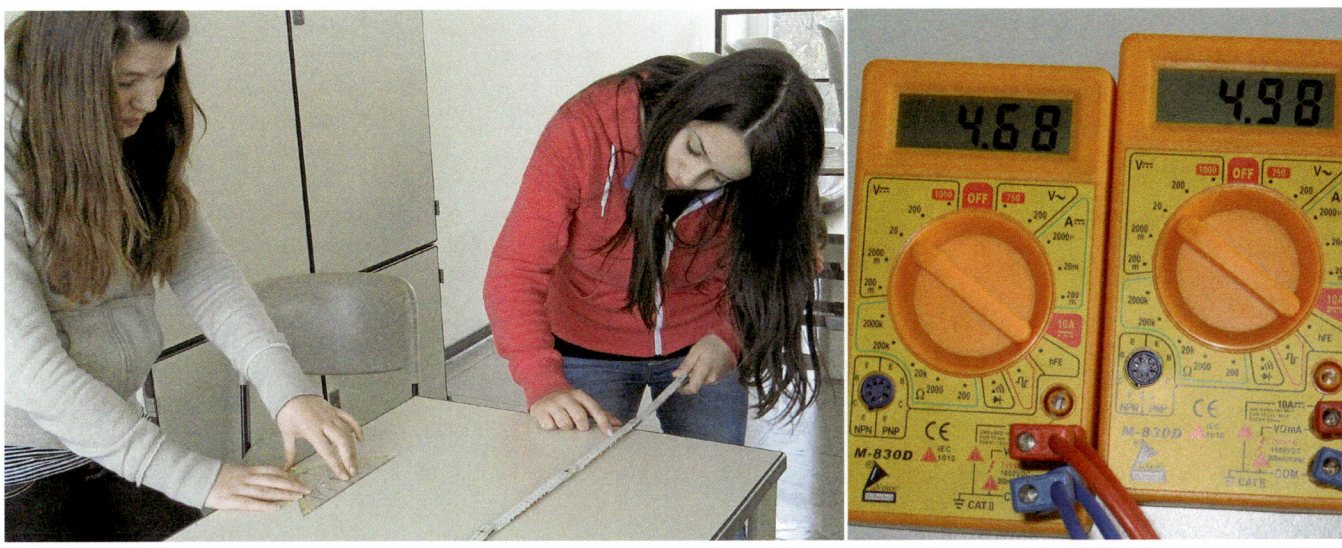

1 Ein Versuch, zwei Ergebnisse   **2** Abweichung in der Anzeige

Auf das Messgerät kommt es an
Wenn du die Breite eines Tischs
im Physikraum bestimmen sollst,
kannst du z. B. ein Geodreieck
oder einen Meterstab verwenden
(▷ B 1). Vergleichst du die Messung
mit dem Geodreieck mit der Messung mit dem Meterstab, wirst du
vermutlich zwei unterschiedliche
Messwerte erhalten.
Messungen mit dem Geodreieck
sind für diesen Versuch ungeeignet. Ein Geodreieck muss
mehrmals nacheinander angelegt
werden. Dabei kann es zu kleinen
Verschiebungen kommen, die dein
Messergebnis verfälschen.
Mit einem Meterstab kannst du die
Tischbreite direkt bestimmen.

Die Wahl des geeigneten Mess-
bereichs
Beim Messen elektrischer Größen
mit dem Multimeter musst du den
geeigneten Messbereich einstellen.

Wählst du einen zu großen Messbereich, wird der Messwert nicht
genau genug angezeigt. Wählst du
einen zu kleinen Messbereich, kann
das Messgerät zerstört werden.

Digital – und doch nicht genau
Alle Messgeräte haben sogenannte
Fehlertoleranzen. Diese sind meist
in der Beschreibung oder auf dem
Gerät aufgedruckt. Die Fehlertoleranz gibt an, um wie viel Prozent
der Anzeigewert vom tatsächlichen
Wert abweichen kann. Beträgt die
Fehlertoleranz bei einem Voltmeter
z. B. ± 10 %, so kann bei einer Spannung von 5 V das Messgerät einen
Wert von 4,5 V bis 5,5 V anzeigen
(▷ B 2). In Bild 2 ergibt sich für
beide Messgeräte ein Wert von 5 V,
wenn du rundest.

Für die meisten Versuche reicht es
völlig aus, auf die erste Stelle nach
dem Komma zu runden. Dabei

gelten die Rundungsregeln der
Mathematik.

AUFGABEN

1 ⬤ Auf einer Waage ist eine
Fehlertoleranz von 2 % angege-
ben. Ermittle, welche Masse die
Waage minimal und maximal
anzeigt, wenn ein Schüler eine
Masse von 50 kg hat.

2 ⬤ Runde folgende Messwerte
auf die erste Stelle nach dem
Komma: 50,75 mA; 7,31 V; 0,29 m;
9,99 s

3 ⬤ Die Siedetemperatur von
Wasser soll bestimmt werden.
Begründe, welches Thermo-
meter du verwenden würdest.
Begründe auch, welches Thermometer du als ungeeignet
betrachtest (▶ S. 8).

Im einfachen Stromkreis messen

1 Checkliste

Damit deine Messungen im Stromkreis erfolgreich sind, musst du bei jeder Messung einige Regeln beachten. Wähle für jede Messung das richtige Messgerät aus oder benutze ein Multimeter. Erst wenn du alle Fragen der Checkliste in Bild 1 mit „ja" beantworten kannst, darfst du mit deiner Messung beginnen und den Stromkreis schließen. Wenn du dir nicht sicher bist, kann dir deine Lehrerin oder dein Lehrer helfen.
Ist der erste Zeigerausschlag oder der erste angezeigte Wert deiner Messung zu gering, darfst du den nächstkleineren Messbereich einstellen.

1 Spannungen an Batterien
Material
verschiedene Batterien, Voltmeter oder Multimeter, Kabel

Versuchsanleitung
a) Bestimme die Spannungen verschiedener Batterien. Schließe dazu ein Voltmeter oder ein Multimeter an die jeweilige Batterie an. Achte beim Anschluss auf die richtige Polung.
Vergleiche die Messwerte mit den Spannungen, die auf den Batterien angegeben sind.
b) Verwende für deine Messungen gebrauchte Batterien. Beschreibe, was du feststellst.

2 Spannungen am Netzgerät
Material
regelbares Netzgerät, Voltmeter oder Multimeter, Kabel, Glühlampe mit Fassung

Versuchsanleitung
a) Verbinde das Messgerät mit den Anschlüssen des Netzgeräts. Achte darauf, dass am Netzgerät die Spannung auf 0 V eingestellt ist.
b) Erhöhe die Spannung am Netzgerät langsam so, dass du nacheinander 1 V, 2 V, ..., 6 V ablesen kannst. Vergleiche dabei die Spannungsangaben am Netzgerät mit den Werten am Messgerät.
c) Finde heraus, welche Spannung das Netzgerät maximal bereitstellt.
d) Baue die Schaltung wie in Bild 2 auf. Bestimme die Spannung, ab der die Glühlampe zu leuchten beginnt.

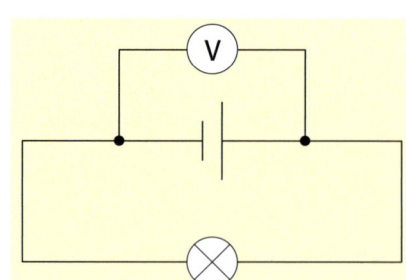

2 Zu Versuch 2 d

3 Spannungen am Dynamo
Material
Dynamo, Voltmeter oder Multimeter, Kabel, Krokodilklemmen

Versuchsanleitung
a) Baue den Versuch wie in Bild 3 auf: Verbinde einen Anschluss des Messgeräts mit dem Mittelkontakt

des Dynamos, den anderen Anschluss mit dem Gehäuse des Dynamos. Verwende dabei die Krokodilklemmen.
Achtung: Ein Dynamo erzeugt eine Wechselspannung. Kontrolliere, ob das Messgerät entsprechend angeschlossen ist, und stelle es entsprechend ein.
b) Treibe den Dynamo mit unterschiedlichen Geschwindigkeiten an und lies die Spannungen ab.
c) Formuliere einen Zusammenhang zwischen der Geschwindigkeit und der angezeigten Spannung.

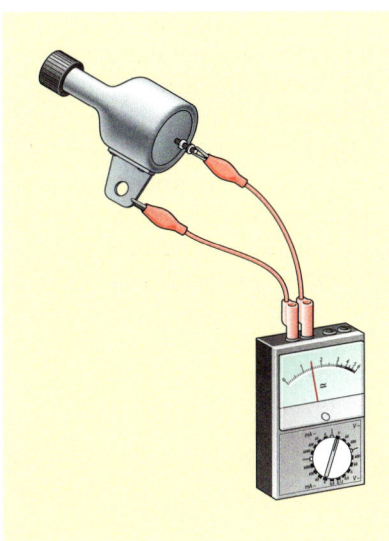

3 Messen am Dynamo

4 Stromstärken messen
Material
Flachbatterie (4,5 V), Amperemeter oder Multimeter, Kabel, verschiedene Glühlampen mit Fassung

Versuchsanleitung
Baue den Stromkreis mit den angegebenen Materialien wie in Bild 4 auf. Lies für jede Glühlampe die Stromstärke am Messgerät ab.

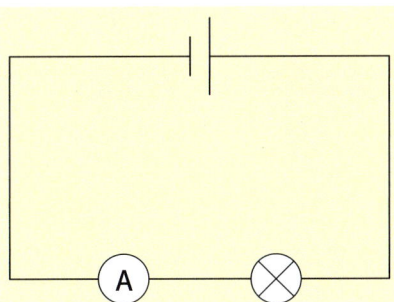

4 Zu Versuch 4 und 5

5 Stromstärken verändern und messen
Material
regelbares Netzgerät, Amperemeter oder Multimeter, Kabel, verschiedene Glühlampen mit Fassung

Versuchsanleitung
a) Baue den Stromkreis mit den angegebenen Materialien wie in Bild 4 auf.
b) Beginne mit der Stromstärke von 0 A. Stelle die Stromstärke so ein, dass sie mit dem Wert auf der Fassung der Glühlampe übereinstimmt.
Achtung: Diesen Wert für die Stromstärke darfst du nicht

überschreiten, da sonst die Glühlampe zerstört werden kann.
c) Wiederhole den Versuch mit verschiedenen Glühlampen.

6 Den Stromfluss prüfen
Material
Flachbatterie (4,5 V), Amperemeter oder Multimeter, Kabel, Glühlampe mit Fassung, Alltagsgegenstände

Versuchsanleitung
a) Baue den Prüfstromkreis zunächst wie in Bild 5 gezeigt auf. Baue dann zusätzlich ein Messgerät für die Stromstärke ein.
b) Bestimme die Stromstärke, wenn du den Stromkreis mit verschiedenen Alltagsgegenständen schließt. Notiere die Messergebnisse in einer Tabelle (▷ B 6).

Gegen-stand	Stoff	Strom-stärke
Schere	Eisen	

6 Zu Versuch 6

c) Bringe die Messergebnisse in eine sinnvolle Reihenfolge.

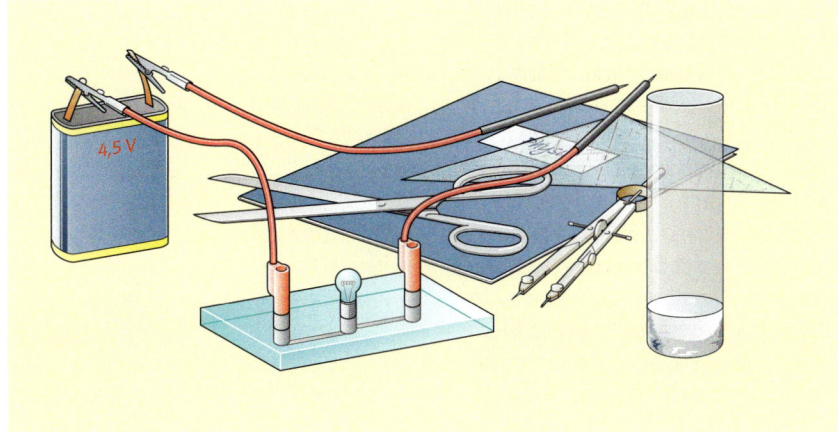

5 Prüfstromkreis

In Reihen- und Parallelschaltungen messen

1 Zu Versuch 1

In den folgenden Versuchen sollst du elektrische Stromstärken und Spannungen in Schaltungen mit mehreren Glühlampen messen. Man nennt diese Schaltungen Reihenschaltungen und Parallelschaltungen. Achte darauf, dass du bei allen Versuchen immer baugleiche Glühlampen verwendest.
Die folgenden Versuche könnt ihr gut an Stationen bearbeiten.

1 Die Stromstärke in der Reihenschaltung

Material
Spannungsquelle, drei Amperemeter oder Multimeter, Kabel, Schalter, drei baugleiche Glühlampen mit Fassung

Versuchsanleitung
a) Baue den in Bild 1 dargestellten Stromkreis auf.
b) Stelle an der Spannungsquelle 6 V ein und miss anschließend die Gesamtstromstärke I_g sowie die Stromstärken I_1 und I_2. Notiere deine Messwerte in einer Tabelle.
c) Betrachte deine Messwerte. Formuliere eine Vermutung, wie die Stromstärken I_g, I_1 und I_2 zusammenhängen.
d) Überprüfe deine Vermutung, indem du den Versuch mit drei Glühlampen wiederholst.

2 Die Spannung in der Reihenschaltung

Material
Spannungsquelle, drei Voltmeter oder Multimeter, Kabel, Schalter, drei baugleiche Glühlampen mit Fassung

Versuchsanleitung
a) Baue den in Bild 2 dargestellten Stromkreis auf.
b) Stelle an der Spannungsquelle 6 V ein. Miss nun die Gesamtspannung U_g an der Spannungsquelle und die Spannungen U_1 und U_2 an den beiden Lampen. Halte deine Messwerte in einer geeigneten Tabelle fest.
c) Betrachte deine Messwerte. Formuliere eine Vermutung, wie U_g, U_1 und U_2 zusammenhängen.

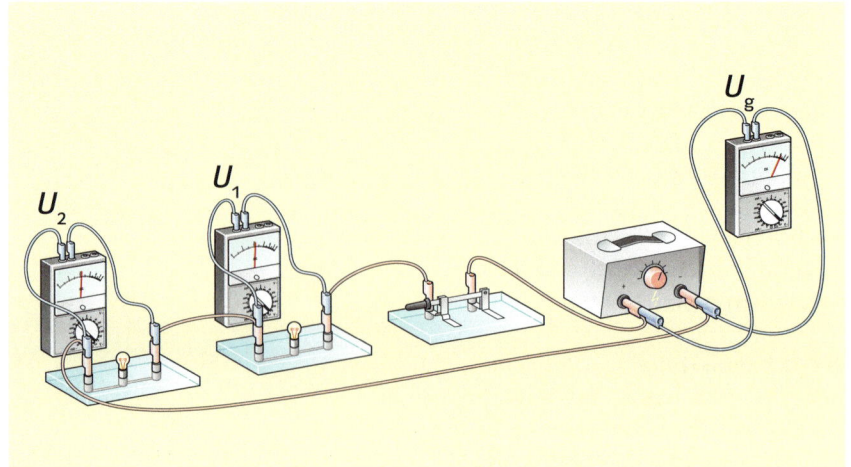

2 Zu Versuch 2

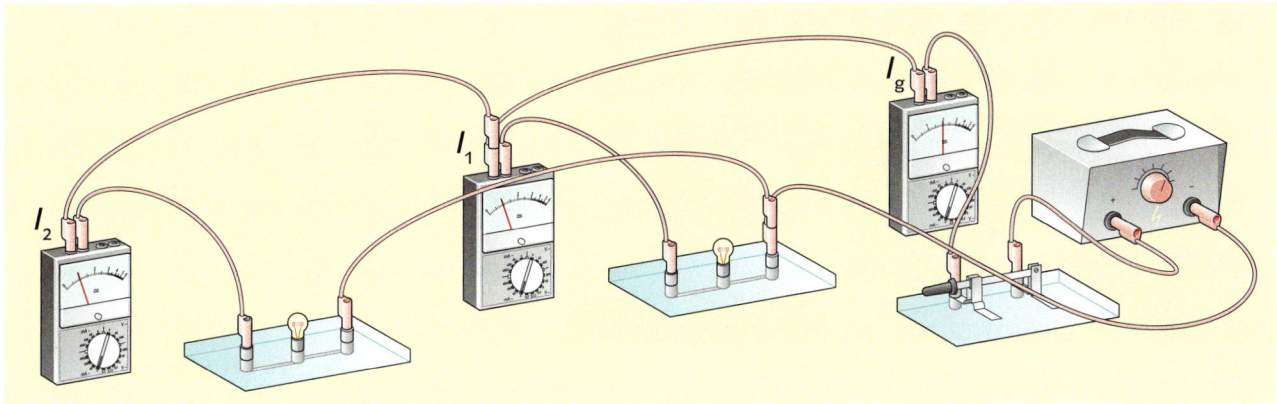

3 Zu Versuch 3

d) Überprüfe deine Vermutung, indem du den Versuch mit drei Glühlampen wiederholst.

3 Die Stromstärke in der Parallelschaltung

Material

Spannungsquelle, drei Amperemeter oder Multimeter, Kabel, Schalter, drei baugleiche Glühlampen mit Fassung

Versuchsanleitung

a) Baue den in Bild 3 dargestellten Stromkreis auf.

b) Stelle die Spannungsquelle auf 6 V ein. Bestimme die Gesamtstromstärke I_g und die Stromstärken I_1 und I_2. Notiere deine Messwerte in einer Tabelle.

c) Betrachte deine Messwerte. Formuliere eine Vermutung, wie I_g, I_1 und I_2 zusammenhängen.

d) Überprüfe deine Vermutung, indem du den Versuch mit drei Glühlampen wiederholst.

4 Die Spannung in der Parallelschaltung

Material

Spannungsquelle, drei Voltmeter oder Multimeter, Kabel, Schalter,

drei baugleiche Glühlampen mit Fassung

Versuchsanleitung

a) Baue den in Bild 4 dargestellten Stromkreis auf.

Tipp: Baue zuerst den Stromkreis ohne die Voltmeter auf. Die Voltmeter kannst du am Schluss dazuschalten.

b) Stelle an der Spannungsquelle eine Gesamtspannung U_g von 6 V ein und überprüfe diese mit dem Voltmeter. Miss anschließend noch die Spannungen U_1 und U_2 an den

beiden Lampen. Notiere deine Messwerte in einer geeigneten Tabelle.

c) Betrachte deine Messwerte. Formuliere eine Vermutung, wie U_g, U_1 und U_2 zusammenhängen.

d) Überprüfe deine Vermutung, indem du den Versuch mit drei Glühlampen wiederholst.

AUFGABE

1 ● Fertige zu allen vier Versuchen einen Schaltplan an.

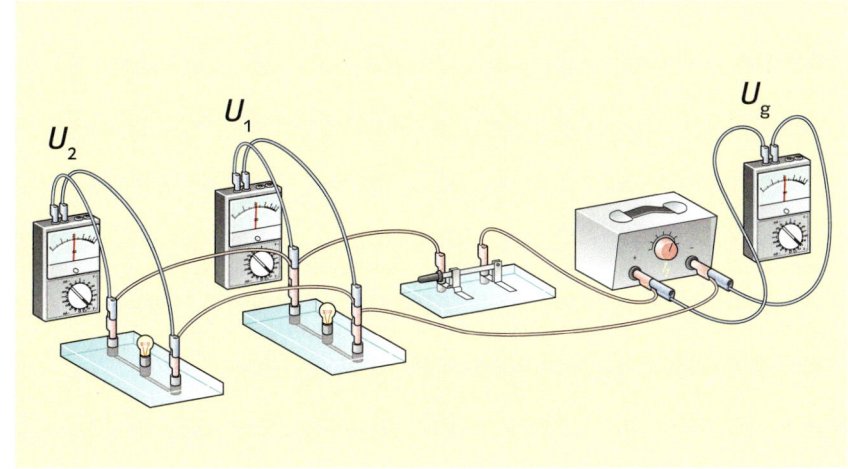

4 Zu Versuch 4

1 Lichterkette

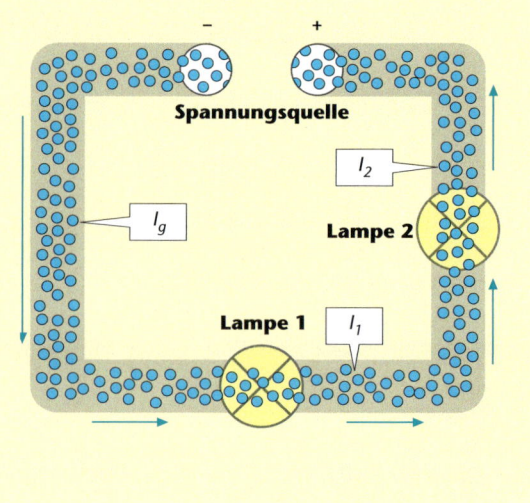

2 Fluss der Elektronen durch eine Reihenschaltung

Die Reihenschaltung von Geräten

Die Spannung bei der Reihenschaltung

Einige Lichterketten bestehen aus 20 Lampen, die hintereinander wie in einer Reihe geschaltet sind. Dies nennt man eine **Reihenschaltung**.

Jede einzelne Lampe darf höchstens an eine Spannung von 12 Volt angeschlossen werden. Trotzdem kann man die Lichterkette an eine Spannung von 230 Volt anschließen, ohne dass sie kaputt geht. Dies liegt daran, dass sich die Spannung auf die einzelnen Lampen verteilt.

Bei der Reihenschaltung kannst du feststellen (► S.110/111): Die Gesamtspannung U_g ist genau so groß wie die Summe der Spannungen (U_1, U_2, …) an den einzelnen Lampen:

$$U_g = U_1 + U_2 + …$$

Die Stromstärke bei der Reihenschaltung

In einer Reihenschaltung kannst du die Stromstärke an verschiedenen Stellen messen: In Bild 2 wird vor, zwischen und nach den Lampen gemessen. Dabei kommt heraus: Die Stromstärke ist überall im Stromkreis gleich groß:

$$I_g = I_1 = I_2$$

Für die Reihenschaltung gilt: Die Stromstärke ist überall im Stromkreis gleich groß. Die Gesamtspannung ist so groß wie die Summe der Einzelspannungen.

AUFGABEN

1 ○ Nenne die Gesetzmäßigkeiten bei der Reihenschaltung von Geräten.

2 ◐ Bei der Reihenschaltung von zwei Lampen wird an einer Lampe eine Spannung von 5 V gemessen. Berechne die Gesamtspannung, wenn du an der anderen Lampe eine Spannung von 8 V misst.

3 ◐ Zeichne das Schaltbild zu Bild 2.

4 ● In einer Lichterkette liegen 20 (40, 80) gleiche Lampen in Reihe an der Netzspannung (230 V) an. Berechne, welche Spannung an jeder Lampe anliegt.

Die Parallelschaltung von Geräten

Die Spannung bei der Parallelschaltung

Damit du mehrere Geräte an eine Wand-steckdose anschließen kannst, benötigst du eine Mehrfachsteckdose (▷ B 2). In einer Mehrfachsteckdose sind die Kabel auf besondere Weise verlegt: Jedes Gerät hat seinen eigenen Stromkreis mit der einzigen Spannungsquelle. Dies nennt man eine **Parallelschaltung**.

Wenn du eines der Geräte aussteckst, funktionieren die anderen Geräte weiterhin. An jedem Gerät liegt außerdem die Netzspannung von 230 Volt an.

Bei der Parallelschaltung kannst du feststellen (► S. 110/111): Wenn du Geräte parallel schaltest und die Spannungen misst, so zeigen die Voltmeter immer dieselbe Spannung an der Spannungs-quelle (U_g) und an den einzelnen Geräten ($U_1, U_2, \ldots$) an.

$$U_g = U_1 = U_2 = \ldots$$

Die Stromstärke bei der Parallelschaltung

Wenn elektrische Geräte parallel geschaltet sind, dann fließt der Strom zunächst durch eine gemeinsame Zuleitung bis zur Verzweigung. Dort teilt sich der Strom auf (▷ B 1). Durch jedes Gerät fließt ein Teilstrom. Nach den Geräten fließen die Teilströme wieder zusammen.

Für die Stromstärken in Bild 1 bedeutet das: Die Teilstromstärken I_1 und I_2 addieren sich zur Gesamtstromstärke I_g:

$$I_g = I_1 + I_2$$

Für die Parallelschaltung gilt: Die Spannung ist überall gleich groß. Die Gesamtstromstärke ist genau so groß wie die Summe der Teilstromstärken.

AUFGABEN

1 ○ Nenne die Gesetzmäßigkeiten bei der Parallelschaltung von Geräten.

2 ◐ An eine Mehrfachsteckdose sind ein Fernseher (0,4 A) und ein Receiver (100 mA) angeschlossen. Berechne die Gesamtstromstärke.

3 ◐ Zeichne das Schaltbild zu Bild 1.

4 ● Begründe anhand von Bild 1, warum die Stromstärke an jeder Lampe nicht genau so groß sein kann wie die Gesamtstromstärke.

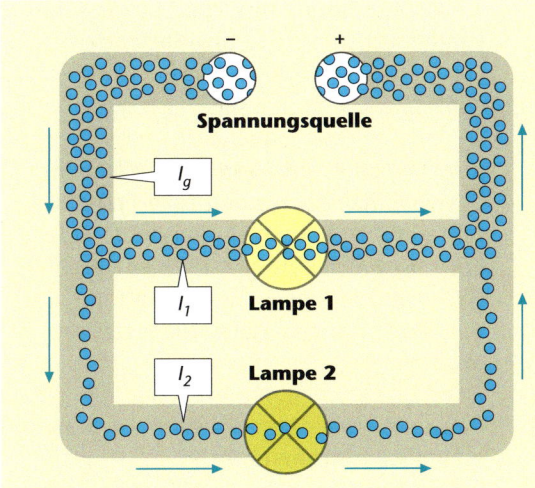

1 Fluss der Elektronen durch eine Parallelschaltung

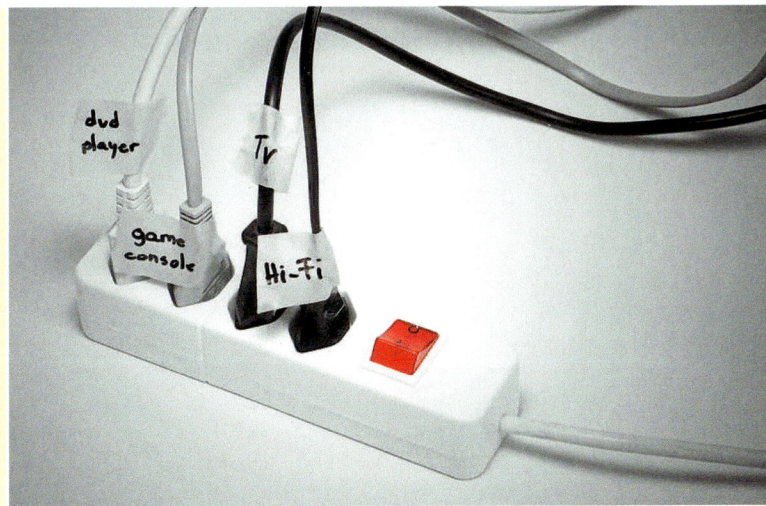

2 Mehrfachsteckdose

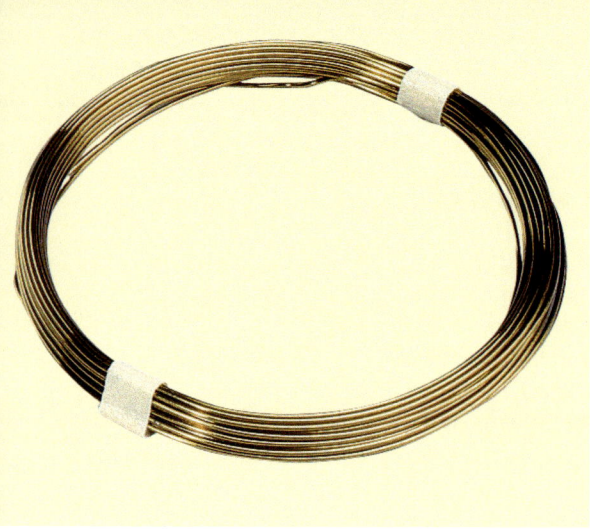

1 Konstantan

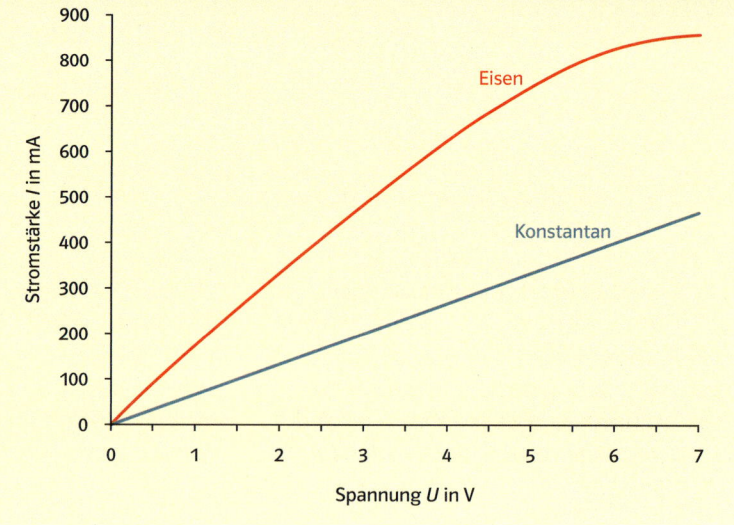

2 *U-I*-Diagramm von Eisen und Konstantan

Das Ohm'sche Gesetz

Je höher die elektrische Spannung, desto höher die elektrische Stromstärke

Du hast bereits die elektrische Stromstärke und die elektrische Spannung kennengelernt. Die elektrische Stromstärke und die elektrische Spannung sind aber nicht losgelöst voneinander, sondern hängen miteinander zusammen. In Bild 2 ist dieser Zusammenhang in einem Diagramm dargestellt: Auf der x-Achse wird die Spannung eingetragen, auf der y-Achse die Stromstärke. Man nennt dies ein **Spannungs-Stromstärke-Diagramm** oder

U-I-Diagramm. In Bild 2 kannst du erkennen: Je höher die elektrische Spannung ist, desto höher ist auch die elektrische Stromstärke. Dies gilt für alle Bauteile, egal aus welchem Material sie sind.

Bauteile aus besonderen Materialien

In Bild 2 kannst du noch mehr erkennen: In Bild 2 wird ein Bauteil aus Eisen mit einem Bauteil aus Konstantan, einem besonderen Material, verglichen. Du siehst, dass die Kurven für Eisen und Konstantan ganz unterschiedlich aussehen. Wenn du die elektrische Stromstärke und die Spannung vergleichst, kannst du also Besonderheiten von Bauteilen aus bestimmten Materialien entdecken.

Konstantan – eine besondere Mischung

In vielen elektrischen Bauteilen wird das Material Konstantan verwendet (▷ B 1). Konstantan ist eine Mischung aus Kupfer, Nickel und Mangan. Was macht Bauteile aus dem Material Konstantan so besonders?

Doppelte elektrische Spannung – doppelte elektrische Stromstärke

In Bild 2 erkennst du: Alle Messwert-Paare von Konstantan liegen auf einer Geraden

3 Eisen

durch den Koordinatenursprung. Das heißt: Wenn die elektrische Spannung doppelt (3-fach, 4-fach, …) so groß ist, dann ist auch die elektrische Stromstärke doppelt (3-fach, 4-fach, …) so groß. Dies kann man auch folgendermaßen ausdrücken: Die elektrische Spannung und die elektrische Stromstärke sind proportional zueinander. Dieses Verhalten macht Bauteile aus dem Material Konstantan so besonders.

Eisen verhält sich anders

Das Bauteil aus Eisen zeigt ein anderes Verhalten (▷ B 2): Bei Eisen steigt die Kurve anfangs steil an und wird danach immer flacher. Das bedeutet: Mit zunehmender Spannung leitet Eisen immer schlechter den elektrischen Strom.

Das Ohm'sche Gesetz

Der Physiker GEORG SIMON OHM untersuchte vor etwa 200 Jahren den Zusammenhang zwischen Stromstärke und Spannung. Dabei fand er heraus, dass bei manchen Bauteilen aus bestimmten Materialien die Spannung und die elektrische Stromstärke proportional zueinander sind. Dies bezeichnet man als **Ohm'sches Gesetz**.
Das Ohm'sche Gesetz gilt zum Beispiel für Bauteile aus dem Material Konstantan. Für Bauteile aus Eisen gilt das Ohm'sche Gesetz aber nicht.

Für manche Bauteile aus besonderen Materialien gilt das Ohm'sche Gesetz. Nach dem Ohm'schen Gesetz sind die elektrische Spannung und die elektrische Stromstärke proportional zueinander. Das heißt: Aus einer doppelten (3-fachen, 4-fachen, …) elektrischen Spannung folgt eine doppelte (3-fache, 4-fache, …) elektrische Stromstärke.

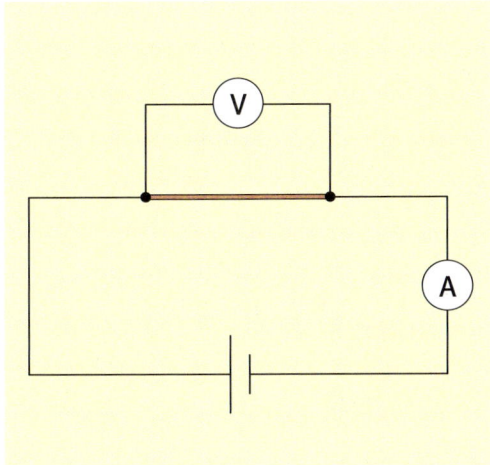

4 Versuch zum Ohm'schen Gesetz

AUFGABEN

1 ○ Nenne das Ohm'sche Gesetz.

2 ○ Gib an, aus welchen Materialien ein Konstantan-Draht besteht.

3 ◖ Beschreibe den Unterschied zwischen Bauteilen aus Eisen und Konstantan. Nutze auch das Diagramm in Bild 2.

4 ◖ Vervollständige folgende Sätze für Bauteile aus dem Material Konstantan:
a) Wenn die elektrische Spannung 3-mal so groß wird, dann …
b) Wenn die elektrische Stromstärke 5-mal so groß ist, dann …

5 ● Prüfe anhand folgender Messwert-Paare, ob das Ohm'sche Gesetz gilt:
a) 2 V – 5 A; 5 V – 8 A; 10 V – 10 A
b) 3 V – 9 A; 6 V – 18 A; 9 V – 27 A

VERSUCHE

1 a) Baue die Schaltung wie in Bild 4 auf. Schließe dazu einen Konstantan-Draht (z. B. Länge von 0,5 m, Durchmesser von 0,2 mm) an eine Spannungsquelle an. Schließe das Voltmeter so an, dass du die Spannung am gesamten Konstantan-Draht messen kannst.
b) Erhöhe die Spannung in 0,5-Volt-Schritten und miss die elektrische Stromstärke. Trage die Messwerte in eine Tabelle ein.
c) Fertige ein *U-I*-Diagramm an.

2 Wiederhole Versuch 1 mit einem Draht aus einem anderen Material, zum Beispiel Eisen oder Kupfer. Achte darauf, dass sich die Länge und der Durchmesser zum Konstantan-Draht nicht verändern.
Fertige wieder eine Messwert-Tabelle und ein *U-I*-Diagramm an. Vergleiche das Diagramm mit dem aus Versuch 1.

Mit dem Computer auswerten

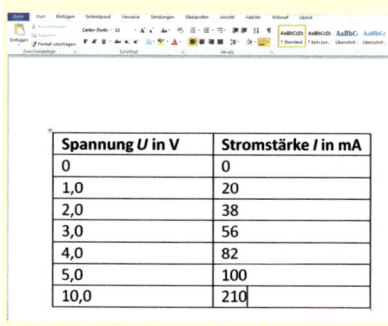

1 Tabelle in einer Textverarbeitung

Bei vielen physikalischen Versuchen musst du Messwert-Tabellen erstellen. Möchtest du beispielsweise den Zusammenhang zwischen Spannung und elektrischer Stromstärke eines elektrischen Bauteils untersuchen, trägst du die entsprechenden Messwerte zunächst in eine Tabelle ein. Zur Auswertung der Daten ist es oft hilfreich, Diagramme anzufertigen. Am Computer lassen sich Tabellen ordentlich gestalten und Daten in Diagrammen sauber darstellen.

2 Tabellenkalkulation

Eine Tabelle erstellen

Jede Textverarbeitung bietet dir eine einfache Tabellenfunktion an, mit der du schnell und bequem eine einfache Tabelle gestalten kannst. Für Tabellen, in die nur Messwerte eingetragen werden sollen, reicht die Textverarbeitung völlig aus (▷ B 1).

Die Tabellenkalkulation

Willst du Diagramme anfertigen, ist eine Tabellenkalkulation notwendig (▷ B 2). Wenn du das Programm startest, fallen dir sofort die vielen Zellen (Felder) auf. In diese Zellen kannst du die Daten eintragen. Jede Zelle gibt es nur einmal, sie ist eindeutig benannt. Die Bezeichnung setzt sich aus dem Spaltenbuchstaben und der Zeilennummer zusammen, z. B. A1 oder B7. Die Bezeichnung der aktiven Zelle findest du oben links.

Daten eingeben

In die einzelnen Zellen kannst du Texte oder Zahlen eingeben. Wie aus der Textverarbeitung gewohnt, kannst du auch hier die Zellinhalte formatieren: So kannst du beispielsweise für jede Zelle eine andere Schriftart und Schriftgröße wählen.

Diagramme zeichnen

Mit den gemessenen Werten soll nun ein Spannungs-Stromstärke-Diagramm erstellt werden.
Dazu musst du die Registerkarte „Einfügen" anklicken. Dort findest du eine Gruppe von Schaltflächen für Diagramme. Hier brauchst du das Punkt-Diagramm. Wenn du

die Schaltfläche „Punkt" anklickst, dann werden dir unterschiedliche Arten von Punkt-Diagrammen angeboten (▷ B 3). Hier brauchst du das Punkt-Diagramm ohne Linien: Meistens ist es das erste von allen angezeigten Punkt-Diagrammen. Sobald du darauf klickst, erscheint schon das Diagramm.

Außerdem erscheinen jetzt drei weitere Registerkarten, die grün unterlegt sind: Es sind die Registerkarten „Entwurf", „Layout" und „Format". Diese neuen Registerkarten erscheinen immer dann, wenn du ein neues Diagramm erstellst oder auf ein schon fertiges Diagramm klickst.

In der Registerkarte „Entwurf" kannst du z. B. den Diagrammtyp ändern, falls du aus Versehen einen falschen Diagrammtyp angeklickt hast.

In der Registerkarte „Layout" findest du zwei wichtige

3 Ein Punkt-Diagramm erstellen

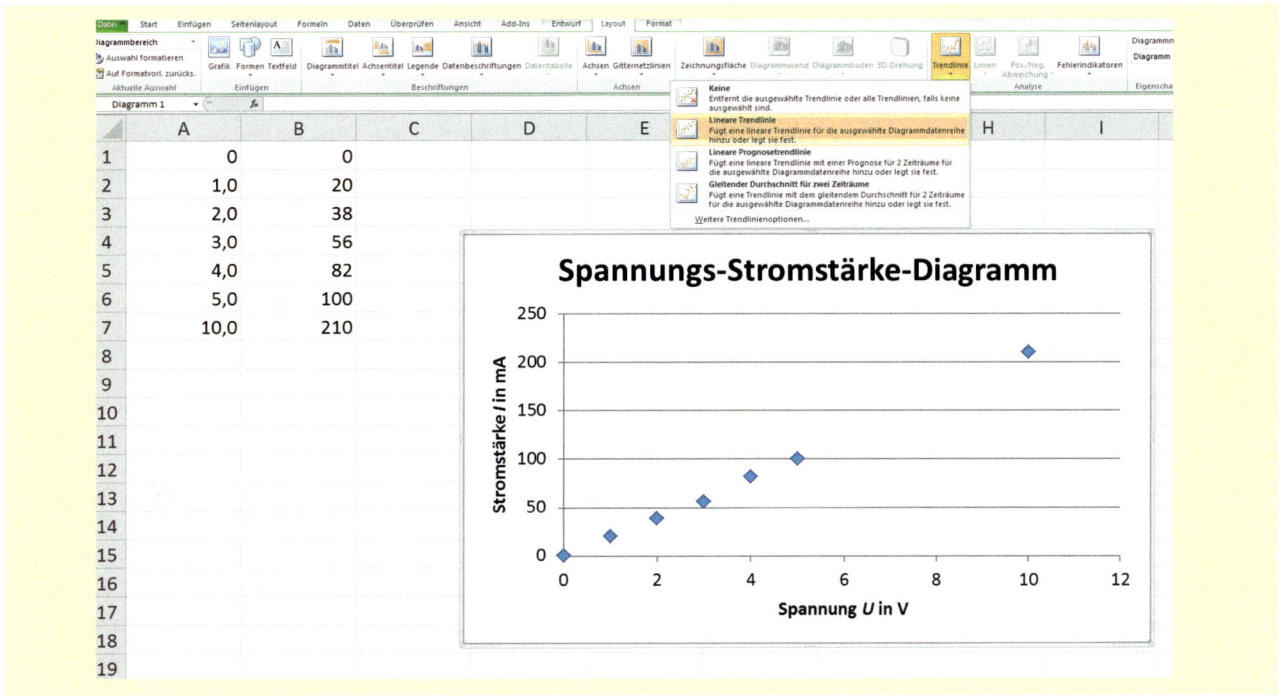

4 Eine Trendlinie hinzufügen

Schaltflächen, die du bei jedem Diagramm brauchst: Mit der Schaltfläche „Achsentitel" kannst du die Achsen beschriften. Mit der Schaltfläche „Diagrammtitel" kannst du deinem Diagramm eine Überschrift geben. Dies ist wichtig, damit du und andere Personen später wissen, was im Diagramm dargestellt ist.

In der Registerkarte „Format" kannst du das Aussehen deines Diagramms ändern, z. B. die Höhe und die Breite verändern.

Die Ausgleichsgerade

Jetzt brauchst du noch eine Linie, die deine Punkte sinnvoll verbindet. Dazu musst du die Registerkarte „Layout" anklicken. Wenn du auf die Schaltfläche „Trendlinie" klickst, dann erscheint eine Auswahl

verschiedener Trendlinien ($\triangleright$ B 4). Meistens benötigst du die „lineare Trendlinie". Sobald du darauf klickst, werden die Punkte in deinem Diagramm mit einer Geraden

verbunden. Diese Gerade berücksichtigt mögliche Messfehler.

In Bild 5 siehst du das vollständige Diagramm.

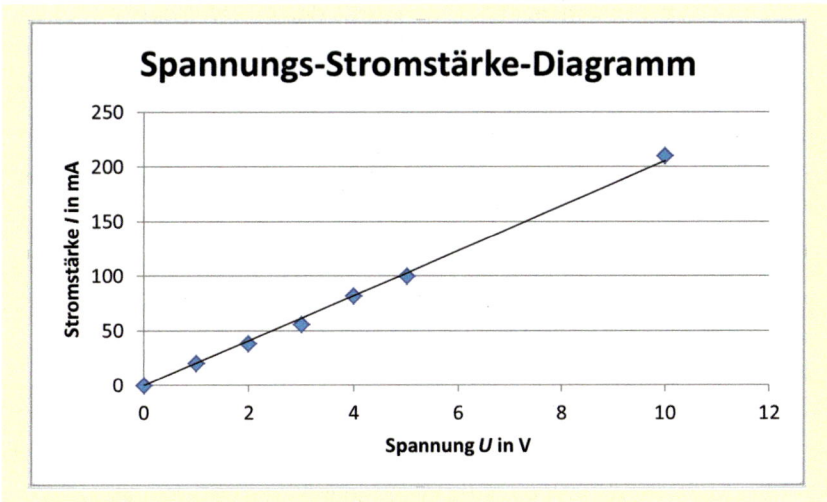

5 Vollständiges Diagramm mit Ausgleichsgerade

117

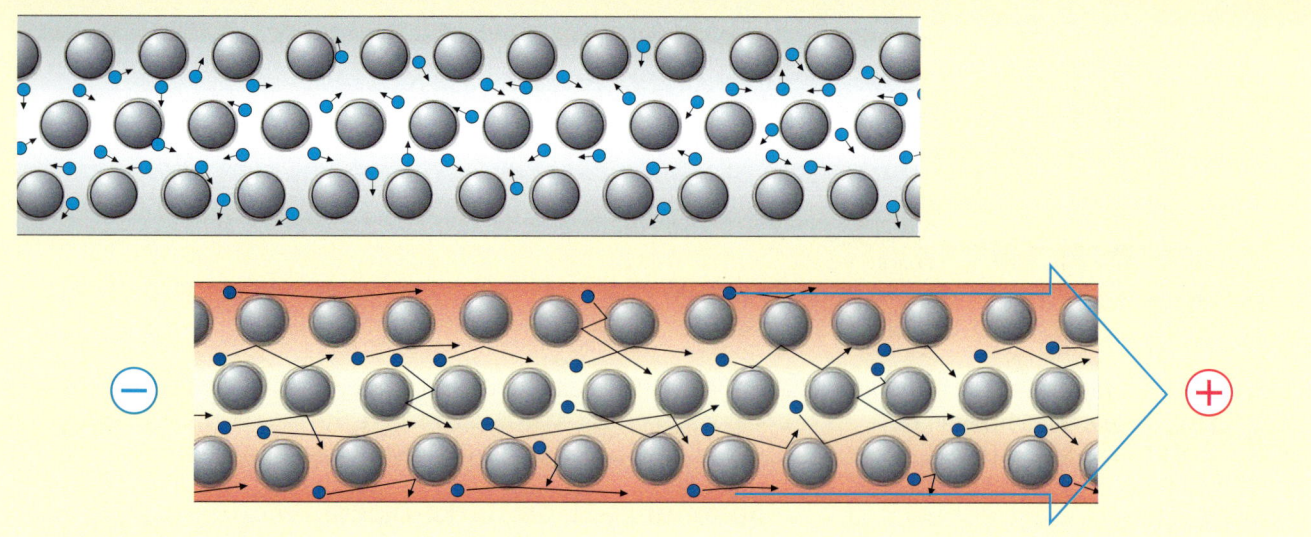

1 Was beim Anlegen einer Spannung im Draht passiert

Der elektrische Widerstand

Widerstand gegen den Strom

In jedem Metalldraht gibt es Elektronen, die sich frei im Draht bewegen können (▷ B 1, oben). Wenn der Draht an eine Spannungsquelle angeschlossen wird, dann werden diese Elektronen durch den Draht zum Pluspol getrieben. Die Elektronen stoßen dabei immer wieder mit den Atomen im Draht zusammen (▷ B 1, unten). Dadurch werden die Elektronen in ihrer Bewegung eingeschränkt. Je mehr Zusammenstöße stattfinden, desto langsamer wird der Elektronenstrom. Alle elektrischen Bauteile schränken den Elektronenstrom ein. Diese Eigenschaft wird **elektrischer Widerstand** genannt.
(► Struktur der Materie, S. 144/145)

Formelzeichen und Einheit

Damit man Widerstände vergleichen kann, gibt es den elektrischen Widerstand auch als physikalische Größe. Der elektrische Widerstand hat das Formelzeichen R und die Einheit Ohm. Die Einheit Ohm wurde nach dem Physiker GEORG SIMON OHM (1789–1854) benannt. Die Einheit Ohm wird mit dem Symbol Ω abgekürzt. Größere Widerstände werden in Kiloohm (kΩ) oder Megaohm (MΩ) angegeben.

Spannung und Widerstand

Die elektrische Stromstärke in einem Stromkreis hängt von der Spannung und dem elektrischen Widerstand der Bauteile ab: Durch die Spannung werden die Elektronen angetrieben. Durch den Widerstand wird der elektrische Strom aber eingeschränkt. Bei gleicher Spannung gilt: Je größer der elektrische Widerstand eines Bauteils ist, desto kleiner ist die elektrische Stromstärke. Die Formel lautet:

$$\text{Widerstand} = \frac{\text{Spannung}}{\text{elektrische Stromstärke}}$$

Jedes Bauteil schränkt den elektrischen Strom ein. Diese Eigenschaft wird als elektrischer Widerstand bezeichnet.

AUFGABEN

1 ○ Nenne das Formelzeichen und die Einheit des elektrischen Widerstands.

2 ◕ Beschreibe, was man unter dem elektrischen Widerstand versteht.

3 ◕ Ergänze folgenden Satz: Je kleiner der elektrische Widerstand ist, desto …

Georg Simon Ohm

Doktorarbeit mit 22 Jahren

Am 16. März 1789 wurde GEORG SIMON OHM in Erlangen geboren. Mit 16 Jahren begann OHM, Mathematik und Physik an der Universität Erlangen zu studieren. Seine Familie hatte jedoch nicht genügend Geld, um die teure Ausbildung zu finanzieren. Deshalb musste OHM sein Studium unterbrechen und unterrichtete sechs Jahre an einer schweizerischen Schule.

Mit 22 Jahren kehrte er nach Erlangen zurück und schrieb seine Doktorarbeit „Über Licht und Farben".

Lehrer und Forscher

Später arbeitete OHM als Dozent an verschiedenen Universitäten. 1817 ging er nach Köln und unterrichtete Mathematik und Physik an einem Gymnasium. Er betreute auch die physikalische Sammlung der Schule. Dort experimentierte OHM viele Jahre mit Drähten aus unterschiedlichen Metallen und untersuchte ihre elektrische Leitfähigkeit.

OHMs wichtigste Entdeckung

Im Jahr 1826 konnte OHM nachweisen, wie die Spannung und die elektrische Stromstärke eines Drahts zusammenhängen.

Diesen Zusammenhang kennen wir heute als Ohm'sches Gesetz. Zur damaligen Zeit erkannte kaum ein Wissenschaftler die Bedeutung von OHMS Entdeckung. Viele Jahre vergingen, bis seine Leistungen anerkannt wurden. 1833 erhielt OHM eine Professur für Physik am „Königlich-bayerischen Polytechnikum" in Nürnberg. Sechs Jahre später wurde er Rektor des Polytechnikums.
Mit 63 Jahren wurde OHM zum Professor für Physik an der Universität München ernannt. Bereits zwei Jahre später starb GEORG SIMON OHM in München. 1893 wurde die Einheit des elektrischen Widerstands mit „Ohm" benannt.

AUFGABEN

1 ⊖ OHM erkannte einen wichtigen Zusammenhang zwischen zwei physikalischen Größen. Erkläre diesen Zusammenhang.

2 ⊖ Finde heraus, warum man die Einheit Ohm mit Ω abkürzt und nicht mit dem Buchstaben O.

3 ● Schreibe die wichtigsten Daten zum Leben von GEORG SIMON OHM auf. Erstelle eine Zeitleiste.

1 Von OHM entwickelte und gebaute Apparate

2 GEORG SIMON OHM

Widerstände von Drähten vergleichen

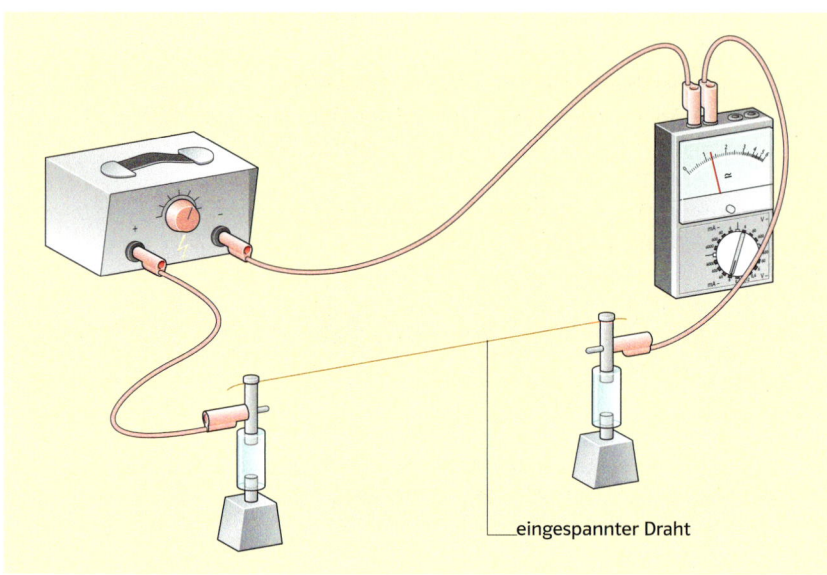

eingespannter Draht

1 Aufbau für alle drei Versuche

Drähte können ganz unterschiedliche Widerstände besitzen. Hier sollst du untersuchen, welchen Einfluss die Länge, der Durchmesser und das Material auf den Widerstand eines Drahts haben.

1 Die Länge
Material
Spannungsquelle, Amperemeter oder Multimeter, Kabel, zwei Isolierstützen, zwei Konstantan-Drähte (Länge 40 cm und 80 cm, Durchmesser jeweils 0,2 mm)

Versuchsanleitung
a) Baue den in Bild 1 dargestellten Stromkreis auf. Verwende den 40 cm langen Konstantan-Draht.
b) Stelle die Spannung auf 5 V ein. Miss die elektrische Stromstärke. Notiere die Messwerte.
c) Wiederhole den Versuch mit dem 80 cm langen Konstantan-Draht.

d) Betrachte deine Messwerte. Formuliere in einem Je-desto-Satz, wie der Widerstand von der Länge abhängt.

2 Der Durchmesser
Material
Spannungsquelle, Amperemeter oder Multimeter, Kabel, zwei Isolierstützen, zwei Konstantan-Drähte (Durchmesser 0,2 mm und 0,4 mm, Länge jeweils 50 cm)

Versuchsanleitung
a) Baue den in Bild 1 dargestellten Stromkreis auf. Verwende den Konstantan-Draht mit dem Durchmesser von 0,2 mm.
b) Stelle die Spannung auf 5 V ein. Miss die elektrische Stromstärke. Notiere die Messwerte.
c) Wiederhole den Versuch mit dem Konstantan-Draht, der einen Durchmesser von 0,4 mm hat. Achte

darauf, dass die Drähte dieselbe Länge haben.
d) Betrachte deine Messwerte. Formuliere in einem Je-desto-Satz, wie der Widerstand vom Durchmesser abhängt.

3 Das Material
Material
Spannungsquelle, Amperemeter oder Multimeter, Kabel, zwei Isolierstützen, Konstantan-Draht und Kupfer-Draht (Länge jeweils 50 cm, Durchmesser jeweils 0,2 mm)

Versuchsanleitung
a) Baue den in Bild 1 dargestellten Stromkreis auf. Verwende den Konstantan-Draht.
b) Stelle die Spannung auf 5 V ein. Miss die elektrische Stromstärke. Notiere die Messwerte.
c) Wiederhole den Versuch mit dem Kupfer-Draht. Achte darauf, dass die Drähte dieselbe Länge und denselben Durchmesser haben.
d) Vergleiche deine Messwerte. Gib an, ob der elektrische Widerstand vom Material abhängt.

AUFGABEN

1 ○ Fasse die Ergebnisse aller drei Versuche zusammen. Formuliere deine Ergebnisse, wenn möglich, in Je-desto-Sätzen.

2 ◐ Gestalte ein Plakat zum Thema „Wovon der elektrische Widerstand eines Drahts abhängt".

Verschiedene Widerstände von Drähten

Der Widerstand eines Drahts

In Stromkreisen haben Drähte oft sehr unterschiedliche Aufgaben zu erfüllen. Der Widerstand von Leitungsdrähten soll möglichst klein sein, damit der Strom gut fließen kann und sich die Leiter nicht erwärmen. Dagegen soll der Widerstand des Glühdrahts in einem Toaster so groß sein, dass der Draht zu glühen beginnt. Der Widerstand eines Drahts wird von mehreren Eigenschaften bestimmt. Dazu gehören die Länge und der Durchmesser des Drahts, sein Material und die Temperatur.

Der Widerstand eines Drahts hängt von der Länge, von seinem Durchmesser, vom Material und von der Temperatur ab. Je länger ein Draht ist und je kleiner sein Durchmesser ist, desto größer ist sein Widerstand.

AUFGABEN

1 ○ a) Zähle auf, wovon der Widerstand eines Drahts abhängt.
   ◒ b) Beschreibe den Zusammenhang zwischen diesen Faktoren und dem Widerstand.

2 ◒ Beschreibe die Zusammenhänge in Bild 1 mit eigenen Worten.

3 ◒ Die Eigenschaften eines Leitungsdrahts und eines Glühdrahts im Toaster müssen unterschiedlich sein. Beschreibe diese Unterschiede.

4 ● Begründe, weshalb Leitungsdrähte und Glühdrähte in einer Lampe einen unterschiedlichen Widerstand haben müssen.

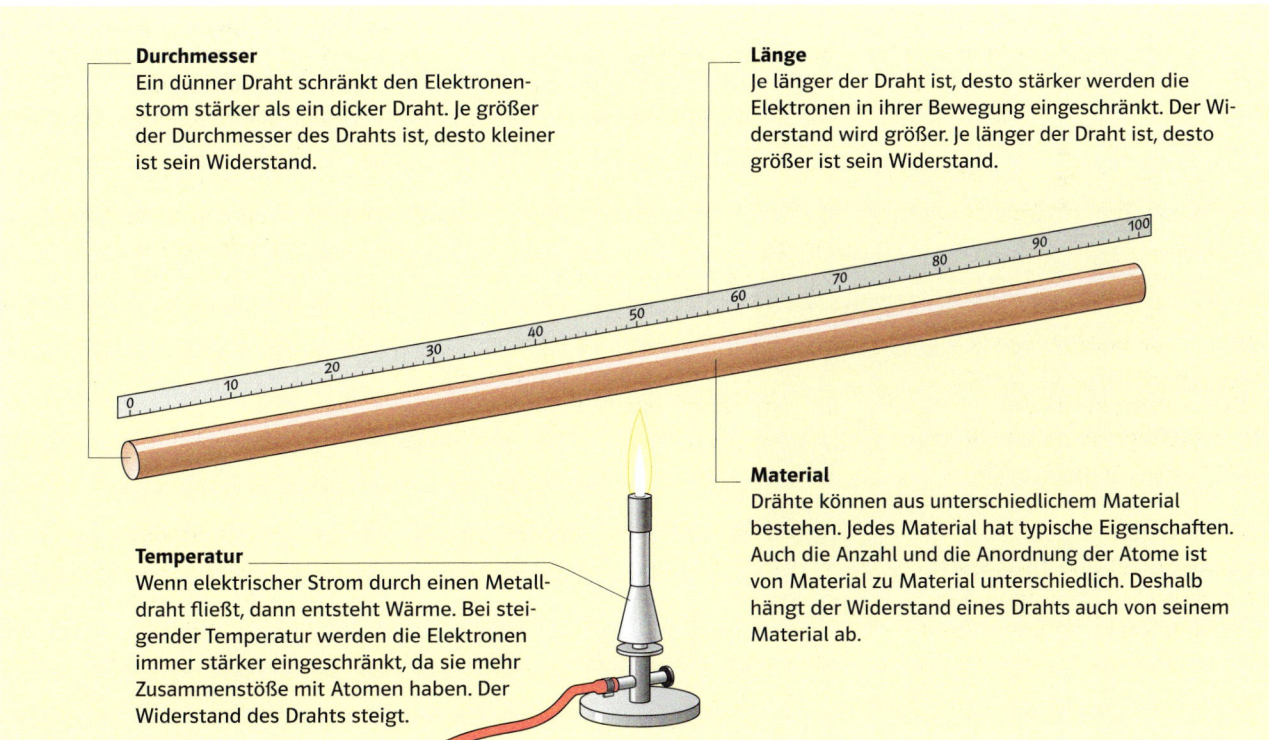

Durchmesser
Ein dünner Draht schränkt den Elektronenstrom stärker als ein dicker Draht. Je größer der Durchmesser des Drahts ist, desto kleiner ist sein Widerstand.

Länge
Je länger der Draht ist, desto stärker werden die Elektronen in ihrer Bewegung eingeschränkt. Der Widerstand wird größer. Je länger der Draht ist, desto größer ist sein Widerstand.

Material
Drähte können aus unterschiedlichem Material bestehen. Jedes Material hat typische Eigenschaften. Auch die Anzahl und die Anordnung der Atome ist von Material zu Material unterschiedlich. Deshalb hängt der Widerstand eines Drahts auch von seinem Material ab.

Temperatur
Wenn elektrischer Strom durch einen Metalldraht fließt, dann entsteht Wärme. Bei steigender Temperatur werden die Elektronen immer stärker eingeschränkt, da sie mehr Zusammenstöße mit Atomen haben. Der Widerstand des Drahts steigt.

1 Der Widerstand eines Drahts

Widerstände sind praktisch

Der Widerstand als Bauteil
Es gibt Bauteile, die den elektrischen Strom ganz gezielt einschränken können. Diese Bauteile nennt man auch Widerstände. Weil diese Bauteile sehr wichtig für technische Anwendungen sind, nennt man sie auch **technische Widerstände**. In vielen Gegenständen aus unserem Alltag gibt es technische Widerstände (► S. 123).
(► Wechselwirkung, S. 146/147)

Festwiderstände
Bei den technischen Widerständen gibt es ganz besondere Widerstände: Diese heißen **Festwiderstände**, weil sie einen festen Wert haben, z. B. 50 Ω. Das Schaltzeichen eines Festwiderstands zeigt Bild 2.

Widerstände mit Farbcode
Bei Festwiderständen ist der Wert als Farbcode (in Form von Farbringen) ablesbar. Die in Bild 3 dargestellte Übersicht zeigt den Farbcode für Festwiderstände. Der Ring mit dem geringsten Abstand vom Rand ist der erste Ring in der Tabelle.

Technische Widerstände werden als Bauteile in Schaltungen genutzt.

Bei Festwiderständen wird der Wert des Widerstands mithilfe eines Farbcodes angegeben.

AUFGABEN

1 ○ Beschreibe, was ein technischer Widerstand ist.

2 ◐ Ein Widerstand hat die Farbringe Rot – Grün – Gelb. Bestimme den Wert des Widerstands.

3 ◐ Beschreibe Einsatzmöglichkeiten von technischen Widerständen. Nimm hierzu die nachfolgende Lexikon-Seite zu Hilfe.

4 ● Ein Widerstand hat den Farbcode Braun – Schwarz – Braun – Silber. Berechne, welchen Wert dieser Widerstand mindestens und höchstens hat.

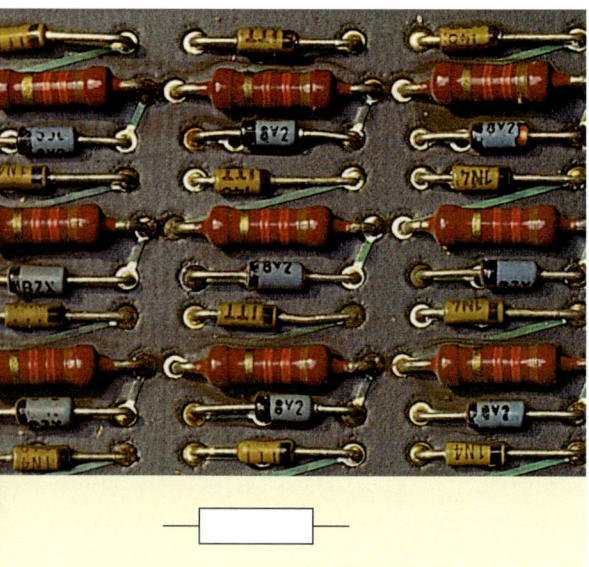

Farbe	Ring 1	Ring 2	Ring 3	Ring 4
Schwarz	0	0	,0	–
Braun	1	1	0	–
Rot	2	2	00	2 %
Orange	3	3	000	–
Gelb	4	4	0000	–
Grün	5	5	00000	–
Blau	6	6	000000	–
Violett	7	7	–	–
Grau	8	8	–	–
Weiß	9	9	–	–
Gold	–	–	mal 0,1	5 %
Silber	–	–	mal 0,01	10 %

1–2 Festwiderstände und Schaltzeichen

3 Farbcode für Festwiderstände in der Einheit Ohm (Ω); der vierte Ring gibt Fehlertoleranzen (mögliche Abweichungen) an

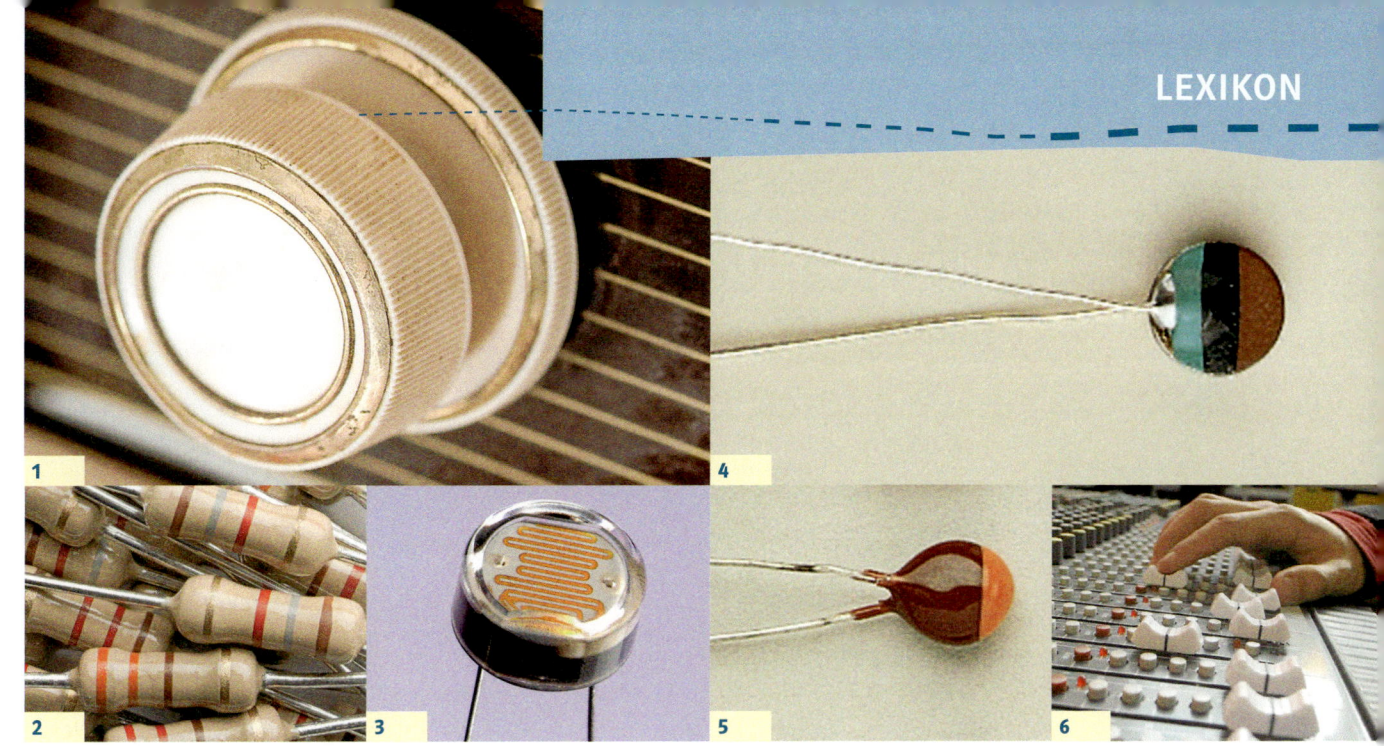

Verschiedene Widerstände

Drehwiderstand (▷ B 1)
Der Widerstand eines Drehwiderstands wird durch Drehen eines Knopfs verändert. Drehwiderstände werden in vielen Geräten verwendet, z. B. zur Einstellung der Lautstärke an einem Radio.

Festwiderstand (▷ B 2)
Ein Festwiderstand ist ein Bauteil, mit dem man die Stromstärke in Stromkreisen beeinflussen kann. Ein Festwiderstand hat immer einen konstanten (gleichbleibenden) Widerstand. Wie groß dieser Widerstand ist, kannst du an der Abfolge der farbigen Ringe auf den Widerständen erkennen. Für die farbigen Ringe gibt es einen festgelegten Farbcode.

Fotowiderstand (LDR) (▷ B 3)
Ein Fotowiderstand besteht aus einem lichtempfindlichen Material. Je mehr Licht auf den

Fotowiderstand trifft, desto besser leitet er den elektrischen Strom. Der Widerstand sinkt.
Mit Fotowiderständen kann man z. B. das Einschalten der Straßenbeleuchtung steuern.
Ein Fotowiderstand wird auch mit der Abkürzung LDR bezeichnet.

Heißleiter (NTC-Widerstand)
(▷ B 4)
Ein Heißleiter ist ein temperaturabhängiger Widerstand. Je wärmer ein Heißleiter ist, desto besser leitet er den elektrischen Strom. Der Widerstand wird dann kleiner. Heißleiter werden z. B. bei der Steuerung von Heizungsanlagen verwendet.
Man nennt einen Heißleiter auch NTC-Widerstand.

Kaltleiter (PTC-Widerstand) (▷ B 5)
Ein Kaltleiter ist ein temperaturabhängiger Widerstand. Je kälter ein

Kaltleiter ist, desto besser leitet er den elektrischen Strom. Der Widerstand wird dann kleiner. Je wärmer hingegen ein Kaltleiter ist, desto schlechter leitet er den elektrischen Strom, der Widerstand wird dann größer.
Kaltleiter werden z. B. als Überhitzungsschutz in elektrischen Geräten verwendet.
Man nennt einen Kaltleiter auch PTC-Widerstand.

Schiebewiderstand (▷ B 6)
Der Widerstand eines Schiebewiderstands wird durch Verschieben eines Knopfs verändert. Schiebewiderstände werden in vielen Geräten verwendet, z. B. an einem Mischpult in einem Tonstudio.

Widerstände berechnen

Beispiel: Berechnung des elektrischen Widerstands

Gegeben: U = 6,2 V   Gesucht: R
       I = 300 mA (I = 0,30 A)

Lösung:

$R = \dfrac{U}{I}$

$R = \dfrac{6,2\,V}{0,30\,A}$

$R = 20,7 \ \dfrac{V}{A}$

$R = 20,7\,\Omega$

Bei der Spannung von 6,2 V hat das Lämpchen einen
Widerstand von 20,7 Ω.

Berechnung der elektrischen Spannung

Gegeben: R = 16 Ω   Gesucht: U
       I = 43 mA
       (I = 0,043 A)

Lösung:

$R = \dfrac{U}{I} \ \Big| \cdot I$

$U = R \cdot I$

$U = 16\,\Omega \cdot 0,043\,A$

$U = 0,688\,V$

Die elektrische Spannung beträgt 0,688 V.

1 Berechnung des Widerstands

2 Berechnung der elektrischen Spannung am Kopfhörer

Berechnen eines Widerstands
Den Widerstand eines Bauteils kannst du
berechnen. Dazu musst du die Spannung
und die elektrische Stromstärke kennen.
Dann dividierst du die Spannung durch die
elektrische Stromstärke:

$$\text{Widerstand} = \frac{\text{Spannung}}{\text{elektrische Stromstärke}}$$

Rechnen mit Formelzeichen
Diese Formel kann man auch mit den Formelzeichen *R*, *U* und *I* darstellen:

$$R = \frac{U}{I}$$

Ein Beispiel für eine Rechnung mit den
Formelzeichen findest du in Bild 1.

Eine Gleichung – drei Möglichkeiten
Mit dieser Formel kannst du nicht nur den
elektrischen Widerstand eines Bauteils
berechnen, sondern auch die elektrische
Stromstärke und die elektrische Spannung.

Dabei hilft dir ein Rechendreieck (▷ B 2,
B 3): Du musst die Größe abdecken, die du
berechnen willst. Beispiele zu Berechnungen findest du in Bild 2 und Bild 3.

Achtung, Einheiten!
Bei deinen Berechnungen musst du auf die
Einheiten aufpassen.

Du solltest die elektrische Stromstärke
immer in Ampere, die Spannung immer
in Volt und den elektrischen Widerstand
immer in Ohm (Ω) angeben. Dann kannst

Berechnung der elektrischen Stromstärke

Gegeben: R = 50 Ω   Gesucht: I
            U = 230 V

Lösung:

$$R = \frac{U}{I} \qquad \Big| \cdot I$$

$$R \cdot I = U \qquad \Big| : R$$

$$I = \frac{U}{R}$$

$$I = \frac{230\,V}{50\,\Omega}$$

$$I = 4{,}6\,A$$

Die elektrische Stromstärke beträgt 4,6 A.

3 Berechnung der elektrischen Stromstärke …

4 … durch einen Haartrockner

du gleich die Einheit deines Ergebnisses angeben. Zwischen den Einheiten für den Widerstand, die Spannung und die elektrische Stromstärke gilt nämlich der folgende Zusammenhang.

$$1\ Ohm = \frac{1\ Volt}{1\ Ampere}$$

$$1\,\Omega = \frac{1\,V}{1\,A}$$

5 Stereoanlage

AUFGABEN

1 ⬤ Die elektrische Spannung beträgt 10 V, die elektrische Stromstärke 2 A. Berechne den elektrischen Widerstand.

2 ⬤ Der Widerstand beträgt 300 Ω, die elektrische Spannung 10 V. Berechne die elektrische Stromstärke.

3 ⬤ Der Widerstand beträgt 5 000 Ω. Die elektrische Stromstärke beträgt 1 A. Berechne die elektrische Spannung.

4 ⬤ Wenn eine Kaffeemaschine in Deutschland an die Steckdose angeschlossen ist, fließt eine Stromstärke von 3,5 A durch das Gerät. Berechne den Widerstand der Kaffeemaschine.

5 ⬤ In Deutschland fließen 6 A durch eine Stereoanlage. In Costa Rica beträgt die Netzspannung nur 110 V. Berechne die Stromstärke durch die gleiche Stereoanlage in Costa Rica.

125

2 Oberleitung an einer Bahnstrecke

1 Elektrischer Strom kann tödlich sein.

Gefahr durch elektrischen Strom

Der menschliche Körper leitet auch den elektrischen Strom

Der im Zeitungsartikel beschriebene Junge wurde durch einen Stromschlag tödlich verletzt (▷ B 1). Der Körper des Jungen ist dabei ein Teil eines Stromkreises geworden. Weil der menschliche Körper zu einem großen Teil aus Wasser besteht, kann elektrischer Strom durch unseren Körper fließen. Der elektrische Strom kann zum Beispiel an der einen Hand in den Körper hineinfließen und an der anderen Hand wieder herausfließen.

Lebensgefährlich für den Menschen ist es schon, die Anschlüsse einer Steckdose zu berühren. Besonders gefährlich sind Oberleitungen auf Bahnstrecken (▷ B 2). Die Spannung an der Oberleitung ist sehr hoch. Weil die Spannung an Oberleitungen so hoch ist, kann es bereits bei einer Annäherung an die Oberleitung zum Überschlag des elektrischen Stroms kommen. Dies ist auch dem Jungen im Zeitungsartikel passiert (▷ B 1).

Wie gefährlich sind elektrische Ströme?
Je größer die Stromstärke ist, desto gefährlicher sind die Auswirkungen auf den Körper. Die Folgen hängen auch davon ab, welchen Weg der Strom im Körper nimmt

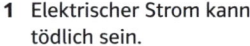

3 Warnschild

und wie lange der Stromfluss dauert (▷ B 4). Auch die Hautbeschaffenheit spielt eine Rolle, denn nasse Haut hat einen kleineren Widerstand als trockene Haut.

Besonders gefährlich ist es, wenn der elektrische Strom auf dem Weg durch den Körper durch das Herz führt. Der Körper steuert nämlich viele seiner Funktionen durch sehr schwache elektrische Signale. Werden diese elektrischen Signale durch einen anderen elektrischen Strom überlagert, kann es zu Rhythmusstörungen des Herzens, zu Herzkammerflimmern und sogar zum Herzstillstand kommen. (► Wechselwirkung, S. 146/147)

Der elektrische Strom kann tödliche Folgen für den Menschen haben.

AUFGABEN

1 ○ Beschreibe, was den Jungen im Zeitungsartikel das Leben gekostet hat.

2 ○ Beschreibe, wann der elektrische Strom für den Menschen besonders gefährlich ist.

3 ◑ Erkläre anhand von drei Beispielen, wie es zu lebensgefährlichen Verletzungen durch einen Stromschlag kommen kann.

4 ◑ Lies an Bild 4 ab, was passieren kann,
a) wenn 100 Millisekunden lang eine Stromstärke von 20 mA durch den Körper fließt.
b) wenn eine Stromstärke von 5 A durch den Körper fließt.

5 ● Ein Bauarbeiter kommt 2 Sekunden lang in Berührung mit einer Stromleitung. Erstelle aus Bild 4 eine Tabelle mit den möglichen gesundheitlichen Folgen für den Bauarbeiter.

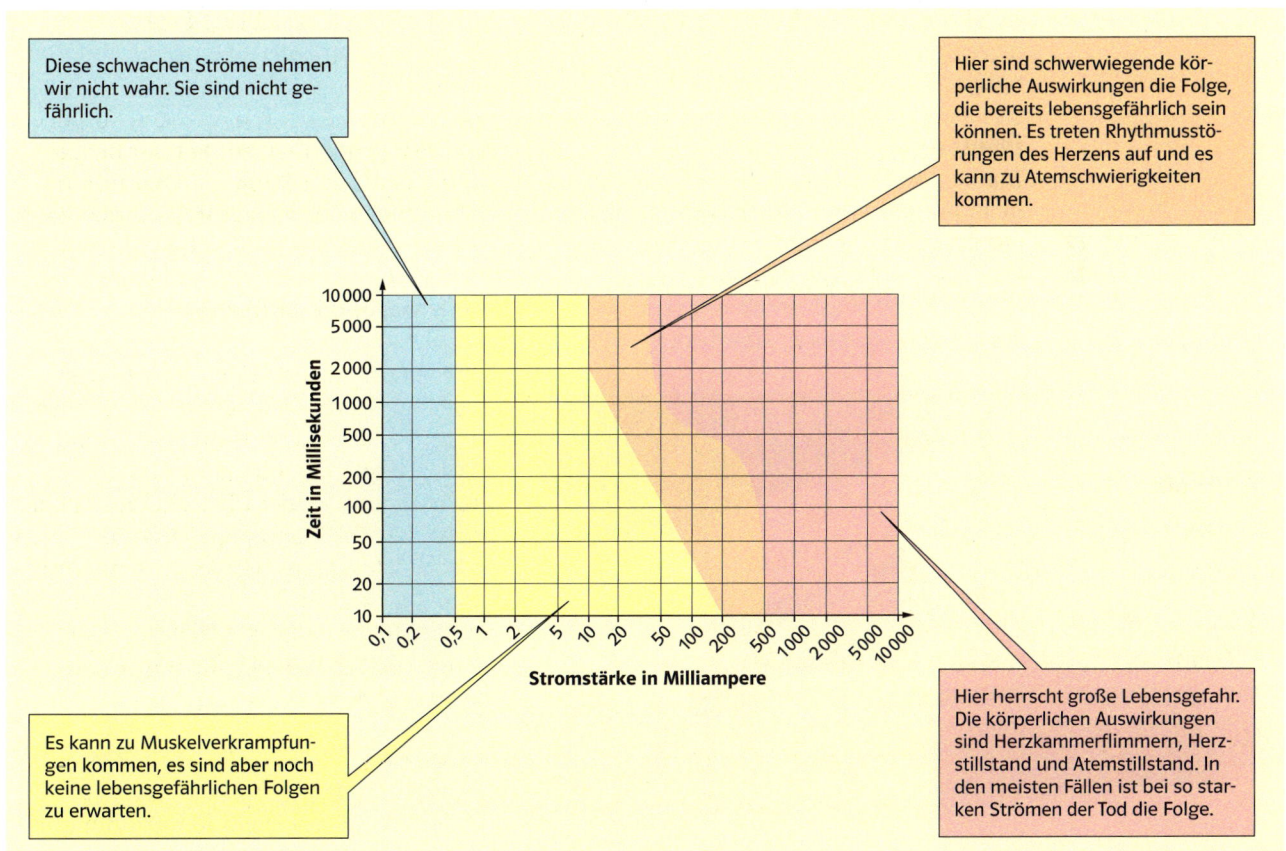

4 Auswirkungen des elektrischen Stroms auf den menschlichen Körper

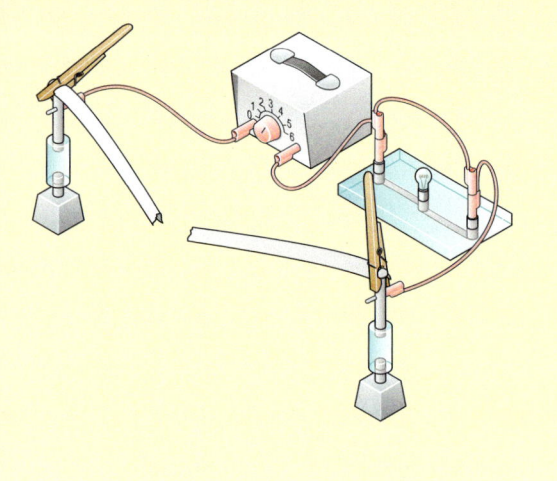

1 Aufbau zu Versuch 1 – mit Kurzschluss

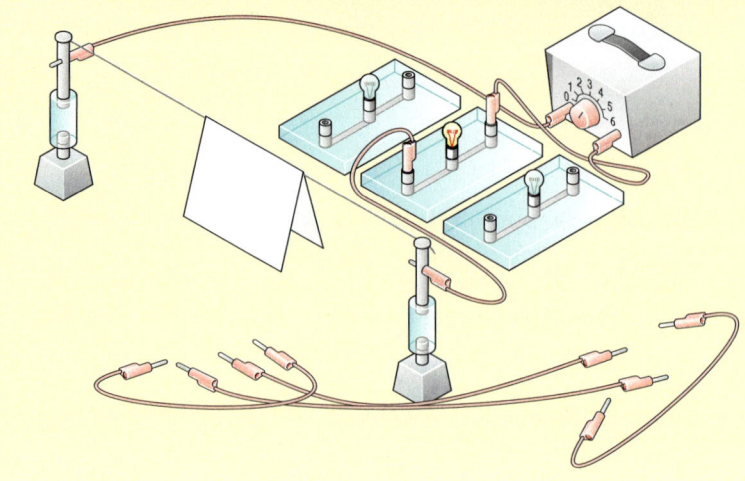

2 Aufbau zu Versuch 2

Sicherheit im Stromnetz

Kurzschluss

Im Haushalt entsteht ein **Kurzschluss**, wenn sich die elektrischen Leitungen berühren. Dabei fließt ein starker Strom ungehindert von einem Pol der Spannungsquelle zum anderen Pol (▷V 1).

Überlastete Stromkreise

Starke elektrische Ströme fließen aber nicht nur bei einem Kurzschluss. Schließt man viele Geräte parallel in einen Stromkreis, so erhöht sich die Gesamtstromstärke (▷V 2). Wird der Strom sehr stark, spricht man von einer **Überlast**.

Sicherungen

Sicherungen verhindern, dass bei einem Kurzschluss oder bei einer Überlast ein Brand entsteht. Sicherungen unterbrechen den Stromkreis ab einer bestimmten Stromstärke.

Die Sicherungen findest du im Sicherungskasten (▷B 3). Bei Kurzschluss oder Überlast springt an der Sicherung ein kleiner Hebel um und unterbricht den Stromkreis. Ist die Störung beseitigt, kann der Hebel wieder zurückgestellt werden. Im Sicherungskasten wird der Strom in mehrere

3 Sicherungskasten

4 Steckdose

Stromkreise aufgeteilt. Jeder dieser Stromkreise hat eine eigene Sicherung.

Muss ein Gerät mit einer großen Stromstärke betrieben werden, wird es an einen eigenen Stromkreis mit einer eigenen Sicherung angeschlossen. So verfügen z.B. Waschmaschine, Trockner und Spülmaschine über je eine eigene Sicherung.

Der Fehlerstrom-Schutzschalter

Sicherungen sind wirkungslos, wenn eine Person direkt mit einer stromführenden Leitung in Kontakt kommt. Der Strom fließt dann durch den Körper in die Erde. Da kein Kurzschluss und keine Überlast vorliegen, reagiert die Sicherung nicht.
Fehlerstrom-Schutzschalter können solche Unfälle mit möglicherweise tödlichem Ausgang verhindern. Fehlerstrom-Schutzschalter registrieren Stromstärkenunterschiede zwischen der Hin- und der Rückleitung. Liegt ein Unterschied vor, unterbricht der Fehlerstrom-Schutzschalter den Stromkreis. Den Fehlerstrom-Schutzschalter findest du im Sicherungskasten.

Der Schutzleiter

Wenn du einem Elektriker beim Verlegen einer Steckdose zuschaust, wirst du feststellen, dass drei Kabel zur Steckdose führen. Durch das schwarze und das blaue Kabel fließt normalerweise der Strom. Bei dem gelb-grünen Kabel handelt es sich um den **Schutzleiter**. Er ist mit den Außenbügeln der Steckdose verbunden. Die Gehäuse von Elektrogeräten wie z.B. Waschmaschine oder Bügeleisen sind mit dem Schutzleiter verbunden. Bei einem Defekt des Geräts fließt der Strom durch den Schutzleiter. Der Fehlerstrom-Schutzschalter oder die Sicherung unterbricht dann den Stromkreis.

Aus Sicherheitsgründen dürfen defekte Elektrogeräte nur von Fachleuten repariert werden.
(► System, S. 142/143)
(► Wechselwirkung, S. 146/147)

Bei einem Kurzschluss oder bei einer Überlast fließt ein starker Strom in den Leitungen.

Sicherungen unterbrechen den Stromkreis bei gefährlich starken Strömen.

Schutzleiter und Fehlerstrom-Schutzschalter schützen den Menschen zusätzlich.

AUFGABEN

1 ○ Beschreibe den Unterschied zwischen Überlast und Kurzschluss.

2 ○ Zähle auf, welche Sicherheitsmaßnahmen im Stromnetz eines Hauses vorhanden sind.

3 ◐ Begründe, warum eine Waschmaschine an eine eigene Sicherung angeschlossen ist.

4 ◐ Lisa benutzt den Toaster und den Wasserkocher. Als sie die Mikrowelle einschaltet, unterbricht die Sicherung den Stromkreis. Erkläre, was zu tun ist.

5 ◐ Die Zuleitung eines Bügeleisens ist so stark beschädigt, dass die Sicherung den Stromkreis unterbricht. „Das habe ich schnell repariert", sagt Max und holt etwas Isolierband. Beurteile das Verhalten von Max.

6 ◐ a) Beschreibe die Funktionsweise eines Fehlerstrom-Schutzschalters.
● b) Miriam behauptet, dass Sicherungen unnötig seien. Es reiche, wenn man im Sicherungskasten nur Fehlerstrom-Schutzschalter hätte. Beurteile ihre Aussage.

VERSUCHE

1ᴸ Eine Lampe wird an ein Netzgerät angeschlossen. In den Stromkreis ist ein Aluminiumstreifen gespannt. Begründe, warum der Aluminiumstreifen durchschmilzt, wenn das Lämpchen mit einem Draht überbrückt wird (▷ B 1).

2ᴸ In einen Stromkreis mit einer Lampe wird ein dünner Draht eingefügt. Über den Draht wird ein Stück Papier gehängt (▷ B 2). Weitere Lampen werden parallel zur Lampe angeschlossen. Es soll experimentell bestimmt werden, wie viele Lampen gleichzeitig angeschlossen werden können, bis das Papier brennt.

1 Großstädte benötigen viel elektrische Energie.

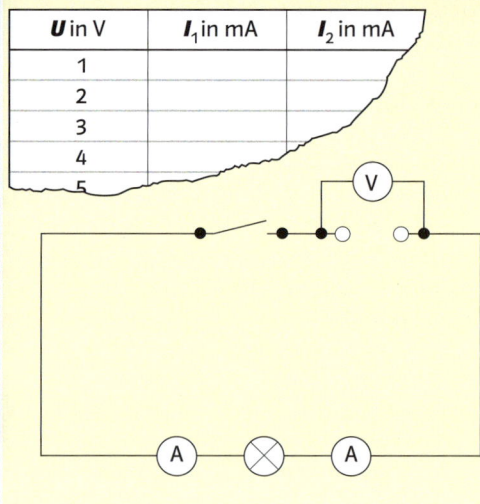

U in V	I_1 in mA	I_2 in mA
1		
2		
3		
4		
5		

2 Schaltplan zu Versuch 1

Wird Strom verbraucht?

Kann man Strom verbrauchen?

Immer wieder kannst du lesen, dass elektrische Geräte zu viel Strom verbrauchen. Ist es tatsächlich möglich, dass elektrischer Strom verbraucht wird?

Um festzustellen, ob der elektrische Strom tatsächlich verbraucht werden kann, musst du die Stärke des elektrischen Stroms vor und hinter einem Elektrogerät vergleichen. Dafür benötigst du zwei Amperemeter. Ein Amperemeter muss vor das Elektrogerät, eines hinter das Elektrogerät geschaltet sein (▷ B 2, V 1).

Wenn du Versuch 1 durchführst, dann misst du vor und hinter einer Lampe immer die gleiche elektrische Stromstärke. Dieser Versuch zeigt: Elektrischer Strom wird nicht verbraucht.

Was ist mit „Stromverbrauch" gemeint?

Die Spannungsquelle gibt den Elektronen Energie mit, die sie zum Elektrogerät transportieren. Dort wird die elektrische Energie in andere Energieformen umgewandelt. Die Menge an Elektronen verändert sich dabei nicht.

Was fälschlicherweise als „Stromverbrauch" bezeichnet wird, ist also tatsächlich die Menge der umgewandelten Energie.

Der elektrische Strom transportiert Energie von der Spannungsquelle zum Gerät. Der elektrische Strom wird dabei nicht verbraucht.

AUFGABEN

1 ○ Vor einem Elektromotor wird eine Stromstärke von 1,2 A gemessen. Gib die Stromstärke hinter dem Elektromotor an.

2 ◐ Eine Firma behauptet: „Mit dieser Energiesparlampe wird der Stromverbrauch um 80 % reduziert." Beurteile diese Aussage.

3 ● Beschreibe weitere Beispiele, bei denen physikalische Begriffe im Alltag falsch verwendet werden.

VERSUCH

1 Baue den Stromkreis in Bild 2 auf. Stelle verschiedene Spannungen ein und miss die elektrischen Stromstärken vor und hinter der Lampe. Wiederhole den Versuch mit anderen elektrischen Geräten.

Elektrische Energie sparen

Energie clever nutzen!

– Verwende Energiesparlampen. Eine 7-Watt-Energiesparlampe leuchtet etwa gleichhell wie eine 40-Watt-Lampe normaler Bauarten.

– Nutze das Sparprogramm der Waschmaschine und wasche bei niedrigen Temperaturen.

– Vermeide den Stand-by-Betrieb von Fernsehgeräten, DVD-Playern usw. Diese sind heimliche „Energiefresser".

– Schalte Monitore bei Arbeitspausen vollständig aus. Sie verbrauchen meist wesentlich mehr Energie als der PC selbst.

– Achte beim Kochen auf die passende Topfgröße für die Herdplatte und koche mit geschlossenem Deckel. Ohne Deckel wird mehr als die doppelte Energiemenge benötigt.

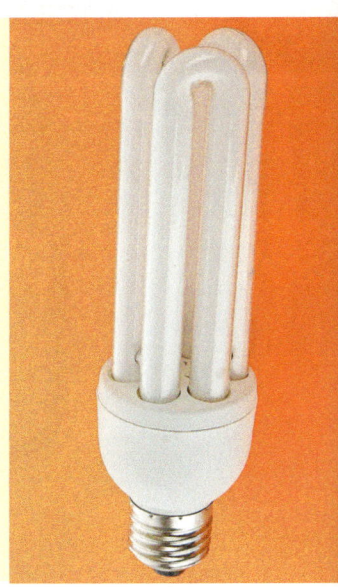

1 Möglichkeiten, elektrische Energie zu sparen

Energie kostet Geld

Herr Schmidt stöhnt über seine hohe Stromrechnung: „Im letzten Jahr haben wir viel zu viel elektrische Energie benötigt. Jetzt muss ich Geld nachzahlen!" Warum spricht Herr Schmidt von der elektrischen Energie bei seiner Stromrechnung?
Mit der „Stromrechnung" bezahlen wir nicht den elektrischen Strom selbst, sondern die entnommene elektrische Energie für die Elektrogeräte im Haushalt. Durch das Sparen elektrischer Energie kannst du also Geld sparen.

Energie sparen mit der richtigen Lampe

Energiesparlampen nutzen die elektrische Energie besser als Glühlampen. In Glühlampen wird ein Draht so stark erhitzt, dass er zu glühen beginnt und Licht aussendet. Glühlampen nutzen jedoch nur einen Teil der elektrischen Energie: Glühlampen wandeln nur etwa 5% der elektrischen Energie in Licht um. 95% werden dagegen in unerwünschte Wärme umgewandelt. Glühlampen werden deshalb mehr und mehr durch Energiesparlampen ersetzt.

Die Lichtwirkung von Energiesparlampen ist bei gleicher Stromstärke etwa 5-mal stärker. Die Betriebsdauer von Energiesparlampen ist wesentlich höher als die von Glühlampen. Aus diesen Gründen hat die Europäische Union 2008 ein schrittweises Verbot von Glühlampen beschlossen. (► Energie, S. 138–141)

Bei der Stromrechnung wird die entnommene elektrische Energie bezahlt.

AUFGABEN

1 ○ Gib Möglichkeiten an, elektrische Energie zu sparen.

2 ◒ Begründe, warum du mit elektrischer Energie sparsam umgehen solltest.

3 ◒ Diskutiert in der Gruppe, warum die Glühlampe für die Menschen früher eine bedeutende Erfindung war und heute teilweise verboten wird.

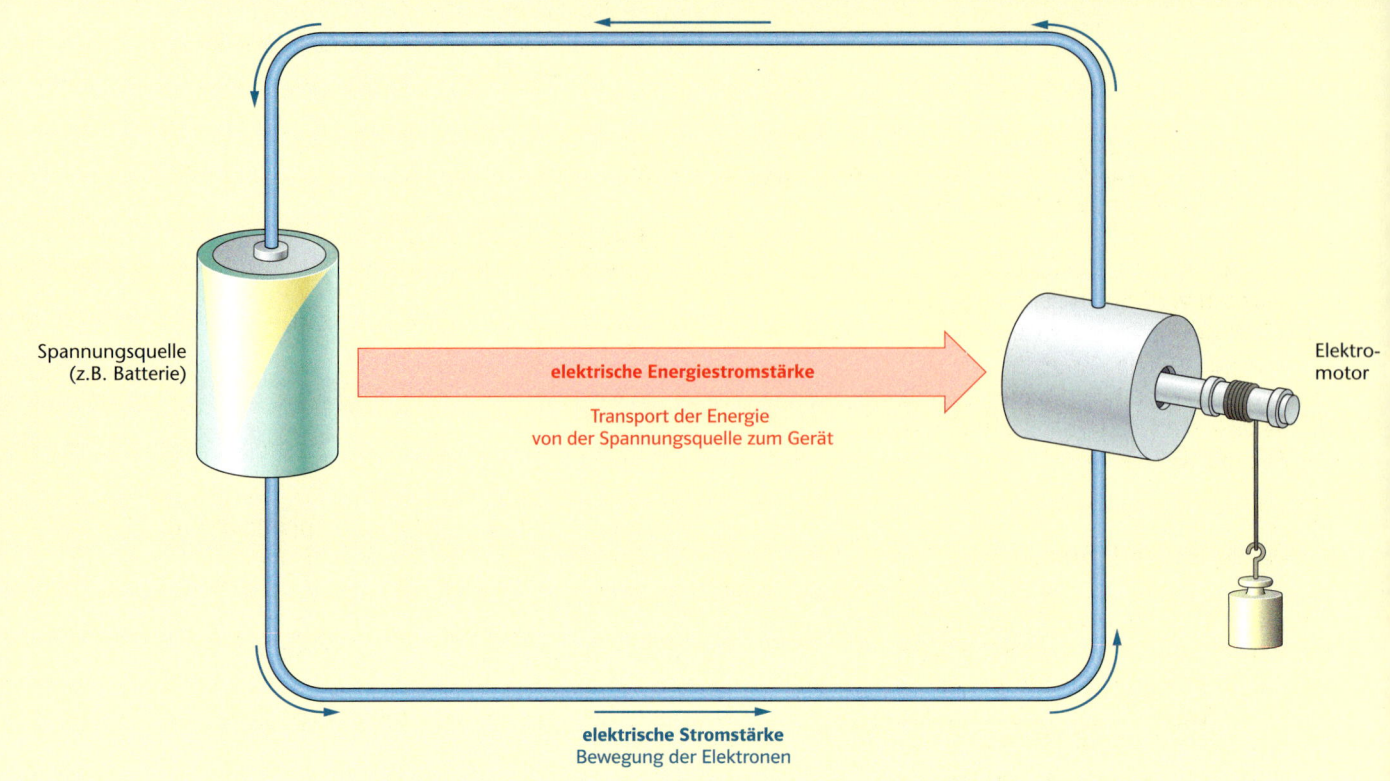

elektrische Energiestromstärke

Transport der Energie
von der Spannungsquelle zum Gerät

Spannungsquelle
(z.B. Batterie)

Elektro-
motor

elektrische Stromstärke
Bewegung der Elektronen

1 In einem Stromkreis fließen ein elektrischer Strom und ein elektrischer Energiestrom.

Die elektrische Energiestromstärke

Energie in Stromkreisen

In Stromkreisen wird elektrische Energie transportiert. Dies erkennst du daran, dass Geräte elektrische Energie benötigen: Ein Toaster verwendet die Energie, um das Brot zu bräunen. Eine Lampe verwendet die Energie, um Licht auszusenden. Ein Elektromotor benötigt die Energie, um einen Gegenstand hochzuheben.

Zwei Ströme

In Stromkreisen gibt es zwei Ströme, die fließen: Zum einen fließt der elektrische Strom selbst. Dies ist die Bewegung der Elektronen. Für den elektrischen Strom gibt es eine physikalische Größe: die elektrische Stromstärke. Die elektrische Stromstärke gibt an, wie viele Elektronen pro Sekunde durch ein Kabel fließen. Zum anderen fließt Energie von der Spannungsquelle zum elektrischen Gerät. Dies nennt

man den **elektrischen Energiestrom**. Gibt es auch für den elektrischen Energiestrom eine physikalische Größe?

Die elektrische Energiestromstärke

Damit man elektrische Energieströme vergleichen kann, hat man eine physikalische Größe eingeführt: die **elektrische Energiestromstärke**. Diese nennt man häufig auch die elektrische Leistung. Die elektrische Energiestromstärke gibt an, wie viel elektrische Energie pro Zeit (z.B. pro Sekunde) in einem Stromkreis übertragen wird:

$$\text{elektrische Energiestromstärke} = \frac{\text{elektrische Energie}}{\text{Zeit}}$$

Für die elektrische Energiestromstärke wird das Formelzeichen P verwendet. Die Einheit ist das Watt (W). Auf vielen Geräten findest du solche Angaben (▷ B 2). Größere elektrische Energiestromstärken werden in Kilowatt (kW) angegeben (1 kW = 1000 W).

Was der Stromzähler anzeigt

Im Haushalt wird elektrische Energie für elektrisch betriebene Geräte benötigt. Die Menge an entnommener elektrischer Energie kannst du berechnen. Dazu musst du die elektrische Energiestromstärke mit der Zeit multiplizieren:

elektrische Energie
= elektrische Energiestromstärke · Zeit

Beispiel: Ein elektrisches Gerät hat die Aufschrift „1 kW". Dieses Gerät hat also eine elektrische Energiestromstärke von 1 Kilowatt. Wenn du dieses Gerät 1 Stunde lang einschaltest, dann entnimmt dieses Gerät eine Energie von 1 Kilowattstunde (kWh). Wenn du das Gerät 2 Stunden lang einschaltest, entnimmt das Gerät 2 kWh. Am Stromzähler kannst du dies ablesen: Hier wird die entnommene elektrische Energie in kWh angegeben (▷ B 3). (► Energie, S. 138 – 141)

Zusammenhang mit der Spannung

Die elektrische Stromstärke hängt von der Spannung ab. Deshalb hängt auch die elektrische Energiestromstärke von der Spannung ab.

Es gilt folgender Zusammenhang:

$$\text{Spannung} = \frac{\text{elektrische Energiestromstärke}}{\text{elektrische Stromstärke}}$$

Die Menge der übertragenen elektrischen Energie pro Zeit nennt man elektrische Energiestromstärke.

AUFGABEN

1 ○ a) Gib die Einheit für die elektrische Energiestromstärke an.
  ○ b) Gib die im Haushalt gebräuchliche Einheit für die elektrische Energie an.

2 ○ Beschreibe, was der Stromzähler anzeigt.

3 ○ Nenne den Zusammenhang zwischen der Spannung und der elektrischen Energiestromstärke.

4 ◗ Fertige für deine Fahrradbeleuchtung ein Schema wie in Bild 1 an.

5 ● a) Eine Waschmaschine mit der Aufschrift „2 kW" wird insgesamt 5 Stunden lang betrieben. Berechne die entnommene elektrische Energie.
  ● b) Recherchiere den aktuellen Preis für eine Kilowattstunde an elektrischer Energie im Stromnetz. Berechne, was der 5-stündige Betrieb der Waschmaschine kostet.

6 ● Recherchiere, wie viel elektrische Energie ein durchschnittlicher 4-Personen-Haushalt pro Jahr benötigt.

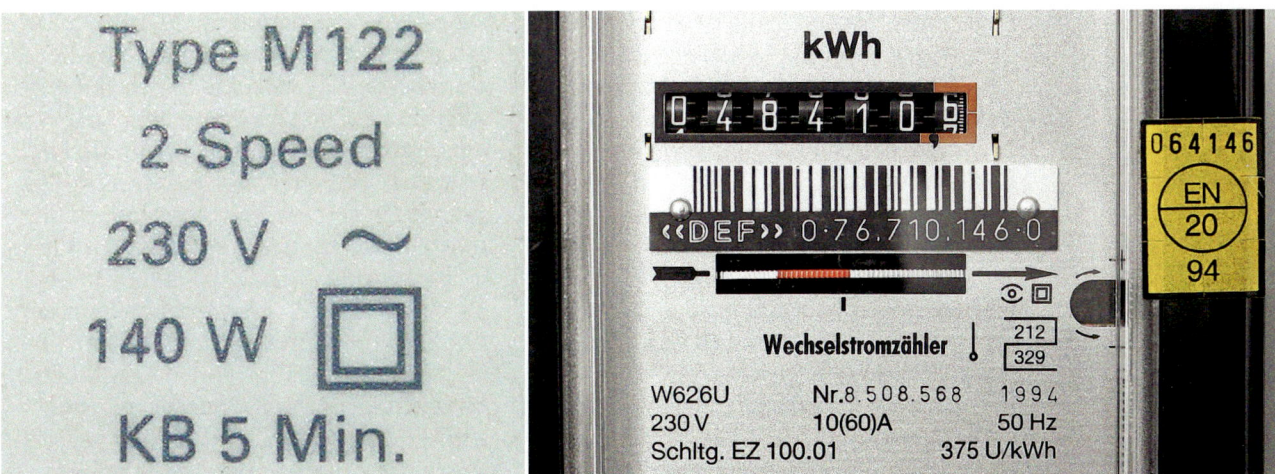

2 Angabe der elektrischen Energiestromstärke

3 Der Stromzähler zeigt an, wie viel elektrische Energie entnommen wurde.

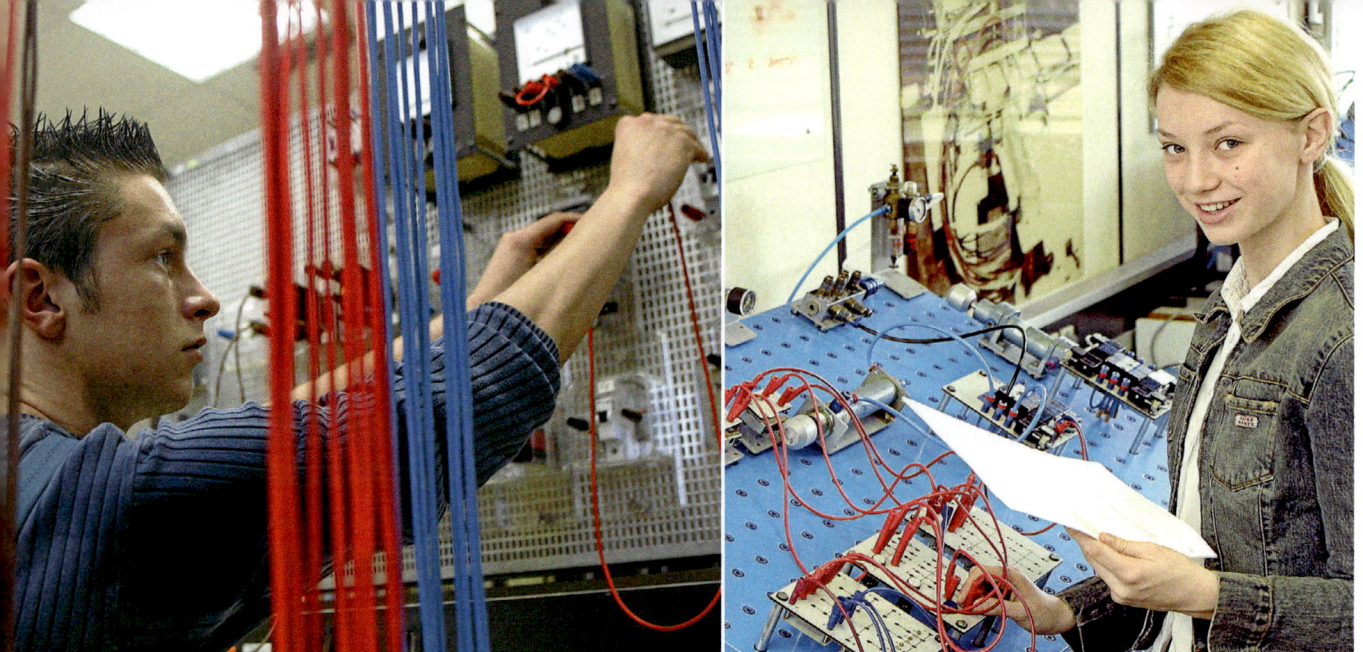

1 Elektroniker für Energie- und Gebäudetechnik 2 Elektronikerin für Maschinen und Antriebstechnik

Berufe zur Elektrizität

Elektrizität wird überall benötigt

Hast du dir schon einmal überlegt, wie ein Leben ohne Elektrizität wäre? Die Versorgung mit Strom und somit mit elektrischer Energie ist eine wichtige Aufgabe.

Wenn du an Berufe denkst, die mit Strom zu tun haben, fällt dir wahrscheinlich sofort der „Elektriker" ein. Die Berufsbezeichnung „Elektriker" gibt es jedoch nicht mehr. Sie wurde durch die Berufsbezeichnung **Elektroniker/in** ersetzt. Je nach Spezialisierung lauten dann die Berufsbezeichnungen z. B. Elektroniker/in für Automatisierungstechnik, Elektroniker/in für Betriebstechnik oder Elektroniker/in für Energie- und Gebäudetechnik.

Elektroniker/in für Energie- und Gebäudetechnik

Steffen hat eine Ausbildung zum Elektroniker mit der Fachrichtung Energie- und Gebäudetechnik abgeschlossen.

In jedem Gebäude ist eine Vielzahl elektrischer Geräte an die Stromversorgung angeschlossen. Als Elektroniker der Fachrichtung Energie- und Gebäudetechnik sorgt

er dafür, dass diese Geräte fachgerecht in Betrieb genommen werden können. In einem Neubau plant er beispielsweise, wo Steckdosen angebracht und wo der Sicherungskasten installiert werden soll. Hierzu muss Steffen mit dem Kunden in Kontakt treten, um dessen Wünsche festzustellen. Diese Wünsche können dann in die Realität umgesetzt werden. Dazu müssen Steckdoseneinsätze gebohrt und Kabel verlegt und angeschlossen werden.

In jedem Haushalt gibt es mehrere Stromkreise, deshalb wird für jeden Stromkreis auch eine eigene Sicherung benötigt. Haushaltsgeräte wie Herd, Spülmaschine, Waschmaschine und Trockner besitzen sogar jeweils eigene Sicherungen. Auch hier sorgt Steffen für den korrekten Anschluss. In bestehenden Gebäuden überprüft er die elektrischen Sicherheitseinrichtungen und beseitigt Störungen und Fehler. Neben der Elektroinstallation sind noch weitere Aspekte dieses Berufsfelds wichtig. So werden Heizungsanlagen zur Energieeinsparung über Temperaturfühler gesteuert. Als Elektroniker schließt Steffen die Anschlüsse an und programmiert die Heizungsanlage, sodass sie korrekt und energiesparend funktioniert. Auch für den Fernseh- und Rundfunkempfang sorgt ein Elektroniker. Dazu installiert er eine Satellitenanlage und legt die Kabel zu den Empfangsgeräten.

Die Elektroniker montieren auch Kabel für Datennetze, damit z. B. alle Computer eines Haushalts untereinander oder mit dem Internet kommunizieren können.

Elektroniker/in für Maschinen und Antriebstechnik

Anke entschied sich nach dem Schulabschluss für eine Ausbildung zur Elektronikerin für Maschinen und Antriebstechnik. Sie arbeitet in einem Betrieb der Elektroindustrie und ist nach ihrer Ausbildung zuständig für die Wicklung von Spulen, Elektromotoren und Generatoren. Anke muss nun elektrische Antriebe aufbauen und instand halten. Dabei führt sie Fehlerdiagnosen durch. Sie entwirft und wartet Programme zur Steuerung und Regelung der Antriebssysteme.

Elektrotechnische/r Assistent/in

Elektrotechnische Assistenten und Assistentinnen unterstützen Ingenieure in Unternehmen der Elektroindustrie, im Maschinen- und Fahrzeugbau, bei Stromversorgern, Eisenbahnunternehmen oder

3 Systemelektronikerin

4 Elektrotechnische Assistentin bei der Ausbildung

Rundfunkanstalten. Dazu müssen sie Versuche aufbauen, um Werkstoffe auf ihre elektrotechnischen Eigenschaften zu prüfen. Sie führen diese Versuche durch und werten sie aus. Je nach Betrieb müssen sie z. B. Schaltungen und Schaltskizzen für elektrische Geräte entwerfen oder fertigungstechnische Anlagen programmieren und warten.

Die korrekte Berufsbezeichnung für einen „Elektriker" ist Elektroniker. Für diesen Beruf gibt es viele Fachrichtungen und Spezialisierungen.

AUFGABEN

1 ○ Nenne die korrekte Berufsbezeichnung für den „Elektriker".

2 ○ Nenne elektrische Geräte im Haushalt, die an eine eigene Sicherung angeschlossen sind.

3 ◖ Erstelle eine Präsentation zu einem der vorgestellten Berufe.

4 ● Suche im Internet weitere Berufe zum Thema „Elektrizität" und präsentiere sie deinen Mitschülerinnen und Mitschülern.

5 ● Erstelle eine Bewerbung für eine Ausbildung zu einem Elektroniker. Gestalte die Bewerbung am Computer.

Zusammenfassung

Die elektrische Stromstärke
Die elektrische Stromstärke gibt an, wie viele Elektronen pro Sekunde durch einen Leiter fließen. Die elektrische Stromstärke wird mit dem Amperemeter oder Multimeter gemessen.

Die Spannung
Die Spannung gibt an, wie stark die Elektronen in einem Stromkreis angetrieben werden. Die Spannung wird mit dem Voltmeter oder Multimeter gemessen.

Die Reihenschaltung von Geräten
Die Stromstärke ist überall im Stromkreis gleich groß. Die Gesamtspannung ist genau so groß wie die Summe der Einzelspannungen.

Die Parallelschaltung von Geräten
Die Spannung ist überall im Stromkreis gleich groß. Die Gesamtstromstärke ist genau so groß wie die Summe der Teilstromstärken.

Das Ohm'sche Gesetz
Für bestimmte Bauteile, zum Beispiel Konstantan-Drähte, gilt das Ohm'sche Gesetz. Nach dem Ohm'schen Gesetz sind die Spannung und die elektrische Stromstärke proportional zueinander. Das heißt: Aus einer doppelten (3-fachen, 4-fachen, ...) Spannung ergibt sich die doppelte (3-fache, 4-fache, ...) elektrische Stromstärke.

Der elektrische Widerstand
Die Eigenschaft, dass jeder Leiter den elektrischen Strom einschränkt, wird als elektrischer Widerstand bezeichnet. Der elektrische Widerstand ist auch eine physikalische Größe. Der Widerstand hängt mit der Spannung und der elektrischen Stromstärke zusammen:

$$\text{Widerstand} = \frac{\text{Spannung}}{\text{elektrische Stromstärke}}$$

Bauteile, die den elektrischen Strom gezielt einschränken, werden ebenfalls als Widerstand oder technischer Widerstand bezeichnet.

Gefahren des elektrischen Stroms
Elektrischer Strom kann gefährlich sein. Im Haushalt verhindern Sicherungen Brände. Schutzleiter und Fehlerstrom-Schutzschalter schützen uns Menschen zusätzlich.

Elektrische Energie
Wenn elektrische Geräte arbeiten, dann wandeln sie elektrische Energie in andere Energieformen um.

Stromrechnung
Der elektrische Strom selbst kann nicht verbraucht werden. Ein elektrisches Gerät kann allerdings elektrische Energie entnehmen. Die Kosten für die entnommene elektrische Energie für Geräte im Haushalt bezahlen wir mit der Stromrechnung.

Der Energiestrom
Der elektrische Strom transportiert Energie von der Spannungsquelle zu einem elektrischen Gerät. Wenn in den Kabeln des Stromkreises ein elektrischer Strom fließt, dann fließt ein Energiestrom von der Spannungsquelle zum Gerät.

Größe	Einheit	Einheitszeichen
Stromstärke	Ampere	A
Spannung	Volt	V
Widerstand	Ohm	Ω

1 Übersicht über elektrische Größen und Einheiten

AUFGABEN

1 ○ Beschreibe, was man unter der elektrischen Stromstärke versteht.

 Super! ❓ ► S.102

2 ○ Bilde Begriffspaare: elektrische Stromstärke, Widerstand, Spannung, Einschränkung, Antrieb, Elektronen pro Sekunde

 Super! ❓ ► S.102, 104, 118

3 ○ Zeichne die Tabelle aus Bild 2 ab und vervollständige sie.

 Super! ❓ ► S.102, 104, 118

Größe	Einheit	Einheitszeichen
	Ohm	
Stromstärke		
		V

2 Zu Aufgabe 3

4 ○ Gib das Ohm'sche Gesetz wieder.

 Super! ❓ ► S.114/115

5 ◖ Elektrische Geräte sind Energiewandler. Erkläre diese Aussage an einem Beispiel.

Super! ❓ ► S.100

6 ◖ Der Ausdruck „elektrischer Widerstand" hat drei verschiedene Bedeutungen. Erkläre sie.

Super! ❓ ► S.118, 122

7 ◖ Begründe, warum der Aufenthalt in der Nähe von Oberleitungen an Bahnstrecken lebensgefährlich sein kann.

Super! ❓ ► S.126/127

8 ◖ Beurteile, ob der Begriff „Stromverbrauch" bei Stromrechnungen passend ist.

Super! ❓ ► S.130

9 ◖ Erkläre, was man unter der elektrischen Energiestromstärke versteht.

Super! ❓ ► S.132/133

10 ● Für zwei Drähte wurden Spannungen und elektrische Stromstärken gemessen. Die Messwerte sind in Bild 3 und Bild 4 dargestellt. Übertrage die Messwerte in ein Spannungs-Stromstärke-Diagramm. Vergleiche die Eigenschaften der Drähte. Entscheide dann, welcher Draht aus Konstantan besteht.

Super! ❓ ► S.114/115

U in V	I in A
0	0
0,5	0,5
1	0,9
1,5	1,3
2	1,6

3 Zu Aufgabe 10: Draht 1

U in V	I in A
0	0
0,8	0,6
1,2	0,9
1,6	1,2
2,4	1,8

4 Zu Aufgabe 10: Draht 2

Energie

Energie ist eine entscheidende Größe in unserem Leben. Energie kann in unterschiedlichen Formen vorliegen, z. B. als Bewegungsenergie eines Autos, als Energie in Lebensmitteln oder als Energie des elektrischen Stroms. Bewegung, Nahrung, Strom – überall ist Energie beteiligt.

Energieumwandlungen

Unser tägliches Leben ist ohne Energieumwandlungen mithilfe von Geräten und Maschinen kaum noch vorstellbar. Eine wichtige Energieform ist für uns die elektrische Energie.
In einer Glühlampe z. B. wird elektrische Energie in Lichtenergie umgewandelt. Bei einem Ventilator hingegen wird elektrische Energie in Bewegungsenergie umgewandelt.

Im Kraftstoff steckt Energie, die das Auto zur Fortbewegung nutzt.

Energieträger

Kohle, Erdöl und Erdgas sind Energieträger. Sie haben Energie gespeichert, die sie beim Verbrennen abgeben können.
Im Auto wird Kraftstoff verbrannt. Dabei wird Energie frei, die das Auto zur Fortbewegung nutzt.
Auch Nahrungsmittel sind Energieträger. Wenn wir Nahrung essen, nutzen wir die darin gespeicherte Energie.

Elektrische Energie wird in Lichtenergie umgewandelt.

Innere Energie und Temperatur

Je höher die innere Energie eines Körpers ist, desto höher ist auch seine Temperatur.

Dies kannst du ausnutzen: Wenn du im Winter kalte Hände hast, kannst du sie kräftig aneinander reiben. Durch die Reibung wird Energie auf die Hände übertragen. Die innere Energie deiner Hände erhöht sich und damit erhöht sich auch die Temperatur deiner Hände.

Das Gleiche passiert auch, wenn sich die Spitze einer Bohrmaschine in eine Wand bewegt. Durch die Reibung wird Energie auf die Spitze übertragen. Dadurch erhöht sich die innere Energie der Spitze und ihre Temperatur nimmt zu.

Früher hat man auf ähnliche Weise Feuer gemacht: Wenn man einen Holzstab schnell hin und her bewegt, kann man trockenes Gras und feine Holzspäne entzünden.

Lebensmittel

Auch der Mensch benötigt Energie. Diese Energie steckt in der Nahrung, die wir zu uns nehmen. Wir benötigen diese Energie, um unsere Körpertemperatur aufrechtzuerhalten und um Arbeit verrichten zu können.

Wie viel Energie in deiner Nahrung steckt, kannst du auf den Verpackungen der Lebensmittel ablesen: Dort ist der Nährwert angegeben. Für den Nährwert verwendet man die Einheit Kilojoule (kJ).

In Lebensmitteln steckt Energie.

Mit dem „Feuerbohrer" kann man Feuer machen.

Energieerhaltungssatz

Es gibt viele verschiedene Energieformen. Energie kann umgewandelt werden, dabei ändert sich die Energieform. Aber Energie geht nicht verloren. Die Energiemenge vor und nach der Umwandlung ist immer gleich groß. Dies ist der Energieerhaltungssatz.

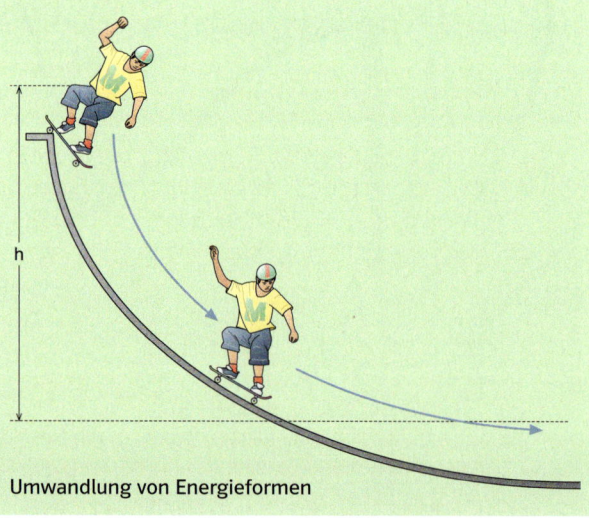

Umwandlung von Energieformen

Energieentwertung

Bei einem Auto mit Verbrennungsmotor kommt es zu zahlreichen Energieumwandlungen. Eigentlich ist es das Ziel, die chemische Energie des Kraftstoffes in Bewegungsenergie des Autos umzuwandeln. Aber nur ein Teil der Energie wird zur Fortbewegung genutzt. Der größte Teil der eingesetzten Energie wird nicht für den beabsichtigten Zweck genutzt. Dies nennt man Energieentwertung.

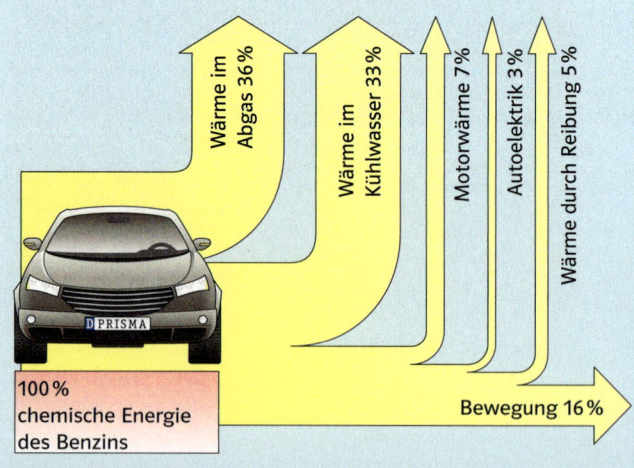

Ein Auto nutzt nur 16 % der eingesetzten Energie für die Fortbewegung.

Energie sparen

Monat für Monat müssen alle Haushalte mit der Stromrechnung die genutzte elektrische Energie bezahlen, die sie zum Betrieb der elektrischen Geräte benötigen. Durch das Sparen elektrischer Energie kann jeder von uns Geld sparen.
Ein Schritt zum gemeinsamen Energiesparen ist das schrittweise Verbot der herkömmlichen Glühlampen. Sie wandeln nur 5 % der elektrischen Energie in Licht um. 95 % werden als unerwünschte Wärme frei. Energiesparlampen nutzen die elektrische Energie besser.

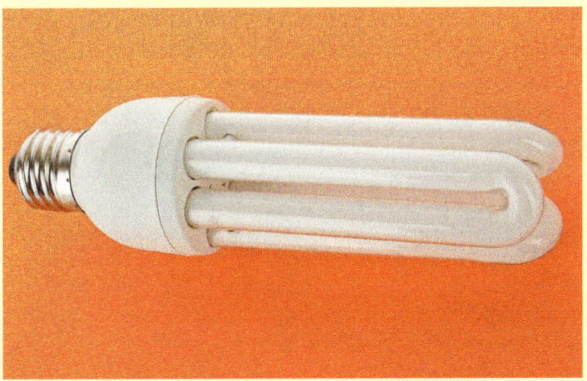

Mit Energiesparlampen kann Energie – und damit auch Geld – gespart werden.

Elektrischer Energiestrom

In einem elektrischen Stromkreis wird Energie von einer Spannungsquelle zu einem elektrischen Gerät übertragen. Diesen elektrischen Energiestrom kann man messen. Die Messgröße ist die elektrische Energiestromstärke. Die Einheit ist das Watt (W). Auf vielen elektrischen Geräten findet man solche Angaben.

> Type M122
> 2-Speed
> 230 V ~
> 140 W ▢
> KB 5 Min.

Die elektrische Energiestromstärke des Geräts beträgt 140 W.

AUFGABEN

1 ○ Nenne fünf Energieträger.

2 ◐ Michelle sagt zu ihrer Freundin Nisrine: „Wir benutzen zu Hause nur noch Energiesparlampen. Bei den alten Glühlampen ist zu viel Energie verloren gegangen." Beurteile ihre Aussage.

3 ● Erkläre den Begriff Energieentwertung am Beispiel eines elektrischen Staubsaugers.

4 Alle Lebewesen brauchen Energie.
● a) Erkläre, wozu Menschen Energie benötigen.
● b) Überlegt gemeinsam in der Gruppe, was geschehen kann, wenn ein Mensch zu viel oder zu wenig Energie aufnimmt. Notiert eure Ergebnisse und diskutiert sie mit den anderen Gruppen.

System

In einem System bilden mehrere Elemente (Einzelteile) eine Einheit. Jedes Element hat eine bestimmte Aufgabe. Das gesamte System kann nur funktionieren, wenn alle Elemente zusammenwirken.
In der Physik wird untersucht, wie die einzelnen Elemente zusammen funktionieren. Dabei untersucht man auch, wie sich das gesamte System verhält, wenn man nur ein einzelnes Element ändert oder austauscht.

Federkraftmesser

Ein Federkraftmesser ist ein System. Ein Federkraftmesser besteht aus einer Feder, einer Skala, einem Nullpunktschieber und einem Haken zum Befestigen von Gegenständen.
Das System „Federkraftmesser" soll die Gewichtskraft von Gegenständen messen.
Das System „Federkraftmesser" kann nur funktionieren, wenn man es richtig benutzt. Der Nullpunkt muss vor der Messung eingestellt werden. Der Gegenstand muss an den Haken passen. Das Ablesen muss in Augenhöhe erfolgen.
Damit der Federkraftmesser nicht kaputt geht, darf der Gegenstand nicht zu schwer für die Feder sein.

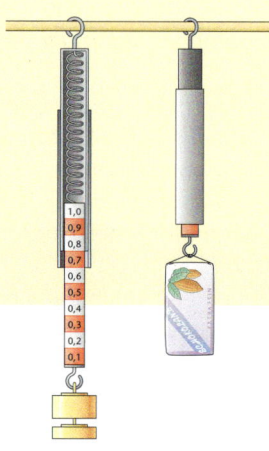

Das System „Federkraftmesser"

Kraftwerke

Jedes Kraftwerk ist ein kompliziertes System. Ein Beispiel für ein Kraftwerk ist das Gaskraftwerk.
In einem Gaskraftwerk wird die chemische Energie eines Gases zuerst als Wärme frei. Damit wird Wasser erwärmt. Dadurch steigt die innere Energie des Wassers und es entsteht Wasserdampf. Der Wasserdampf treibt eine Turbine an. Dabei wird die innere Energie des Wasserdampfs in Bewegungsenergie der Turbinenschaufeln umgewandelt. Der Generator wandelt diese Bewegungsenergie in elektrische Energie um. Mit der elektrischen Energie können nun die Haushalte versorgt werden.
Das System „Gaskraftwerk" funktioniert nur, wenn alle Elemente, aus denen das Kraftwerk besteht, zusammenwirken und jedes Element funktioniert.

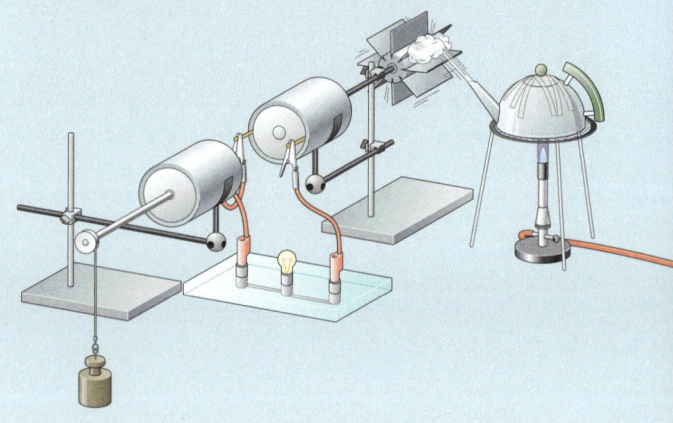

Das System „Gaskraftwerk" besteht aus vielen Einzelteilen.

Der elektrische Stromkreis

Ein elektrischer Stromkreis aus einer Batterie, einer Glühlampe, einem Schalter und Kabeln bildet ein System. Damit das System „Stromkreis" funktioniert, müssen folgende Voraussetzungen erfüllt sein: Alle Elemente (hier: Bauteile) müssen funktionsfähig und richtig miteinander verbunden sein. Der Schalter ist ein besonderes Element: Der Schalter kann den Stromkreis unterbrechen, wenn dies gewünscht ist.

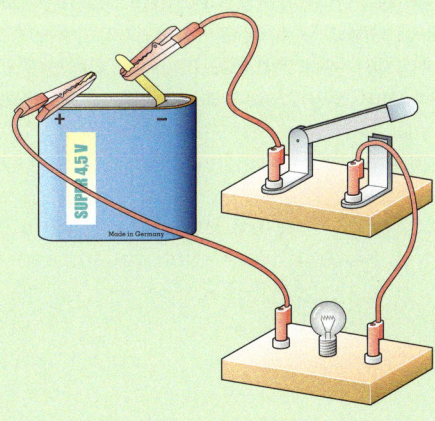

Das System „Stromkreis"

Stromkreise im Haushalt

Die Stromkreise bei dir zu Hause sind auch Systeme. In diesen Stromkreisen können gefährlich hohe Stromstärken auftreten. Daher baut man besondere Elemente ein, die uns Menschen vor den Gefahren des elektrischen Stroms schützen: Sicherungen und Fehlerstrom-Schutzschalter. Die Aufgabe der Elemente „Sicherung" und „Fehlerstrom-Schutzschalter" ist es, den Stromkreis bei Gefahr zu unterbrechen.
Die Sicherung schützt uns vor Bränden. Der Fehlerstrom-Schutzschalter schützt uns, falls wir eine stromführende Leitung berühren.

Die Stromkreise im Haushalt haben
Sicherungen und Fehlerstrom-Schutzschalter.

AUFGABEN

1 ○ a) Zeichne den Aufbau eines Federkraftmessers.
   ◒ b) Begründe, warum der Federkraftmesser ein System ist.

2 ○ a) Zeichne einen Stromkreis aus einer Batterie, einer Glühlampe, einem Schalter und Kabeln.
   ◒ b) Begründe, warum es sich dabei um ein System handelt.

3 ● Finde fünf zusammengesetzte Hauptwörter, die den Begriff „System" als einen Wortteil haben. Beurteile, ob es sich um Systeme im physikalischen Sinn handelt.

Struktur der Materie

Schon vor mehr als 2000 Jahren begannen einige Menschen in Griechenland darüber nachzudenken, woraus alle Gegenstände bestehen könnten. Sie versuchten sich vorzustellen, dass alle Gegenstände aus kleinsten Teilchen bestehen.

Heute wissen wir, dass tatsächlich alle Gegenstände aus kleinsten Teilchen bestehen. Man kennt inzwischen viele Arten von kleinsten Teilchen. Mit diesen Kenntnissen lassen sich viele Vorgänge erklären.

Das Atom

Alle Gegenstände sind aus Atomen aufgebaut. Ein Atom ist unvorstellbar klein. Jedes Atom hat einen Atomkern und eine Atomhülle.

Im Atomkern befinden sich Protonen und Neutronen. Die Atomhülle besteht aus Elektronen, die sich um den Atomkern bewegen.

Die Protonen sind elektrisch positiv geladen. Die Neutronen sind elektrisch neutral. Die Elektronen sind elektrisch negativ geladen.

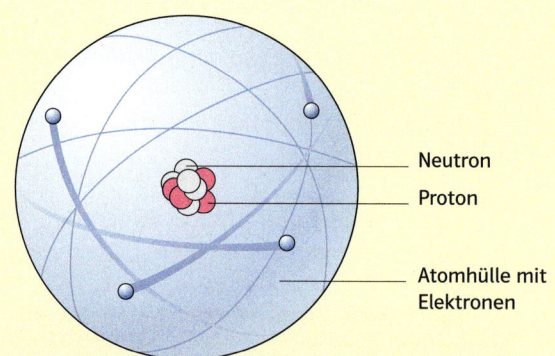

Neutron
Proton

Atomhülle mit
Elektronen

So ist ein Atom aufgebaut.

Temperatur und innere Energie

Alle Körper bestehen aus kleinsten Teilchen, die sich ständig bewegen. Wenn einem Körper Energie zugeführt wird, dann verstärkt sich die Bewegung der Teilchen. Die innere Energie steigt. Dies macht sich durch eine höhere Temperatur bemerkbar. Wenn man einen Körper abkühlt, dann nimmt die Bewegung der Teilchen ab. Die innere Energie des Körpers nimmt dann auch ab. Seine Temperatur sinkt.

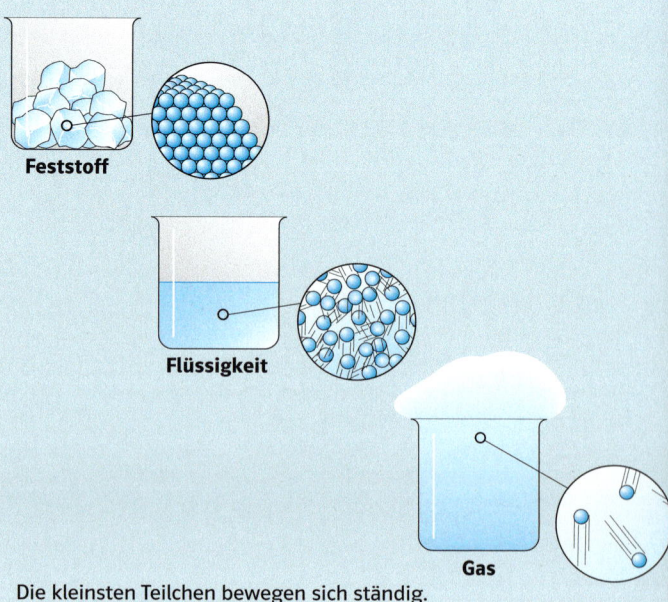

Feststoff

Flüssigkeit

Gas

Die kleinsten Teilchen bewegen sich ständig.

Widerstand gegen den Strom

Der Stromfluss in einem Draht ist ein Strom von Elektronen in eine gemeinsame Richtung. Dabei stoßen die Elektronen mit den Atomen im Draht zusammen. Dadurch werden die Elektronen eingeschränkt und können nicht so schnell voran-kommen. Dieses Einschränken bezeichnet man als elektrischen Widerstand.
Je mehr Zusammenstöße es gibt, desto stärker werden die Elektronen eingeschränkt. Das heißt: Je mehr Zusammenstöße stattfinden, desto größer ist der elektrische Widerstand.

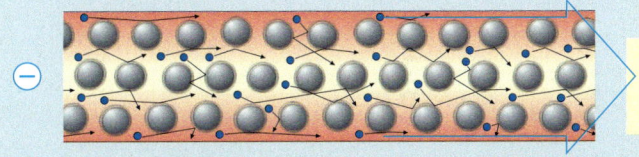

Die Elektronen stoßen mit den Atomen im Draht zusammen.

Elektrischer Strom

Im elektrischen Stromkreis fließt elektrischer Strom. Der elektrische Strom ist ein Strom von negativ geladenen Elektronen. Die Elektronen bewegen sich dabei in eine gemeinsame Richtung: In einem elektrischen Stromkreis fließen die Elektronen vom Minuspol der Spannungsquelle zum Pluspol.

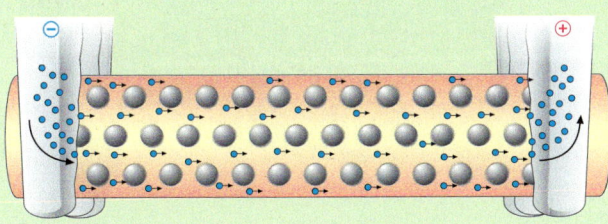

Der elektrische Strom ist ein Elektronenstrom.

1. ○ Nenne die Bestandteile eines Atoms.

2. ○ Gib an, was im elektrischen Stromkreis fließt.

3. ◔ Wasser wird erwärmt. Beschreibe diesen Vorgang mit den Begriffen „innere Energie" und „Temperatur".

4. ◔ Beschreibe, was man unter dem elektrischen Widerstand versteht. Benutze dabei das Wort „Zusammenstoß".

Wechselwirkung

„Kleine Ursache – große Wirkung!" Ein Beispiel für diesen Satz kennst du als Domino-Effekt: Wenn man nur einen einzigen Domino-Stein leicht antippt, kann diese kleine Ursache für eine große Wirkung sorgen: Tausende Domino-Steine können nacheinander umfallen. Auf eine Ursache folgt immer eine Wirkung. Nur wenn man den Zusammenhang zwischen der Ursache und der Wirkung kennt, kann man Vorhersagen über Abläufe treffen.

Kräfte und ihre Wirkungen

Kräfte kannst du nicht sehen. Du kannst sie nur an ihren verschiedenen Wirkungen erkennen. Diese Wirkungen nutzen wir immer wieder im Alltag. Kräfte können die Geschwindigkeit und die Bewegungsrichtung eines Körpers verändern. Sie können auch Körper verformen.

Die Skaterin wirft den Ball nach vorne und rollt selbst nach hinten.

Kraft und Gegenkraft

Zu jeder Kraft gibt es eine Gegenkraft. Beide Kräfte sind gleich groß, sie sind aber entgegengesetzt gerichtet. Dies ist das Wechselwirkungsprinzip. Wirft z.B. eine Skaterin einen schweren Medizinball nach vorne weg, rollt sie selbst nach hinten.

Die Bewegungsrichtung des Balls ändert sich.

Der elektrische Strom kann gefährlich sein.

Gefährdung durch Strom

Der elektrische Strom kann für den Menschen gefährlich sein. Der elektrische Strom kann sogar tödliche Folgen haben, weil er zu einem Herzstillstand führen kann.

Um den Menschen zu schützen, ist in den Stromkreisen eines Haushalts ein Fehlerstrom-Schutzschalter eingebaut.

Einfluss des Widerstands

Durch den Einbau von Widerständen in einen Stromkreis kann man die elektrische Stromstärke beeinflussen. Mit einem zusätzlichen Widerstand kann man zum Beispiel bewirken, dass die elektrische Stromstärke kleiner wird.

Der Widerstand beeinflusst die elektrische Stromstärke.

Wirkungen des elektrischen Stroms

Der elektrische Strom hat verschiedene Wirkungen: Bei einer Lampe siehst du die Lichtwirkung. Beim Elektroherd merkst du die Wärmewirkung. Beim Elektromagneten erkennst du die magnetische Wirkung.

Wärmewirkung des elektrischen Stroms

AUFGABEN

1 ○ a) Nenne die Wirkung des elektrischen Stroms, die wir beim Föhnen der Haare nutzen.
   ○ b) Nenne vier weitere elektrische Haushaltsgeräte und gib jeweils an, welche Wirkungen des elektrischen Stroms sie nutzen.

2 ○ Beschreibe, welche gefährlichen Wirkungen der elektrische Strom für den Menschen haben kann.

3 ◒ Es gibt einen Zusammenhang zwischen dem elektrischen Widerstand und der elektrischen Stromstärke. Formuliere hierzu eine Je-desto-Beziehung.

1 Temperatur und Energie

1 Das „C" steht für Celsius, das „F" steht für Fahrenheit und das „K" steht für Kelvin.

2 Beispiele:
- Die Spitze eines Bohrers erwärmt sich beim Bohren.
- Mit einem „Feuerbohrer" kann man Feuer machen.
- Beim Bremsen glühen die Bremsscheiben an einem Auto.
- Beim Herunterrutschen an einem Seil können die Hände sehr warm werden.

3 Beispiele:
- Kohle
- Erdöl
- Erdgas
- Nahrungsmittel

4 Energie geht nicht verloren. Bei der Umwandlung von Energie ist nach der Umwandlung genau so viel Energie vorhanden wie vorher.

5 Zu den sehr schlechten Wärmeleitern gehören:
- Luft
- Kunststoff
- Holz

6 Wärmedämmung bedeutet, dass man den Transport von Wärme verringert.

7 a) Feste, flüssige und gasförmige Körper dehnen sich beim Erwärmen aus.
b) Beim Abkühlen ziehen sie sich wieder zusammen.

8 Mit dem Temperatursinn können wir warm und kalt unterscheiden. Der Temperatursinn schützt uns Menschen daher vor Unterkühlung oder Überhitzung.

9 Energie ist notwendig, um Gegenstände zu bewegen. Energie ist auch notwendig, um einen Gegenstand zum Heizen oder zum Leuchten zu bringen.

10 Je höher die innere Energie ist, desto höher ist die Temperatur. Beispiel: Wenn man einen Topf mit Wasser erhitzt, dann nimmt die innere Energie des Wassers zu.
Damit steigt auch die Temperatur des Wassers.

11 Bei Geräten und Maschinen kann nicht die gesamte eingesetzte Energie wie gewünscht genutzt werden. Dies nennt man Energieentwertung.

12 Bei der Wärmeströmung wird Wärme transportiert, indem sich ein Stoff mitbewegt. Bei der Wärmeleitung wird Wärme transportiert, ohne dass sich der Stoff selbst mitbewegt.

13 Brücken liegen auf Rollen, damit sie sich bei Erwärmung ausdehnen können und damit sie sich bei Abkühlung zusammenziehen können.

14 Wenn Wasser gefriert, können Glasflaschen platzen. Der Grund dafür ist: Beim Gefrieren dehnt sich das Wasser aus.

15 Wenn ein Körper starker Reibung ausgesetzt ist, dann bewegen sich die Teilchen im Inneren des Körpers stärker. Die innere Energie des Körpers erhöht sich. Seine Temperatur steigt dann.

16 Der Wirkungsgrad gibt an, welcher Anteil der eingesetzten Energie auch so genutzt wird, wie es beabsichtigt ist.

2 Bewegung, Kräfte und Energie

1 Es gibt unterschiedliche Bewegungsarten:
- die gleichförmige Bewegung (die Geschwindigkeit bleibt gleich)
- die beschleunigte Bewegung (die Geschwindigkeit nimmt zu)
- die verzögerte Bewegung (die Geschwindigkeit nimmt ab)

2 a) … Geschwindigkeit.
b) … Strecke (oder Weg) …

3 Die Gewichtskraft des Rennrads beträgt 100 N.

4 a) … größer …
b) … auch doppelt so groß.

5 Siehe Bild 1.

6 Energie ist die Fähigkeit, Arbeit zu verrichten. Dies sieht man am Beispiel eines startenden Flugzeugs: Damit ein Flugzeug starten kann, benötigt es Energie. Diese Energie steckt im Treibstoff. Mit dieser Energie wird zunächst Beschleunigungs-

	Fahrzeug 1	Fahrzeug 2	Fahrzeug 3
nach 5 s	75 m	50 m	12,5 m
nach 10 s	150 m	100 m	25 m
nach 20 s	300 m	200 m	50 m

1 Zu Aufgabe 5

arbeit verrichtet: Das Flugzeug wird schneller. Dann hebt das Flugzeug ab und gewinnt an Höhe. Dabei wird Hubarbeit verrichtet.

7 Beispiel: Ein Fallschirmspringer wird mit einem Hubschrauber in die Höhe befördert. Dabei gewinnt der Fallschirmspringer Höhenenergie. Springt er aus dem Hubschrauber, dann wandelt sich die gewonnene Höhenenergie in Bewegungsenergie um: Der Fallschirmspringer fällt nach unten und wird dabei schneller.

8 Es handelt sich um eine gleichförmige Bewegung. Denn wenn die Zeit doppelt (3-fach, 4-fach) so groß wird, dann wird auch die zurückgelegte Strecke doppelt (3-fach, 4-fach) so groß.

9 Beim Abschleppen eines Fahrzeugs muss der Fahrer die Trägheit beachten. Das stehende Fahrzeug möchte nämlich in Ruhe verbleiben und wird sich einer Bewegungsänderung widersetzen. Wenn der Fahrer des vorderen Fahrzeugs also zu schnell anfährt, kann das Abschleppseil reißen. Aus diesem Grund muss der Fahrer langsam anfahren.

3 Elektrischer Strom und elektrische Energie

1 Wenn ein elektrischer Strom fließt, dann bewegen sich Elektronen in einem elektrischen Leiter. Die elektrische Stromstärke gibt an, wie viele Elektronen pro Sekunde an einer Messstelle vorbeifließen.

2 Spannung – Antrieb; Widerstand – Einschränkung; elektrische Stromstärke – Elektronen pro Sekunde

3

Größe	Einheit	Einheitszeichen
Widerstand	Ohm	Ω
Stromstärke	Ampere	A
Spannung	Volt	V

2 Zu Aufgabe 3

4 Das Ohm'sche Gesetz lautet: Die elektrische Spannung und die elektrische Stromstärke sind proportional zueinander. Das heißt: Aus einer doppelten (3-fachen, 4-fachen, …) elektrischen Spannung folgt eine doppelte (3-fache, 4-fache, …) elektrische Stromstärke.

5 Beispiele:
- In einer Glühlampe wird elektrische Energie in Licht und Wärme umgewandelt.
- In einem Toaster wird elektrische Energie in Wärme umgewandelt, um Brot zu bräunen.
- In einem Föhn wird elektrische Energie in Bewegungsenergie und Wärme umgewandelt. Die Wärme entsteht in den Heizspiralen des Föhns. Die Bewegungsenergie wird in einem Elektromotor erzeugt. Der Elektromotor betreibt einen Ventilator, der kalte Luft ansaugt. Die an den Heizspiralen vorbeiströmende Luft wird erwärmt und genutzt, um feuchte Haare zu trocknen.

6 Der Ausdruck elektrischer Widerstand hat drei Bedeutungen:
- die Eigenschaft, den elektrischen Strom einzuschränken
- die physikalische Größe in der Einheit Ohm (Ω)
- das Bauteil in Stromkreisen, auch technischer Widerstand genannt

7 Die Spannung an Oberleitungen ist sehr hoch. Daher kann es bereits bei einer Annäherung an die Oberleitung zum Überschlag des elektrischen Stroms kommen.

8 Der Begriff „Stromverbrauch" ist falsch und irreführend. Denn den elektrischen Strom selbst kann man nicht verbrauchen. Mit der Stromrechnung bezahlen wir die entnommene elektrische Energie, z.B. für die Elektrogeräte im Haushalt.

9 Die elektrische Energiestromstärke gibt an, wie viel elektrische Energie pro Zeit (z.B. pro Sekunde) in einem Stromkreis übertragen wird.

10 Für Draht 1 ergibt sich im Diagramm eine Kurve, die flacher wird.
Für Draht 2 ergibt sich hingegen eine Gerade. Die Spannung und die elektrische Stromstärke sind also proportional zueinander. Für Draht 2 gilt also das Ohm'sche Gesetz. Daher muss Draht 2 der Konstantan-Draht sein.

Jede Aufgabe enthält einen klaren Arbeitsauftrag an dich, du musst ihn nur richtig erkennen. Je nach Formulierung erwartet deine Lehrerin oder dein Lehrer ganz unterschiedliche Antworten von dir. Diese Liste hilft dir, Arbeitsaufträge richtig zu verstehen und zu bearbeiten.

angeben/aufschreiben/aufzählen/nennen
Begriffe, Informationen oder Aussagen zusammentragen

auswerten
Ergebnisse und Schlüsse zum Beispiel aus einem Text oder Diagramm ziehen

begründen
Ursachen, Gesetze oder Beweise für etwas anführen

berichten
zu einem bestimmten Thema etwas erzählen

beschreiben
eine Sache durch Fachbegriffe und in eigenen Worten wiedergeben

beurteilen
erkennen, ob eine Aussage zutrifft, und das Ergebnis begründen

bewerten/Stellung nehmen
dir eine eigene Meinung bilden, begründen und äußern, wie du zu dem Sachverhalt stehst (gut oder schlecht)

diskutieren
Meinungen austauschen, einander gegenüberstellen und abwägen

dokumentieren/protokollieren
alles Wichtige zu einem Thema oder Versuch aufschreiben und aufzeichnen

einen Versuch planen
überlegen, wie ein Versuch aufgebaut, durchgeführt und ausgewertet werden könnte

entwickeln
zu einem Thema oder Sachverhalt eigene Gedanken äußern und sie begründen

erklären
eine Sache mit Regeln, Gesetzmäßigkeiten oder Ursachen darstellen

erläutern
eine Sache nachvollziehbar und verständlich darstellen

erörtern
Vor- und Nachteile zu einem Thema anführen und diese beweisen

präsentieren
ein Referat, ein Plakat oder das Ergebnis einer Gruppenarbeit vorstellen

recherchieren
zu einem bestimmten Thema Informationen sammeln

skizzieren
eine Zeichnung erstellen, die nur das Wichtigste enthält

(über)prüfen
kontrollieren, ob Regeln, Inhalte oder Aussagen zutreffen

vergleichen
Dinge in Beziehung setzen und erkennen, was gleich, ähnlich oder unterschiedlich ist

zusammenfassen
das Wichtigste herausschreiben oder wiedergeben

Stichwortverzeichnis

Eigenschaften verschiedener Stoffe

Feste Stoffe	Dichte bei 20 °C in g/cm³	spezifische Wärmekapazität in kJ/(kg · K)	Ausdehnung eines 1-m-Stabes bei Erwärmung um 10 K in mm	Schmelz- temperatur in °C	Siede- temperatur in °C
Aluminium	2,70	0,896	0,238	660	2400
Beton	2,2 – 2,5	0,879	0,11		
Blei	11,35	0,129	0,294	327	1750
Kobalt	8,80	0,419	0,126	1493	2880
Eis (− 4 °C)	0,92	2,090	0,37	0	100
Eisen	7,86	0,452	0,116	1535	2800
Gold	19,30	0,129	0,142	1063	2660
Graphit	2,25	0,711	0,19	3800	4400
Kochsalz	2,16	0,854	0,48	808	1461
Kupfer	8,93	0,385	0,168	1083	2582
Platin	21,45	0,134	0,091	1769	4300
Plexiglas®	1,16	1,300	0,75	~ 110	
Porzellan	2,30	0,846	0,04	1670	
Silber	10,50	0,237	0,193	961	2180
Zinn	7,30	0,226	0,27	232	2680
Flüssigkeiten			**Ausdehnung von 10 l bei 20 °C und Erwärmung um 1 K in ml**		
Alkohol (Ethanol)	0,789	2,40	11,0	− 114	78
Glycerin	1,260	2,39	5,0	18	291
Petroleum	0,847	2,14	9,6		150 – 280
Quecksilber	13,546	0,138	1,8	− 39	357
Wasser	0,998	4,18	2,1	0	100
Gase	**g/l**				
Helium	0,179	5,23		− 273	− 269
Kohlenstoffdioxid	1,977	0,837		− 78	− 57
Kohlenstoffmonoxid	1,25	1,05		− 204	− 191
Luft	1,293	1,005		− 213	− 193

Vorsilben für Vielfache und Teile von Einheiten

Vorsilbe	Bedeutung	Beispiel	
Atto a	$10^{-18} = 0,000\,000\,000\,000\,000\,001$	$1\,aWs = 10^{-18}\,Ws$	Grenze der Lichtempfindlichkeit des Auges
Femto f	$10^{-15} = 0,000\,000\,000\,000\,001$	$1\,fm = 10^{-15}\,m$	Größe von Protonen und Neutronen
Pico p	$10^{-12} = 0,000\,000\,000\,001$	$1\,pPa = 10^{-12}\,Pa$	Luftdruck im erdnahen Weltraum
Nano n	$10^{-9} = 0,000\,000\,001$	$1\,nm = 10^{-9}\,m$	Größe von Molekülen
Mikro μ	$10^{-6} = 0,000\,001$	$1\,\mu g = 10^{-6}\,g$	Masse eines größeren Staubkorns
Milli m	$10^{-3} = 0,001$	$1\,mV = 10^{-3}\,V$	Spannung in den Nerven zur Reizleitung
Zenti c	$10^{-2} = 0,01$	$1\,cl = 10^{-2}\,l$	Volumen von einem Kaffeelöffel Flüssigkeit
Dezi d	$10^{-1} = 0,1$	$1\,dm = 10^{-1}\,m$	Handbreite
	$10^{0} = 1$	$1\,A$	Stromstärke bei einem Zitteraal-Angriff
Deka da	$10^{1} = 10$	$1\,dam = 10\,m$	Breite einer Straße
Hekto h	$10^{2} = 100$	$1\,hl = 10^{2}\,l$	Volumen eines größeren Koffers
Kilo k	$10^{3} = 1000$	$1\,kA = 10^{3}\,A$	Stromstärke bei einer Elektrolokomotive
Mega M	$10^{6} = 1\,000\,000$	$1\,MHz = 10^{6}\,Hz$	Frequenz elektrischer Schwingungen im Radio
Giga G	$10^{9} = 1\,000\,000\,000$	$1\,GW = 10^{9}\,W$	Leistung eines Kernkraftwerks
Tera T	$10^{12} = 1\,000\,000\,000\,000$	$1\,TW = 10^{12}\,W$	Leistung eines Gewitterblitzes
Peta P	$10^{15} = 1\,000\,000\,000\,000\,000$	$1\,Pm = 10^{15}\,m$	Weg, den das Licht in einem Monat zurücklegt
Exa E	$10^{18} = 1\,000\,000\,000\,000\,000\,000$	$1\,EHz = 10^{18}\,Hz$	Frequenz von Röntgenstrahlen

Größen und Einheiten

Größe	Zeichen	Einheit	Zeichen	Größe	Zeichen	Einheit	Zeichen
Länge	s, l	Meter	m	Arbeit	W	Joule, Wattsekunde	J, Ws
Fläche	A	Quadratmeter	m²	Energie	E	Joule, Wattsekunde	J, Ws
Volumen	V	Kubikmeter	m³	Leistung	P	Watt	W
Masse	m	Kilogramm	kg			Grad Celsius	°C
Dichte	ϱ		$\frac{kg}{m^3}; \frac{g}{cm^3}$	Temperatur	T	Kelvin	K
Zeit	t	Sekunde	s	Ladung	Q	Coulomb	C
Geschwindigkeit	v		$\frac{m}{s}; \frac{km}{h}$	Stromstärke	I	Ampere	A
Frequenz	f	Hertz	Hz	Spannung	U	Volt	V
Kraft	F	Newton	N	Widerstand	R	Ohm	Ω

155

Hinweis zu den Versuchen

Vor der Durchführung eines Versuchs müssen mögliche Gefahrenquellen besprochen werden. Die geltenden Richtlinien zur Vermeidung von Unfällen beim Experimentieren sind zu beachten. Da Experimentieren grundsätzlich umsichtig erfolgen muss, wird auf die üblichen Verhaltensregeln, insbesondere auf die „Richtlinie zur Sicherheit im Unterricht" (RiSU) nicht jedes Mal erneut hingewiesen.

Einige Substanzen, mit denen im Unterricht umgegangen wird, sind als Gefahrstoffe eingestuft. Sie können in den einschlägigen Verzeichnissen nachgeschlagen werden, zum Beispiel in der GESTIS-Stoffdatenbank der Deutschen Gesetzlichen Unfallversicherung.

Die Versuchsanleitungen sind nach Schüler- und Lehrerversuchen unterschieden und enthalten in besonderen Fällen Hinweise auf mögliche Gefahren. Das Tragen einer Schutzbrille beim Experimentieren ist unerlässlich.

1. Auflage   1   13 12 11 10 9 | 27 26 25 24 23

Autorinnen und Autoren: Marion Barmeier, Dr. Klaus Hell, Wolfgang Kugel, Till Stephan, Oliver Wegner
Berater: Matthias Bömeke
Unter Mitarbeit von: Susanne Baumbach, Wolfram Bäurle, Manfred Bergau, Anke Beuren, Jürgen Birkner, Irmgard Bohm, Joachim Boldt, Knut Braun, Heinz Joachim Ciprina, Sandra Diederichs, Simone Dietze, Nicole Dolpp, Roland Frank, Thorsten Fraterman, Eycke Fröchtenicht, Dr. Günter Ganz, Gabriele Geissler, Paul Gietz, Ramon Gomez-Islinger, Renate Görlitz, Michael Guckeisen, Stephan Haas, Gerda Hagen, Michael Hänsel, Gitta Heide, Wolfgang Heitland, Günter Herzig, Lea Hoffmann, Barbara Hoppe, Dr. Eberhard Hummel, Rolf Ixmeier, Ute Jung, Prof. Dr. Dietmar Kalusche, Tanja Kasprzak, Rainer Knetsch, Bettina Krause, Wencke Lehmacher, Johann Leupold, Claudia Lissé-Thöneböhn, Manfred Litz, Miriam Loitzsch, Dr. Gabriele Mai-Gebhardt, Michael Maiworm, Anke Méndez, Dr. Otfried Müller, Sabine Nelke, Dr. Markus Pawlowski, Reinhard Peppmeier, Wolfgang Pfeifer, Uwe Pietrzyk, Dr. Helmut Prechtl, Hildegard Recke, Roland Ritter, Wilhelm Roer, Alexander Röhrer, Renate Röhrich, Josef Saal, Burkhard Schäfer, Bernd Schäpers, Petra Schleusener, Bärbel Schreiber, Dr. Hans-Jürgen Seitz, Oliver Sommer, Karl-Heinz Sonntag, Eberhard Theophel, Dr. Bernd Thomas (†), Michael Wächter, Marianne Walcher, Ingrid Wald-Schillings, Silva Wallaschek, Burkhard Weizel, Charlotte Willmer-Klumpp, Ulrike Wolf, Simone Zetzl

Redaktion: Dr. Björn Vogt
Herstellung: Christine Guntrum, Nina Müller

Layoutkonzeption und Gestaltung: KOMA AMOK®, Kunstbüro für Gestaltung, Stuttgart
Umschlaggestaltung: KOMA AMOK®, Kunstbüro für Gestaltung, Stuttgart
Illustrationen: Matthias Balonier, Lützelbach; Joachim Hormann, Stuttgart; Rudolf Kostolnik, Keltern; Angelika Kramer, Stuttgart; Karin Mall, Berlin; Tom Menzel, Rohlsdorf; Gerhart Römer, Ihringen;
Reproduktion: Meyle + Müller, Medien-Management, Pforzheim
Druck: Firmengruppe APPL, aprinta druck, Wemding

Printed in Germany
ISBN: 978-3-12-068855-6